2014年北京服装学院创新团队与优秀人才培养计划项目
(The Project of Construction of Innovative Teams and Selection and Development of Excellent Talents for Beijing Institute of Fashion Technology)
“世界城市背景下北京文化创意产品出口策略研究”
(项目编号：PTTBIFT_XZ_006) 的阶段性研究成果

2014年北京服装学院教学改革团队建设项目
“电子商务数据分析师课群建设团队”
(项目编号：JXTD–1403) 的阶段性研究成果

2015年北京市教育委员会科技发展计划面上项目
“面向服装电子商务的消费行为挖掘与应用关键技术研究”
(项目编号：KYJH02150201/021/001) 的阶段性研究成果

【管理学学术前沿书系】

服装品牌传播

牛继舜　龙　琼　白玉苓　曹可心◎编著

经济日报出版社

图书在版编目（CIP）数据

服装品牌传播 / 牛继舜等编著. -- 北京 ：经济日报出版社，2015.5
ISBN 978-7-80257-809-8

Ⅰ. ①服… Ⅱ. ①牛… Ⅲ. ①服装—品牌营销 Ⅳ. ①F768.3

中国版本图书馆 CIP 数据核字(2015)第 100652 号

书　　名：服装品牌传播
作　　者：牛继舜　龙　琼　白玉岑　曹可心
责任编辑：王　含
责任校对：刘妙怡
出版发行：经济日报出版社
地　　址：北京市西城区右安门内大街 65 号（邮编：100054）
电　　话：010-63567690（编辑部）　63567687（邮购部）
　　　　　010-63516959　63559665　83558469（发行部）
网　　址：www.edpbook.com.cn
E - mail：jjrbcbsbjb@163.com
经　　销：全国新华书店
印　　刷：北京鑫瑞兴印刷有限公司
开　　本：710×1000mm　1/16
成品尺寸：170×240mm
印　　张：14.50
字　　数：200 千字
版　　次：2015 年 5 月第一版
印　　次：2015 年 5 月第一次印刷
书　　号：ISBN 978-7-80257-809-8
定　　价：58.00 元

前言

在《牛津大辞典》里，品牌被解释为“用来证明所有权，作为质量的标志或其他用途”，即用以区别和证明品质。市场营销专家菲利普·科特勒博士认为，品牌是一种名称、术语、标记、符号或图案，或是它们的相互组合，用以识别企业提供给某个或某群消费者的产品或服务，并使之与竞争对手的产品或服务相区别。其实品牌不仅仅是一种区别于其他产品或服务的识别标志，它更是一种精神象征、一种价值理念，是品质优异的核心体现。

品牌，看上去像是虚拟的产物，但它的力量不容忽视。它既是产品与品质的象征，也是企业市场开拓力、价值提升力、资源整合和扩张力以及企业文化力的综合体现。当今世界，经济竞争越来越体现为品牌之间的高端竞争，世界消费市场也已经从“商品消费”进入“品牌消费”。

品牌是服装企业的灵魂，有了品牌才会有附加值，企业才能真正把握销售渠道，在市场中才有话语权。对于企业而言，品牌意味着高附加值、高利润、高市场占有率；打造一个知名度高、美誉度好、值得人们信赖且渴望购买其产品的品牌，是每一个追求成功的企业所向往的。好的品牌不仅可以为企业带来较高的销售额，而且还可以让企业花费较少成本使自己的产品或服务在市场中拥有较强的竞争力。

品牌传播是企业树立品牌形象至关重要的环节。所谓“品牌传播”就是企业以品牌的核心价值为原则，在品牌识别的整体框架下，选择广告、公关、销售、人际等传播方式，将特定品牌推广出去。服装品牌传播以构建品牌、维护品牌与消费者以及其他利益相关者之间的正向关系为目标，旨在促进目标受众对服装品牌的理解、信任和体验，从而优化品牌结构，建立并保持品牌的市场地位和影响力。

品牌传播是决定服装品牌价值和品牌文化形成的重要决定力量，好的服装品牌时刻都在致力于向各个接触点传播一致的品牌讯息，顾客对某一服装品牌的触点与感觉来自于该品牌所实施的品牌讯息传播策略的结果。在如今的服装业中，再好的设计和做工，没有品牌势必难有好的销路，而叫得响的品牌离不开品牌传播。

国内外关于品牌、品牌传播的研究、著述甚丰，本书目的不在于理论研究，而是通过若干类型服装品牌的典型推广案例，分析服装品牌推广的策略与操作方法。本书选取的服装品牌类型和著名的服装品牌有：服装设计师品牌（例外），服装奢侈品品牌（NE·TIGER 东北虎、上海滩），运动休闲品牌（李宁、361°、美特斯·邦威），北京老字号品牌（瑞蚨祥、内联升）。在服装品牌运用微博传播方面选取了童装品牌（巴拉巴拉、派克兰帝），商务男装品牌（柒牌男装，七匹狼），运用微信传播方面选取了女装品牌金苑服饰、Veromoda、淳度等。运用到的传播方法有品牌叙事，公关关系，跨文化传播，形象代言人，广告传播，店面传播，新媒体等。希望通过丰富的案例使读者对于服装品牌传播建立起感性的、具体的认识与理解。

本书综合运用了作者的若干研究成果，包括2014年北京市教育委员会科技发展计划面上项目“面向服装电子商务的消费行为挖掘与应用关键技术研究”（项目编号：KYJH02150201/021/001）的阶段性研究成果，2014年北京服装学院教学改革团队建设项目“电子商务数据分析师课群建设团队”（项目编号：JXTD－1403）的阶段性研究成果，以及2013年北京服装学院创新团队与优秀人才培养计划项目（The Project of Construction of Innovative Teams and Selection and Development of Excellent Talents for Beijing Institute of Fashion Technology）“世界城市背景下北京文化创意产品出口策略研究”（项目编号：PTTBIFT_XZ_006）的阶段性研究成果。

本书共6章，第一章由牛继舜撰写，第二、三章由曹可心撰写，第四章由白玉苓撰写，第五章由龙琼撰写，第六章由牛继舜撰写。全书由牛继舜负责统稿，龙琼为本书的选题、白玉苓为本书的框架做出了突出的贡献。

本书参考借鉴了国内外学者的大量研究成果，对这些学者表示衷心的感谢！

由于篇幅有限，书中仅收入了部分服装品牌传播的案例，一些新媒体传播形式也未能纳入进来，本书作者将继续开展此方面的研究，并将相关研究成果发表在后续出版的著作中。

作　者
2015年3月于北京

目录

第一章　设计师品牌传播

服装设计师品牌，一般是由服装设计师自己创立，甚至直接用服装设计师自己的名字来命名服装品牌。比如迪奥、夏奈尔、华伦天奴等，早期属于时装类手工艺术品，有着鲜明的设计师自己的风格，并受到消费者的广泛认同。

随着服装行业快速的发展，许多中国服装设计师品牌在国际的时尚舞台上也开始崭露头角。不过，虽然中国目前也诞生了不少以设计师名字命名的服装品牌，但除了马可与毛继鸿的“例外”、谢峰的“吉芬”、吉平生的“M OUSE JI”等品牌之外，叫得响的设计师品牌还不多。本章以中国历史最久、运作最成功的设计师品牌之一“例外”为案例，分析设计师品牌的传播途径。

第一节　例外品牌介绍

一、例外品牌简介

广州市例外服饰有限公司创立于1996年，主要经营服饰及文化生活等用品，是一家集服装设计生产、销售于一体的企业，下属有北京分公司、上海分公司、状态国际发展（香港）有限公司、状态服装设计（珠海）有限公司。旗下品牌“例外（EXCEPTION de MIXMIND)”是中国现存最长亦是最成功的女装设计师品牌，同时例外还代理了国际品牌，如意大利男装品牌C. P. COMPANY、STONE ISLAND及西班牙知名品牌KOWALSKI等。

图1－1　例外LOGO

例外因2013年第一夫人彭丽媛身着其品牌服装出访俄罗斯和非洲而广为人知，而实际上例外的成名并不例外，例外的创立者毛继鸿、马可都是中国最早的服装设计专业大学毕业生。1996～2006年任例外设计总监的马可，1992年毕业于苏州丝绸工学院，被誉为“天才设计师”，获奖无数，后离开例外在珠海开设“无用”工作室，但仍是例外的艺术指导和股东。虽然马可已经离开了例外，但毋庸置疑，她依然是例外的灵魂设计师。在例外品牌发展的最重要的10年，马可都在，她塑造了例外品牌的基因。

例外董事长毛继鸿毕业于北京服装学院，在学生时代是个非常有才华的设计师，他曾凭借毕业设计作品被媒体称赞为“闪耀着中国服装设计界新星的灿烂光芒”。创建例外后，毛继鸿是由服装设计转入经营管理，负责例外的市场、营销，被誉为生意天才。很难说他是一名设计师还是一名商人，或者已经合二为一。

例外设计独特，个性鲜明，拥有稳定的客户群体和傲人的销售业绩，但在彭丽媛着例外服装出访之前，成功的例外却并不广为人知，其原因例外是定位于小众高端品牌。在一个习惯扩张的年代，例外选择了“小而优”路线，反速朽、反快餐设计，慢慢滚动发展，没有试图赢得全体群体，而只专注于自己的小众顾客群体。在大众市场做小众需求，在快时尚时代做高端品牌，例外通过独特的品牌理念走出了一条“慢经典”的慢热式成长之路，探索出自己与众不同的产品风格并定型下来，培养出不可替代的核心竞争力。

不仅品牌理念、经营思路特立独行，在品牌推广上例外也剑走偏锋。毛继鸿在确认了例外的风格后，就一直在文化营销上面下功夫，既不走大众路线，也不走大牌路线。在各个行业都处于依靠简单快捷的广告轰炸进行营销的时代，许多服装品牌为了销售而忙碌地寻找代言人、策划冠名活动，例外却几乎从不做广告，没有品牌形象代言人，也没有大张旗鼓的公关宣传，就算拥有一些名人客户资源，例外也很少拿出来进行宣传。

毛继鸿说，“例外不做广告，采用了很多跟其他品牌不同的营销方式，我们的路子是通过店铺和一些‘别人不能想象的活动’深入受众的内心，从文化层面上激发她们的联想，引起某种思想认同或情感共鸣。”这与例外的设计理念是一脉相承的，设计师品牌要用的是设计语言和语境来与消费者共鸣。

二、例外品牌发展历程

1994年，艺术总监马可（创始人）参加第二届兄弟杯国际青年服装设计师大赛，以“秦俑”系列获大赛唯一金奖。

1995年，马可被日本《朝日新闻》评为“中国五佳”设计师之一，首届“中国十佳服装设计师”。

1996年，例外品牌创建，成衣寄卖。

1997年，在广州设品牌专卖店。作为中国4个代表设计师之一，马可入选澳大利亚悉尼博物馆举行的“中国服装三百年”大型服装展览，代表中国现代部分。

1998 年，参加 CHIC98，获“最佳设计”及“最佳品质”双金奖。知名设计师欧宁邀请 30 多位国内年轻的艺术家参与被他命名为“1999，消失的世纪”的主题年历创作。马可是唯一被邀请的时装设计师。

1999 年，马可被美国《The Four Seasons》杂志评为亚洲“十佳”青年设计师，赴巴黎参加“99 巴黎中国文化周”时装表演，作为中国 3 个代表设计师之一，代表中国现代部分。

2000 年，应国际教科文组织与中演公司的邀请，马可为国际著名歌手朱哲琴设计其 2001 年“天唱人间，朱哲琴 2001”演唱会的表演服装并担任形象设计。

2001 年，例外营业额达到 1 亿元。获邀参加“2001 法国 PV 展”。

2002 年，荣获兄弟杯中国国际青年服装设计师作品大赛组委会颁发的“事业成就奖”。作为中国首个服饰品牌受巴黎女装协会邀请，出席全球最大最高级的成衣展（PRET－A－PORTER PARIS）。

2003 年作为中国纺织协会组织的“国际团”成员之一，应邀参加全球最大的成衣展——德国 CPD 成衣展。

2004 年，荣获上海国际服装文化节 TOP10 时装设计师杰出贡献奖，荣获中国时装周组委会/中国服装师设计协会年度“中国最具时尚女装品牌”大奖。在中国国际时装周上举办“例外”品牌 2005 年春夏时装发布会新世界百货集团“最佳成长奖”。获邀参加中国最大规模的国际性服装博览会——CHIC04，在北京举行首次面向媒体的 2005 年春夏作品发布会——“What we see is what we believe（我所见即我所信）”。

2005 年，与北京服装研究所合作成立的北服例外 26bull。荣获“蓝地”·北京·中国服装设计金龙奖之最佳原创奖；荣获上海国际服装文化节十大时尚新锐奖；荣获首届中国服装协会主办的“2003～2004 中国服装品牌年度大奖”。

2006 年，马可开创“无用”（USELESS）品牌。例外从“例外是反的”的核心思想进一步提升为“创造和传播基于东方哲学的当代生活艺术的经营理念”。毛继鸿作为主席团成员参加了 2006 年北京 CHIC 服装论坛。马可被评为“2006《周末画报》全球杰出华裔时装设计师”。

2007 年，马可作为中国第一位在巴黎春夏高级时装周开发布会的设计师，发布个人品牌无用。同年底，导演贾樟柯以无用为题的纪录片《无用》，获得当年威尼斯电影节纪录片最高奖项——地平线单元最佳纪录片。例外全国第一家复合式概念店——“双面例外”于云南昆明正式诞生。

2008 年，马可在 V&A 举办的 Fashion in Motion 中展示“无用”2007 年的作品——无用之土地。并于 2008 年 3 月至 7 月期间在 V&A 博物馆举办的“创意中国 China Design Now”当代艺术设计展览中进行作品展示。香港著名创意人又一山人（黄炳培 Stanley Wong）与例外合作设计——例外生态店（Exception Act - itude）开业，该店荣获香港“2008 PERSPECTIVE AWARDS 透视设计大赏”的“最佳零售空间奖”。马可获得第 11 届荷兰克劳斯王子基金奖（The Prince Claus Awards）桂冠，成为全球为数不多的 10 多位获奖者之一。毛继鸿和马可获荷兰皇室接见。

2009 年，作为中国服装企业的唯一代表参加 Iicograda2009 北京世界设计大会特展“设计生产力”。

2010 年，获邀参加 2010 中国服装论坛，作为 2009 中国服装论坛轮值主席毛继鸿做年度观点发布。马可荣获世界经济论坛授予“2010 年世界青年领袖”。

2011 年，创立“方所文化”。推出例外首个男装实验系列（EXCEPTION MEN）。马可获颁“2011 福布斯全球时尚界 25 华人”称号。

2012 年，在伦敦时装周成功发布。作为伦敦奥运文化年的开年活动，此次发布会也成为纪念“中英建交 40 周年”的揭幕活动。与香港艺术家又一山人共同创立 YNOT 时装品牌，旨在建立一个开放的创作平台，推动年轻一代创意设计力量，共同诠释新东方时尚美学。品牌于内地主要城市及香港均有店铺。

2013 年，因打造“丽媛 style”誉满中华。

第二节　例外店铺设计

毛继鸿说，区隔于传统店面风格的装饰，是例外向顾客传达理念的重要方式。“我们会对我们的每一个门店管理，包括试用产品系统和空间体验的体系，我们需要每一个消费者都能进到例外的店铺，他能感受到有非常深刻的文化底蕴，同时又能感受到一种非常现代的、非常国际化的一种潮流，能有自己非常独特的观点。”

基于此种理念，2004 年起例外旗下店面不断在选址、营业面积、装修装潢等方面进行升级，着力打造符合例外风格的精品店形象，提升单店盈利能力。从每一个灯光、从每一个摆设、从每一个物件到每一件衣服或者是服装员的每一个细节都是经过精心的布置，给顾客带来如同艺术展览的享受。

一、风格的演变

（一）例外店铺初创期

例外店铺设计风格是不断探索出来的。1996 年例外初创时是在朋友的店寄卖服装，1997 年开起自己的专卖店，面积仅 70 平方米，当时 LOGO 还未反写，英文首字母甚至都未大写。

图 1－2　例外早期店铺

图 1－3　例外风格探索期店铺

（二）例外店铺风格探索期

图 1－3 是“例外”曾经的武汉店面形象，有较宽阔的入口，这种店面在中国比比皆是，缺乏特色，但此时例外 LOGO 的英文字母已开始反写，令人过目难忘。

（三）例外店铺风格形成期

例外不断探索产品和店铺设计，成为行业领先者。2005 年，毛继鸿敏锐地感觉到”例外”的模仿者越来越多，出现了很多同质化的品牌。毛继鸿说，“我跑到百货公司去，看到半个百货公司的风格都是‘例外’。模仿款式的、颜色的、材料的，连装修也一样的。”“甚至有些牌子店铺的形象和我们都是一样的，觉得挺难受，再不变就不行了。”让他印象深刻的一件事情是，因为要照着例外的风格去开店，隔壁的装修的工人一时忘了尺寸，直接到例外的店铺量了尺寸又跑回去做。“在中国这样的事情太多了。没有办法。”“例外是领先者。别人都在模仿我们的时候，我们就要减重。”毛继鸿说自己也是逼出来的，在产品设计、价格和门店数量上都做了调整和转型，在风格上开始形成“本源、自由、纯净”的品牌理念，在店铺设计上逐渐形成例外的独特韵味。

图 1－4　2006 年底例外深圳紫荆城新店开业

2006年底开业的例外深圳紫荆城新店，在常见的店铺外观下，内部装饰上开始出现例外独特的层叠竹条，初具风格的例外，从同质化中突围，努力形成自己的风格。

（四）例外店铺风格成熟期

成熟期的例外店铺具有难以模仿的形态与韵味，其门店整体结构成拱形设计，其创意取自“洞穴”构造，意为人之本源，即人类最初生存休养的地方。在这个时期，源于洞穴概念椭圆形门柱开始出现，在整个店内有许多圆弧形的切角。

图1－5 风格成熟期的例外店铺

北京例外SOGO生态店就是例外店铺风格成熟期的代表。在这家被命名为“状态”的店铺中，香港知名设计师又一山人（Another Mountain Man）设计的店面传达了对于人类穴居时代原生态生活的想象。店面的装修和陈设全部采用环保和回收材料。进门处即传递了自然的讯息——长宽约3米的木质店招，切割成五穀的外型，镌刻上“生态”二字，相当独特。

图1－6 北京例外SOGO生态店（之一）

进入这有如洞穴般的入口处，迎面而来是一片以回收的条状原木做成的装置。走着走着，突然意识到脚下并不是冰冷的、光可鉴人的大理石，踩踏时微微发出声响的地板，是以斑驳的旧船板拼贴而成，宽窄长短不一，行走其上，宛若感受到过往人们在船体上劳作的痕迹。

图 1-7 北京例外 SOGO 生态店（之二）

墙面与天花也不再是理性或冰冷的直角线条，一只一只米袋，不规则地拼接成为有机的弧度，从天花连接到墙面，再连接到散发着暖黄灯光的收银台，让人宛若置身一个巨大的洞穴，感到隐密安全。

图 1-8 北京例外 SOGO 生态店（之三）

在例外生态店的体验，相当不同于时装品牌店的感觉，在那里，激起顾客的消费欲望不再是唯一目的，贩卖的对象也不再是唯一的神，例外生态店毋宁是一个让人走进来便流连于内、不舍离去的温暖空间，它唤起了人们文化基因中的记忆——远古时期，人类祖先便是居住洞穴里互相取暖，分享劳动后获得的粮食。

二、材质的突破

例外在商品、空间、平面、陈列方面的创新一贯基于天然环保材质的使用，以及对质朴、原生态的效果的追求，与衣物的面料、色彩相得益彰，营造出别样温暖的艺术空间。

例外的店铺一共有 3 种形态：专卖店、双面店和复合店，其中专卖店的主素材是竹子，复合店则把“木”材质发挥到极致，像原木的那种喑哑和宁谧的色彩与服装相互辉映。

（一）竹

专卖店的主素材是竹子。层层叠叠的原色竹条像有生命能呼吸的植物包裹着流线造型的墙体，蔓延于整个店铺，阶段性地遮挡着路人的视线，增添了店铺的神秘感，见图 1－4、图 1－12。

（二）木

上海新天地店是例外代表性的“复合店”，在空间设计上把“木”材质发挥到极致。与北京 SOGO 复合店相似，该店地面铺设斑驳的旧船木板，天花板布满可回收的麻布米袋，还将废弃旧课桌做成装置艺术。除此之外，还运用了麻布、树皮、竹子、多种木板等天然材料。

2008 年 6 月 20 日，以关注环保为店铺主题“例外 EXCEPTION”全国首家生态店在北京崇光百货商场 3 楼开幕，由香港知名设计师又一山人（Another Mountain Man）设计，使用面积约 600 平方米，店铺 80% 的装修材料来自于重复利用的天然材料，表达了设计者对于人类原生态生活的想象。店内用来做装饰的最多的是木料，所以整体色调以棕色为主，这也正好配合了例外服装所常用的原麻色。

图 1－9　以木为主的店铺设计（例外上海新天地店）

图 1－10　以木为主的店铺设计

（三）铜

北京国贸店空间设计有很大的突破创新：不惜高成本使用铜材质，做旧、多层次纹理，制造出难以复制的艺术形态。陈列展示风格和手法随性随意，只加入书籍、杂货的展墙和展台的布置，这种跨界连带性销售，无形中提高了店内服装的附加值。

图 1－11　以铜为主的店铺设计

凹凸背景墙形成不规则的展示空间，书籍有正、侧、堆的陈列方式，开放式和随意性使顾客有翻阅浏览的冲动，这种“互动体验”的方式传达“例外”的时尚概念。

三、区域划分

内场没有生硬的区域划分，只有流畅的线条。对于例外来说，任何一个微小的细节都代表着艺术的体验。哪怕是最不起眼的墙壁颜色，也是经过仔细斟酌的。每一件上架的衣服，都以例外独有的姿态诉说着纷繁生活的主张。

（一）通道

卖场内部为流线型的单通道，曲折回环的设计思路，简约的吊挂架分布在通道两侧，打造艺术展氛围。

图 1－12　流线型通道

（二）休息区

休息区营造舒适清爽的家居氛围，背景格档内书籍、绿植看似随意罗列堆积，却烘托出浓厚的书香情趣。

图 1－13　休息区

例外的店铺有个书吧在销售区的一角，里面不仅有例外品牌的发展历程，也有其品牌理念的宣传册，让顾客在购物的同时也深深被其浓厚的品牌底蕴所感染，深深记下例外这个品牌。在“例外”北京双安商场店，还有为消费者准备的卡片，上面有手绘的图案，还写着对生活的美好寄语——“捧满一手的阳光，拂动微笑的清新”。

图 1－14　在服装店销售图书

如果按照很多商业的原则，毛继鸿做的事也许是“无用功”。“我们做了很多设计类的画册放在专卖店里，参加国外时装展，做不拿来销售的品牌衣服……这些是很多商业品牌都不敢做的。因为这些艺术化的事情可能不会使销售额有提升，但那些企业做的东西要求必须是看到对销售额有用的。”“但是从现在看来，我们做的这些事，对培养消费者品牌的忠诚度，对品牌的审美、坚持和信任，都是有很大的帮助的。”

（三）试衣区

试衣区域空间开阔、色调一致：米色的地板，原麻色沙发座，整体试衣镜红铜包边，麻质纹理壁纸，咖啡色棉布帘，对店铺后期维护提出很高要求，同时也突显品牌对生活品质的诉求。试衣区内没有任何浮躁的设计，有的只是恬静温暖的感觉，见图 1－15。

（四）家居区

进口环保材质的杂货，高层为装饰品与容器展示，低层书籍与家居布艺展示。

图1－15　试衣区

图1－16　家居区（之一）

除了服装和图书，店面装修全部采用环保和回收材料，还散布着一些家居用品，体现了一种例外的生活方式，构造一个与当代生活美学有关的生活空间。

北京国贸店内场给“汉声”杂货设立了独立展示区，其商品秉承传统文化和敏锐的国际时尚触觉，致力于创造和传播基于东方哲学的当代生活艺术。

图1－17　家居区（之二）

图1－18　“汉声”杂货独立展示区

四、最质朴的模特

模特沿用亚洲肤色的清秀素颜面孔，消瘦脸型无彩妆、无假发，符合品牌定位，且让顾客更多关注商品本身。服装面料的材质肌理、造型结构在光影中具有雕塑般的美感；达到此效果，需要陈列执行者对服装设计的精髓有深刻的认知，且对美感表达有很强的操作力，见图1－9。

据例外推广部的员工说，其实例外从未停止过开发新的模特，只是到目前为止还没有一款可以超越光头模特的精、气、神，所以一直沿用至今。

五、艺术感的组合搭配

在陈列形态上主要运用正挂和侧挂陈列方式。陈列按照设计师的原创系列去做组合搭配，公司提供陈列搭配手册，精准到褶皱的处理、围巾的垂放长度，终端是在展示例外的风格，而不是为了销售来迎合顾客的口味。

（一）正挂

正挂组合是例外的经典展示方式，白色内搭、腰带、帽子、围巾、靴子使3种色彩交相呼应，系列感与人物主题生动鲜明；绿植分居两侧，造型上横竖的延伸，给流线型红铜背景增加了生命的气息。

图1-19 光头模特

图1-20 正挂（之一）

图1-21 正挂（之二）

（二）侧挂

侧挂按照服装设计系列单件出样，色彩上深浅间隔，前后服装要具有可搭配性，饰品围巾也穿插其中。

内场模特出样较少，侧挂服装容量在10件左右，坚持按照服装设计师的主题系列完整搭配方案组合出样，给顾客原汁原味的“例外”风格。

图1－22　侧挂

图1－23　侧挂容量10件左右

连续几杆侧挂，常规女装店铺是不敢尝试的，“例外”就是与众不同。极其简单的硬件与背景墙，甚至没有大量的基础照明，只运用重点照明，凸显服装才是内场的主角，也是静态的艺术品。

图1－24　连续几杆侧挂

模特组合间距相等，完整的配饰搭配，精确到每个褶皱的细节，这种态度通过服装、姿态和生活形态展现在众人面前，见图1－25。

六、淡化橱窗概念

在例外店铺找不到传统意义上的橱窗，没有海报、没有夸张道具和鲜艳色彩，但路人可以感受内心的安静，模特二三组合早已融入卖场，成为静态风景，不存在半点刻意的招揽。

开放式的橱窗，精心挑选的艺术类书籍，既是橱窗的背景也是销售的商品，使橱窗真正与顾客互动起来。见图 1－26。

图 1－25　服饰搭配

图 1－26　淡化橱窗概念

七、陈列效果维护

例外采用远程陈列管理方式，店铺把终端陈列图片发送给总部陈列负责人，通过邮件进行反馈、跟进及调整，使终端保持统一的设计师品牌独特的风格。

例外的每一个店员都需要对品牌服装设计主题及风格有深刻领悟，在此基础上才能谈到进行陈列的维护；每波新品到店，都会配送陈列手册，其中包含模特搭配、正挂出样、侧挂陈列的参考范例，附加详细的商品介绍（款号、价格、面料、设计要点等）

八、例外店铺的创新

在店铺的形态方面，例外坚持普通专卖店、双面店、复合店三条腿走路。

（一）双面例外

"双面例外"店，是例外在国内首创的服装与图书相结合的零售模式，在普通服装专卖店的基础上，增加了图书。按照毛继鸿的想法，"双面例外"追求外在穿着与内在精神生活的同步提升，代表的既是服装的例外，也是阅读的例外，是"例外 × 例外"的双倍加乘效果，更是一种探讨内在与外在、表象世界与意志世界、理性与感性、物质生活与精神生活的双重展示空间，"在服装店培养气质，在书店展示服装"。这种新业态的出现，代表着例外除了服装的本业之外，已开始经营一种例外式的精神生活。

图 1－27　在服装店培养气质，在书店展示服装（之一）

2007年5月，例外第一家复合式概念店“双面例外”正式亮相昆明新西南广场，打造了一个将服装店与书店完美结合的概念空间，一边售卖服装，一边售卖与文化、艺术、诗歌、文学和当代生活美学等相关的书籍。按照毛继鸿的说法，“衣服在外，书籍在内”。

毛继鸿认为，例外的消费者都是都市女性，她们的知识高度影响着她们的审美。她们至少对知识是热爱的。另外，在服装店里安排图书，也使陪伴女性购物的先生们有了去处。

双面例外在武汉的一个店铺，单面长度有20米，毛继鸿用10米做成橱窗，让模特穿上例外的衣服在里面读书。有一句话叫“读书的女人最美丽”，无论是服装这一面，还是书店这一面，都获得了良好的市场效果。

“双面”例外的诞生，呈现出例外作为一个有文化思想观点、提倡当代中国生活美学品牌的格外用心之处。

（二）生态复合店

命名为“状态”的复合店是“双面”例外的升级版，除了服装和图书，毛继鸿和马可还将自己从世界各地收集来的很多生活杂货品带进了生态店——生活家居用品、童趣物品、手工艺品，每件小东西温暖可人，简单生动，散发着人性的光泽。

如果不是里面摆着不少衣服，恐怕很多人都会把北京SOGO三层例外的“生态馆”当成是一个有着“书吧”和“工作室”趣味的设计展。生态店延续了双面例外的理念，将里面的部分留给书籍，并提供咖啡饮品服务。在这里，文化艺术类的书籍，与衣服构成了一种松散的默契，给人提供一种看似不相干，却又内在相通的感悟，为来访者构造了一个与当代生活美学有关的生活空间。

图1-28　在服装店培养气质，在书店展示服装（之二）

因此，在L型转角处另有洞天——书架与课桌椅的设置，可说是服装店中的创举。10米长的书架上，满是人文、艺术、生活美学的书籍，其中重点陈列了台湾“汉声出版社”对于中国传统艺术与庶民文化的相关出版物，从偏远省份小学运回的废弃课桌椅，桌面、抽屉仍可见稚嫩的习字与涂鸦，流露质朴的童真，邀请人们随处展卷阅读，重温求知的美好，见图1-29。开放式的空间，可以举办讲堂、展览、纪录片放映等各种欣赏会，让生态店不只是购物空间，也是关注文化的沙龙处所。

在这样一个开放的空间里，例外邀请顾客一起参与体验、创作，一起发现生活的无限可能性，感受不同的生活乐趣。同时，例外也希望顾客能在自然、轻松、自由、手工、创意的氛围里面，体会对生活、对生命的热爱。生态店体现了一种例外的生活方式，构造一个与当代生活美学有关的生活空间。

在独树一格的设计与空间之外，陈列在架上的衣服，传递了例外一向坚持的理念——衣服的线条与剪裁流露独特的手工美感，采用棉麻丝毛天然材质，以天然染料染制，避免为自然环境带来任何化学负担，试衣间也是再利用制衣剩余的碎布拼接而成。

在 Y's for Living 区是首次登陆中国的 Y's 生活品牌，其品牌风格相当质朴内敛，讲究高质感，表达了设计师对家居生活的理解，见图 1－30。

图 1－29　书架与课桌椅

图 1－30　Y's for Living 区

邻近是手工艺品区，在一条木质长桌上陈列从英国采购回来的产品，皆属天然、有机材质，未来将会更多地陈列中国设计师的创意设计，以推进新中国的创意产业。

图 1－31　手工艺品区

例外生态店是由诸如此类的无数细节所构成，在这里，你看不到什么华丽的装饰，一切都来得如此的质朴，纯真，桌子，书架，凳子，还有农庄的簸箕，箩筐，鸟笼，旧钢琴，螺旋桨，仿佛一个乡间博物馆，每一处细节都让人品味。

图 1－32　仿佛一个乡间博物馆

在这个使用面积约 600 平方米、共花了 8 个月的时间准备的店面中，环保与回收的理念处处可见，它殷殷邀请客人的不是一次性的血拼购物，而是休憩，是阅读，是慢下脚步体会细节，是珍惜大自然提供给我们的物资，也是对于中国新生活美学的自觉性追求。

（三）方所复合店

毛继鸿表示：“希望渠道本身可以给消费者一些不一样的体验，像梦幻一样的体验。”而方所（fang suo commune）复合店就是基于这样的考虑。

伴随品牌的不断发展，2011 年 11 月 25 日，例外借 15 周年庆典，推出了全新模式的文化生活概念店方所——一个以书店为主体的新形态复合店，是集合书籍、服饰时尚、精致生活美学产品、咖啡、展览空间及文化讲堂等混业经营于一体的立体文化空间。借助方所，例外继续通过服装、文化、生活与艺术，搭建全新的文化艺术沟通平台，在当代艺术领域与人文思考层面中，探索与呈献更多无限可能。创新的方所被业内称为一种具有复合的新型商业模式，被誉为广州文化新地标，被评为“全球零售大奖之年度最佳购物场所”。

方所源于毛继鸿的一次台湾之行。2005 年，他第一次走进了台湾的诚品书店，这里颠覆了毛继鸿对书店的印象：书是精挑细选的，读书的环境是优雅舒适的，“原来书店也可以办得与众不同”。慎重思考后，毛继鸿决定与台湾诚品书店创办人之一廖美立女士创办自己的书店。在风入松、思考乐、光合作用等“前辈”一个个倒下的时候，实体书店“方所”生得有些尴尬，甚至再一次被认为是“烧钱之作”。不过毛继鸿只是一笑，“既然例外能是服装界的例外，那么方所或许也是下一个例外，一个书业的例外。”

方所位于太古汇这个广州最高端、最繁华的购物商场，与 Hermes、LV、Dior 等奢侈品比邻而居。占地 1800 平方米，仅比商场里的 LV 专卖店少 30 平方米。方所并不是一家纯粹意义上的书店，按照毛继鸿的说法，方所是一个“文化场所”，但书店是方所复合店的重要组成部分，占去了大概一半还多的空间。方所精挑细选了大陆、港台的超过 5 万种来自世界各地逾 9 万册出版物，内容覆盖面很广，设计、建筑、文学、艺术、电影、诗歌、美食、心理学等，其中设计、美术、建筑类书籍在国内都难得一见。

图 1－33　方所的书店

按照毛继鸿的理念，方所也是一家售卖“美学观念”的店铺，因此除了 500 平方米的书店，方所其余部分都与书店没有直接关系；400 平方米是展示和销售原创设计的美学馆，引进了 60 多个来自全球的环保生活品牌，其中超过 40 个品牌第一次引进中国，开创业内先河，比如日本工业设计大师柳宗理设计的铁锅，意大利品牌 CIAK 笔记本；260 平方米是展览空间，梁文道、陈丹青、魏德圣、柴静等人都曾是这里的嘉宾。

图 1－34　方所的“美学观念”店铺

方所还包括 90 平方米的自营咖啡馆，有 250 平方米的服饰馆用于销售例外服饰（男、女装）及例外代理的山本耀司的一个副品牌 Y's。

图 1－35　方所的咖啡馆

图 1－36　方所的“服饰馆”

方所这个生活美学概念店例外准备了两年，毛继鸿说，“我们整合了 80 多个品牌，上千个供应商，采购、收藏、分类，进行美学生活用品筛选、空间组合、展览空间的规划，不同物件表达出来的价值观和哲学都符合例外本质生活的概念。”

毛继鸿强调方所是一个文化平台，一个文化空间，是最具温度的城市地标。“我们选择在太古汇开店，而没有去一些所谓的有书香气息和艺术气息的地段，是因为我们认为富起来的人们更加会追求精神的丰富，更加关注生活品质，外表可以用 LV、爱马仕这些奢侈品牌包装，但是内心的修养需要书籍。希望现代都市女性能内外兼修，这是方所最初的出发点。而一个城市的地标不应仅仅是高楼大厦，也不能仅仅是名胜古迹，书店应该是最具温度的城市地标。”“方所是例外 15 年来对设计、东方生活美学的深入思考和沉淀，有强大的包容能力。例外会结合方所通过服装、文化、生活与艺术，搭建一个文化艺术平台，帮助更多的年轻创意力量，以开拓的方式，在当代艺术领域与人文思考层面，探索更多的可能。”

方所位于太古汇一楼，于入口不大，里面却别有洞天。方所书店所有内饰都是木质材料，宽 9 米高 4 米。这个门面装饰是由一棵完整的树制作而成，为了保持材质的一致和纹路的视觉统一，方所在顺德找到一棵 10 米高的柚木树运来广州。

图 1－37　所的门面

事实上，方所是毛继鸿用来给例外打造文化概念的。毛继鸿有一个“国产品牌二楼商店论”：高级商场基本上一楼都给国外的奢侈品牌，而国产的品牌无论好坏，也只能在二楼。为了从“二楼”到

“一楼”，毛继鸿的方所是一个试验田——它不止是卖商品，他希望把方所打造成一个展示东方生活美学的平台，通过这个平台可以和国际品牌得到平等的对话机会，用他的话说，“赚到的不只是钱，更是知识和尊重。”

就这样，“例外”提供了具有诱惑力的店铺形象，让品牌魅力能在每一次消费者进入例外的商店空间时，能够拥有完整而美好的“例外经验”。

很多时候，美学概念是很难用传播表达的，“例外”是通过美学场景的体验和文化营销来促成口碑的扩散，例如“双面”例外店的设立，“状态”生态复合店的设立，“方所”复合店的设计，等等，这本身就是一种商品世界和内心世界结合在一起的审美空间，消费者在这样的空间中就非常明确自己所需要的是什么。

精致而“独例”的店铺，如同例外设计师马可所设计的衣服一样，消费者看见的不仅是衣服外延的姿态，而是例外品牌的精神世界与生活态度——用最简约的剪裁，去传达最丰富的生活语言；用一种淳朴、沉静甚至低调的态度，去响应这个繁华复杂的世界。

透过每一季、每一年、每一个阶段计划性的店铺操作执行，例外一步一步地建构品牌，从一个橱窗展示的概念、一份形象画册的设计、一次新装发表秀的主题及形式设定等，珍惜每一次和消费者沟通接触的机会，持续累积例外的时尚知名度及偏好度。

第三节　例外文化活动

精心打造店铺之外，例外注重举办富有文化内涵的活动，比如领先举办面对媒体的大秀，秀场上动态的展示与静态展览同时存在，积极参加有影响力的艺术展览等。

一、2006 年拾憶 11.25——例外 10 周年庆

2006 年 11 月 25 日，作为品牌诞生 10 周年志庆活动的“拾憶 11.25”，在位于广州农林下路 79 号的例外服饰专卖店前举行。20 多个巨大的布花包型装置，排列在农林下路从东风东路到东山口的整条马路上。千日红擎着桃红色的小绒球，散发着别致的喜庆气氛。

例外服饰专卖店门口的橱窗被重新布置过，以各色布块叠出超大的阿拉伯数字“10”，店铺一改平日的面目，变身为一个展厅，同时又是一件装置艺术作品。

一楼的中心位置，有一棵木板组装成的“拾憶树”，巨大的树干穿透楼板延

伸到二楼，枝丫朝周围散发，象征例外这棵小树苗10年以来已长得枝繁叶茂。

被邀请的嘉宾和媒体人士，拿着一块印着字的木条——他们收到的请柬，请柬上有他们对例外的祝福，并亲手用螺丝旋在了树枝上。

图1－38　例外10周年庆海报

图1－39　嘉宾将祝福亲手用螺丝旋在了“拾憶树”上

树枝下靠墙的位置，一溜儿陈列着例外10年中的经典设计。其中特别值得一提的是一款1996年秋冬的洋装和一件1997年秋冬的西服和衬衫，这几款衣服早已卖断货，是由一位例外的老顾客提供的。从这些衣服上，例外设计上的变化和成长脉络清晰可辨。人们可以看到，从衣服廓型的探索，到对于所运用材质的开发和处理，对于东方元素的运用，不流露于表面，刺绣变得富于趣味，面料细腻的肌理展开丰富的变奏，特殊的打磨一方面表达着穿着者的生活态度和个性的向往，一方面又刺激着穿着者的灵感。例外的艺术指导马可对于将设计如何服务和表达生活的探索，越来越大胆，也越来越真实、朴素。从这些衣服上，再现了10年来，例外所秉持的“例外是反的”精神。那就是尊重质朴真实的传统文化和敏锐的国际时尚触觉，致力于创造和传播基于东方哲学的当代生活艺术。这些努力，历历在目。

走上楼梯，头顶用细细的铅丝悬挂着各季的宣传品和Catalog，里面不乏名摄影师和设计师的杰作。例外爱艺术，也一直与爱艺术的人走在一起。

有人这样描述，在例外的店铺中，几乎所有人都忘记了这是一家服装专卖店，在他们看来，这更像是一座精心打造的艺术展览馆。被细细铅丝悬挂着的各季设计手稿和个性画册，以及散发着原木清香的“拾憶树”，唤起了人们由衷的赞美和敬佩。那个用了十几年来创作服装艺术的设计师，是在传播基于东方哲学的当代生活艺术。

10年了，例外骄傲地拥有了许许多多铁杆的顾客，她们都成为例外的朋友。

当晚出现在“拾憶会”上的10位特邀嘉宾，就是她们的代表。这个夜晚，她们与例外共同享有个中无法言说的喜悦。

8点刚过，一辆车身被褐色喷画布包裹着的大巴士驶到了店铺门口。车门打开，20位模特身着例外10年来最具代表性设计的服装鱼贯而下，以一种轻松而快乐的形式展现给大家。或是素雅、或是神秘、或是浓郁，现场每位来宾都被服装背后所带出的语言所深深感动。这段10周年服装回顾秀，将活动带入第一个高潮。

接着，“拾憶会”又带给来宾另一个惊喜，20名10岁左右的孩子，他们来自山西绛州鼓乐团，在店前的空地上，表演了传统的“黄河太鼓”鼓曲《杨门女将》和极富现代感的《春潮》。质朴而激动人心的鼓乐，是例外留给嘉宾们的又一次无法磨灭的记忆和感动。

二、2011年例外15周年庆典

2011年11月25日，例外15周年庆典在广州拉开帷幕。本次庆典包括在广州城市时尚新地标太古汇广场的全新生活文化概念店“方所”开业，与中国香港艺术家谢淑婷合作的例外15周年瓷衣展在店内的画廊撩开面纱，以及当天晚上于广州大剧院举行的“例外十五周年发布会”三大活动。约千名来自文化界、艺术界、时尚界的嘉宾莅临现场，体会例外15年沉淀对设计、东方生活美学的深入思考，感悟生活中一切由服饰、文化、艺术交织衍生呈现的美丽点滴。

（一）例外15周年瓷衣展

在本章前述方所撩开面纱之时，由例外独家策划支持、一场完美结合服饰设计和艺术精髓的展览也于11月25日惊艳上演。

从2012年例外15周年暨方所开业展览起航，穿行广州、上海、沈阳、厦门、深圳、成都6大城市的瓷衣展，也于例外春装发布会当天正式回归广州原点，为这一年的美丽巡礼落下完美句点。

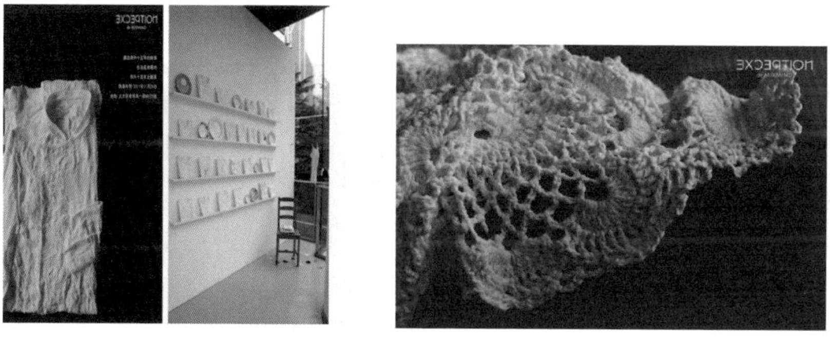

图1-40　瓷衣（之一）

创作者从例外15周年的经典衣服款式获取灵感，烧制成瓷衣。剖析瓷的制作工序，釉随着服装的轮廓、肌理在火焰中变换，真实的衣服便如此隐匿在光洁的瓷器之下，展露出艺术的光辉。一件件具有服装形态和肌理感的瓷器，浓缩了例外15年来从无到有、从“中国制造”到“中国设计”、从东方到世界，在文化艺术层面不断探索和实验的发展历程。这次瓷衣展作为方所开幕的第一乐章，同时也是展示艺术与服装对话灵感碰撞又一次绝佳的独特体验。

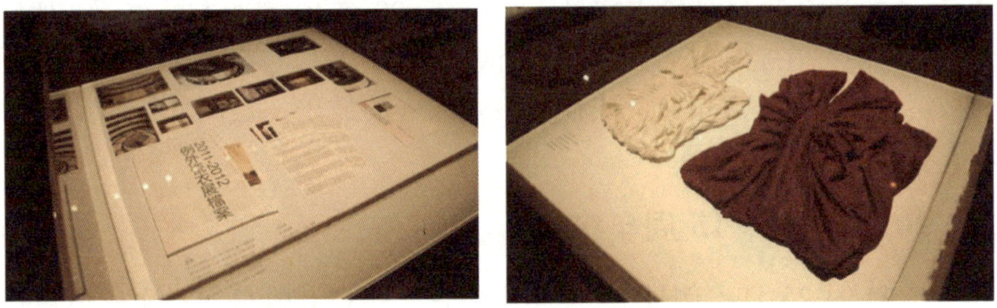

图1－41　瓷衣（之二）

本次瓷展出还特别结合影像的方式再现这一年来在几大城市留下的点点印记。

（二）例外15周年发布会

15周年的活动命名为“生活是美丽的”。“我们在不断成长，不断跟消费者、艺术家以及和例外有缘人一起互动，这种互动给我们很多力量，让我们敢于去超越，去突破和寻找。”

在广州大剧院的例外空间里，例外的秀场忽然变成一个融合了氛围音乐、服饰文化和现场演奏的艺术空间，7大系列、90多套作品轮番登场。台湾音乐人林强和来自草原的原生态音乐家HAYA乐团合作，缥缈自然而沉郁的音乐，T台上是极尽缓慢踱着非常规例外步履的古典发簪美人们。例外向文化扩张的雄心和强势，在这个例外之秀上即可见一斑。

图1－42　例外15周年发布会

三、连续10年举办主题天使活动

天使活动是例外于自2005年起每年母亲节和儿童节期间举行的活动，通过亲子之间的互动，言传身教，传递真、善、美的天使精神。天使活动是关怀社会、人文和环境的长期人文计划的一小部分，亦是例外一年一度的标志性活动。例外通过天使活动、透过具有感染力的当代设计语言，透过孜孜不倦的品牌行为，将服装文化和人文之心、公益之举结合起来，对外传播深入人心的品牌文化，即关注生命与个体、关心地球与自然、热爱生活、颂扬爱与真诚，将人文关怀贯彻在行动之中，以行动证明一个有使命感的企业应善尽社会责任，更期望能透过一个企业的力量，激发更多的关注与回馈。

例外历年天使活动主题都颇有深意，充满了对生活的热爱和感恩的情愫，使得展台上很质朴的陈列方式都能引起内心的共鸣。

（一）关心地球与自然

2008年以“身边的天使”活动，结合当年“一个地球，一个关心”的环保主题，通过购物袋行动、橱窗展现、产品设计，通过一个个可沟通的载体，把环保意识不断传送，并通过亲子的互动过程，让全家甚至是更广泛的群体不断体验并参与到环保当中去。

（二）关注人心和生命的个体

2007年以“失落的天使不孤单”为题，将视角投向留守儿童的社会境遇，并予以心灵的关注，行动的支持，特别与中国儿童少年基金会共同合作举办系列公益活动。呼唤社会大众一起身体力行关怀每一位需要爱的孩子，让真、善、美传扬。希望这群天使们，能够真正展翅飞翔。

2009年以“触·爱“为主题，触碰心灵的爱，感受天使的美，关注视障儿童的健康成长，给予他们平等的尊重，透过企业的公益行为，唤起社会的关注和回响，让这些可爱的孩子们可以获得更多实质性的帮助和认同。用心触摸，用爱感知，我们看到天使的美丽世界。

（三）对谈生活，歌颂父母之爱

2009年“‘手’护天使的翅膀”回归至生活的本质，寻找你我最真、最善的一面，以双手寓意“手”护天使的翅膀，特别设计了最新的天使亲子装、棉手帕以及手影游戏，共同分享和回味往昔那简单而温馨的情感交流，用以感恩父母的守护，传承爱的翅膀。

2011年“天使诵爱”鼓励对爱的表达，说出爱，聆听爱，也许就是一声最平凡的呼唤，也许这动人的声音平时都不曾留意。将爱写在纸上轻轻折起，让爱传进耳朵久久回荡，传递爱，感受爱。让这一瞬间的小小感动，成为母亲与孩子之间永恒的记忆。

2012 年“那些花·儿”，以“花”象征母亲，“儿”是孩子，在“花”悉心地呵护下“种子（儿）”也将成为美丽的“花”。“那些花·儿”的主题颂扬了父母对孩子生命的养育、爱的滋养，勾勒了一幅爱的接力与传承的美丽画面。

图 1－43　2011 年“天使诵爱”

2013 年“早安，天使”在倡导关爱父母与子女之余，亦鼓励早起的健康生活概念。我们对生活付出无与伦比的热爱，也将获得生活给予我们的美好。

（四）2014 年“10 年，天使如初”

透过天使活动 10 年脉络，以父母之爱，感恩生命的原点，以天使成长的印记，颂扬爱的传承。

图 1－44　2014 年“天使如初”

10 年天使，10 年爱的传承。2014 年“10 年，天使如初”天使活动，将 10 年对爱的寄望融入天使活动系列礼品中，愿此守护心中的天使，继续爱的传承。

带有天使翅膀的天使亲子 T 恤每年都会更新设计，与主题呼应。2014 年天使亲子 T 恤，特殊设计的领口和下摆使亲子装更加活泼美观。蓝色的绣花勾勒出艺术抽象化的天使翅膀，象征对天使真善美追求的坚持，也寓意“10 年，天使如初”主题寓意。

图 1－45　天使亲子 T 恤

原创性的海报和包装设计也是例外每年精心准备的一份天使。

以独特的相框装置，呈现天使成长的印

记，象征在这个不断变化的社会里，无论时光荏苒，只要信仰真善美的力量，便能将心中的天使永留理想的国。

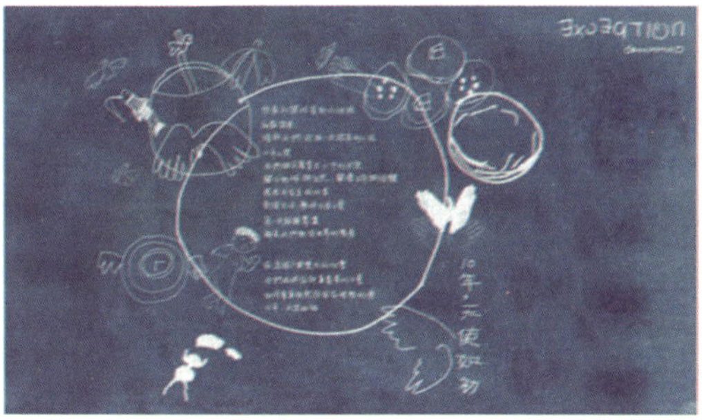

图1-46 “天使如初”海报

图1-47 天使成长相框

四、客户维系活动

设计师品牌面对的是一个相对小众客户群体，如何保持客户的忠诚度是设计师品牌需要面对的问题。马可的用心体现在，她几乎从一开始就能紧紧团结住例外的踏实顾客。她特别珍惜那些能理解她、跟她有同样理念的人。

创业早期，马可会邀请例外的VIP顾客而非模特来展示产品。如果顾客是妈妈，就让妈妈带着孩子，让爸爸掌镜，以家人视角拍下最自然的真正的“穿着例外的人”。时不时的，她还会聚拢这批忠实顾客，邀请台湾《汉声》杂志创办人黄永松等人开个讲座，讲述他如何保护中国的传统文化；为了宣传珍爱自然的理念，她会包上各种花儿的种子寄给顾客……“她做的这种模式，就是我不仅仅是在卖衣服，这个品牌有着各个立体的层面。”

至今，每年公司周年庆，例外最早的一批客户还会被请来参加聚会。员工接待过一位老太太，70多岁，退休之前在广州当小学教师，精神矍铄，高瘦，是典型的例外顾客：受过良好教育，注重生活品质，又能负担得起这种品质。例外这名员工说，“老顾客们非常能理解，好多新顾客就不能理解，觉得很奇怪，比如我们出过四个袖子的衣服，新顾客就会问，那还有两个袖子是干吗的？有意义吗？但老顾客就爱买这种特别的款。”

“说真的，‘例外’的销售模式完全是做回头客的，对于客户的维护也很有一套，比如VIP会员的生日他们都会送一个‘例外’定制的礼品，礼品很不错，是专门定制或者采买的。”例外的VIP李立小姐对记者说，“所以有些客人坚持买也是很喜欢他们定制的产品，而且‘例外’很有‘节操’，这么多年来除极少的状况，几乎不参加商场的各种打折活动。”

就如这位 VIP 会员所说，针对 VIP 顾客，例外设计了一系列会员活动：VIP 顾客生日当天可收到设计另类的钱包、针线包等小礼物；不定期举办的会员招募活动（活动期间可以以低于平日入会门槛的消费金额加入会员）、不定期举行的观影会；周年庆的积分返利、特别赠品回馈活动等。2009 年年初，贾樟柯导演的电影《二十四城记》公映期间，例外就组织了 VIP 会员《二十四城记》观映会。例外通过这些人性化的沟通方式和对服务客户细节的把握，培养了一批忠实的客户。

就这样，例外收获了很多忠实的顾客。例外的店铺看起来并不是人满为患，但每一个进来的人，“基本上都是长期跟随这个品牌，了解品牌忠实的客户，购买力都很强”。

第四节　例外服装展会

例外通过经常参加国际性时装展会，举办新品发布，进行品牌传播。比如早期参加了“虎门国际服装名师展”、1998 年上海国际服装节中国优秀服装作品专场、澳洲悉尼博物馆举行的“中国服装三百年”大型展览、1999 年巴黎中国文化周时装表演会、2000 年法国巴黎国际成衣展等。“2004 年的时候，例外在北京做了一场秀，花了 100 多万元，我想没有几场秀敢花这么多钱”，毛继鸿坦言。以下本书选取了几个例外具有典型意义的展会、发布会。

一、2007 年“无用”亮相巴黎时装周

马可说，“在我的创意里边有一些是跟众人分享的，但是我还有一些不断挑战自己极限的那一部分，而这方面是不可能在市场操作已经比较成熟的品牌（‘例外’）里去实现的。”

于是，2006 年马可又创立了一个叫作“无用”的艺术品牌，用以生产纯手工的服饰，使之成为“例外”艺术化、理想化的延续。

马可介绍了“无用”两字的由来，“是否有用已成为我们做事的前提，但眼前的有用与未来的价值常常不同，我们因为太过于注重眼前的有用经常忽略了未来的价值，我想做些眼前未必有用但以后会有价值的事，我想把人们眼中无用的东西变得有用，我想人们不再以是否有用作为取舍的原则。我喜欢‘无用’，所

以才能赋予它新的价值。”“所有人都在追求有用，我想让人们不再以是否有用作为取舍原则，价值从不在物件本身，而在使用的人。”“在这个世界上，许多人都被教育要随大流，做有用的事。自己却偏要做一个例外，做一些看似无用的事，这些事虽然不符合主流的价值观，但却能在客户的使用中被赋予全新的价值。”

2007 年 2 月 25 日的巴黎时装周上，马可以“土地”为主题，正式以“例外”的方式推出了“无用”这个带着中国本土设计理念、有些另类的名字，低调傲视世界最高时尚之都的服装发布会，在巴黎引起了轰动。

“无用”发布于此次巴黎时装周第一天晚上 7 点半，这个时间段是整个时装周最重要的时间段之一。与其他品牌不同，“无用”全部是静态展示，采用别出心裁有如雕塑艺术品般的演出方式，具有超强的视觉震撼力和厚重的历史感：在精心营造的明暗灯光中，观众仿如置身于一座艺术博物馆，那满身泥土的模特穿着巨大、残旧却做工精致的粗麻布裙——经过土壤的浸染而独一无二的衣服，或坐或站，或翘首仰望，或低头深思，那粗糙的皮肤、黯淡的面容，总是让人想到中国成千上万靠土地为生的原生态农民。

图 1－48 “无用”之“土地”

“无用”的亮相充满了“例外”。首先，色彩上出人意料。在当时 DIOR 还是惯用鲜艳对比色的伽利略做主导，正大红大紫。而马可的整个创作却以土地为主题，服装都是土的颜色。她在地上也撒满了从中国运去的泥土。

其次，服装展示方式上打破常规。不用“走台”或“作秀”方式进行服装作品的动态展示，而是“服装雕塑作品”的静态展，这种展示方式令人感到悬念十足。

第三，模特选用上别具一格。静止不动的雕塑般的真人模特，有的是专业模特，有的是舞者，也有的是街头艺术家、流浪艺人，在蓬皮杜艺术中心的门口或是卢浮宫桥旁，都经常可以看见他们达数小时不动的人体静止雕塑表演。

第四，化妆上与众不同。以泥土涂抹了模特的全脸、全身。化妆师 Stephane Marais 说："这对我而言是一次新鲜的挑战与尝试，我完全是在用做雕塑的心情来化妆。"

第五，灯光设置有如艺术布展。在弥漫着柔和白光的底座上，头顶灯光将模特打造出雕刻感十足的明暗效果，有如真正置身于艺术博物馆，担任秀场搭建的著名光影大师 Thierry Dreyfus 说，"这不是一场时装秀，我是在为一场艺术装置展而设计灯光。"

第六，打破服装界的等级权力结构，这是本次发布会最令人意外之处。"服装界是有一个很严格的等级的，有一个内在的权力结构。每个来宾坐什么位置，坐什么角度，对公关公司来说，都是特别头痛的，生怕出错。"而在"无用"秀上，来宾们发现一切都不是他们习惯的那样，秀场中央立着十几张发光的方形装置，模特们没有穿着服装走来走去，而是站在装置上，像雕塑一样，一动不动。现场安静了 30 秒，人们才反应过来。两座从看台通往展台的踏板被工作人员支起，引导观众有秩序地走下看台，找座位在这场秀里变成了多余动作，他们不能坐在位置上，必须离开座位，走近模特。所有人的脸上都露出惊异的神情，走入一场事先未被通知的博物馆夜游之旅。"整个人流混乱了，所有看秀的人变成一个自由的、平等的状态。一下打破了服装界那种权力结构。"

一位时装记者说：这是 T 台展示方式的革命，这是真正的民主化看秀，没有了座次排序，所有的人都可以自由平等地以自己喜欢的方式观看。"而在看台上，手持摄像机的一位摄影师则说，"透过镜头，让我惊心的是那种在生与死之间交替的瞬间，那些雕塑是静止的，而围绕的观众则是动态的，这是我第一次拍到，将观看者也要一并算进去的秀场图。"台湾广告创意大师、例外的品牌顾问许舜英女士说，"走到了尽头的时装业还能够再到哪里去，也许就是这种方向……"

"无用"的精彩亮相赢得一致的喝彩。法国最具权威和影响力的报纸《世界报》（*Le Monde*）头版打出题为"来自中国的天才"的重头报道："这些服装雕塑，拥有与艺术作品一样，为永恒而创作的感染力量（Cesvêtements - structures ont la puissance desouvres d' art créées pour l' éternité）。"除《世界报》之外，法国多家报纸，如《解放报》（*Liberation*）、《小巴黎日报》（*Le Petit Journal*）等，都发出一面倒的赞美之声，《解放报》称马可的展览是"一次颠覆性的展出"。意大利 *Vogue* 杂志、中国中央电视台、凤凰卫视，法国电视 5 台等多家媒体对马可进行了现场采访。法国 24 台当夜在晚间新闻中播出采访实况，比利时的一家网站也在当夜迅速做出反应，"这是一场对大地泥土的礼赞与拜祭"。虽然是极其另类的展示方式，绝不商业化的服装艺术品，与30年前日本设计师来到巴黎时的争议相比，巴黎显得更为宽容，它毫不吝惜地为新生的天才设计师喝彩。

此后，土地系列作品陆续受邀到伦敦设计博物馆、维多利亚博物馆巡回演出。“博物馆看你的东西会更有深度，有很强的历史性和未来性。”毛继鸿说。在很多人看来，在这里做“个展”的意义，就相当于进入时装史。

毛继鸿最欣喜的一件事，或许是“无用”登上巴黎时装周的舞台，得到了世界顶级媒体的一致赞美，没有一句负面性质的话，这些媒体记者大多在行业里呆了十几年，他们能看破各种不当的竞争手段和花招，只有真正的文化才能让他们感动，这说明“无用”真诚的表达获得了世界的认同。

从商业角度看，制作只用于展示的艺术品牌服装“无用”似乎有悖常理。但看似是设计师“理想主义”的举动，其实正发挥出巨大的品牌协同效应和商业价值。和“无用”的“血缘关系”令例外声名远播，甚至为其打通了国际化道路。

二、2007年纪录片《无用》

世界名牌总是衍生出许多脍炙人口的经典故事，这些故事在时间中常常形成了独特的品牌文化；每个后起品牌也都想写出经典的故事，但应该如何去做，是一个难题。在这点上，毛继鸿在2007年以创新的方式交出一份精彩的答案，这是一次无意中的收获，但如果没有他长久以来对人文精神的关怀和思考，是不可能的。

2007年，“无用”在巴黎时装周发布之后，例外与著名导演贾樟柯合作，推出以马可为主人公拍摄的电影纪录片《无用》。马可和毛继鸿的拍摄想法迥然不同：马可不太愿意拍，她平常连拍照都不太愿意，但毛继鸿想拍，他觉得马可是应该被人了解的设计师。贾樟柯和毛继鸿最终说服了马可。

影片主题围绕着马可在创造服饰时所表现出的服装与人的故事，贾樟柯拍了60多个小时的素材，最后剪成了80分钟的纪录片。该片以服装为纽带勾连起整个中国社会的全貌，将视角投注于中国社会经济发展中的激变，关注消费时代中服装业表象下的中国各类人群的生存状态。片子把广州的服装流水线、巴黎的时装发布会、山西的小裁缝店整合在一起，彼此参照，让观众看到了一部社会发展浓缩史。

这部纪录片最终获得第64届威尼斯电影节地平线单元的最佳纪录片奖，成为首次在“欧洲三大电影节”获最高奖项肯定的中国纪录片，并入选当年的纽约影展。毛继鸿作为制片人和马可一同随纪录片主创人员走上了颁奖典礼的红地毯，《无用》获奖为例外品牌带来了巨大的声誉和无形资产，“艺术地”达到了品牌营销效果。

有些人认为是例外出于商业目的，请贾樟柯拍了一部商业广告片。对此，毛继鸿如是说，他一直都在支持中国的独立电影，长期以来贾樟柯对生活在底层的人群有着深切的人文关怀，毛继鸿当时只有一个想法，因为认同贾樟柯的思想，所以希望贾樟柯能来拍“无用”在巴黎发布的纪录片，初衷并非出于商业上的考虑。同时，艺术家也并非随意就能拍出在威尼斯获奖的作品，这跟创作者对人文的关怀，对创新追求的力度都是不可分割的。

纪录片《无用》的获奖，不仅在艺术上获得成功，事实上在商业角度也提高了“无用”品牌的知名度。把品牌的推广与文化如此巧妙地结合起来，至少在当时国内的服装界里还是极为罕见的，这是毛继鸿在2007年的一大创新之举。

三、2008年巴黎时装周“奢侈的清贫”

谈起2007年第一次在世界时装之都巴黎发布自己的作品时，马可的自豪之情溢于言表：“第一次发布我自己也没有想到。我觉得自己的作品极其不符合巴黎时尚界公认的审美，可以说是对时尚界审美的一种挑战，他们可能接受不了，但是从外界的评价来看非常积极和肯定。这次发布之后，巴黎高级时装公会的人士认为我的设计已经超越时装周，应该去高级定制时装周，于是向我发出了第二次邀请。”

于是，2008年7月，马可再一次带着“无用”前往巴黎。不过这一次她参加的是云集世界所有知名服装品牌高级定制发布的巴黎高级时装周（Paris Haute Couture Week）——这也是史上第一次有中国设计师受邀成为客座成员。这一次马可把时装周变成了一个现代艺术展，结合剧场艺术、行为艺术、装置艺术这样一个综合性的立体的展览，只不过这个展览主要的媒介和工具是服装。

马可将她在巴黎的首次高级定制发布主题定为“奢侈的清贫”（Luxurious Qing Pin)，她花费了一年半的准备时间，前半年是构思期，经过七八个月的纯手工创作，并邀请纽约知名华人编舞家沈伟，编导出一场独树一格的演出。

7月3日下午5点半，作为压轴表演的“无用”发布会在巴黎小皇宫（Palace Royal）的露天公园举行，表演吸引了几种属性截然不同的人群——来自花都与国际的时尚媒体与摄影记者，从其他时装秀赶场而来的时尚名流，关注马可创作的业内外人士，乃至于仅只是无目的散步至此的人们……在一条长约百米的林荫道之间铺设的毛毡上，42 位表演者穿着“无用”的宽大衣服，慢节奏展示了糅合现代舞、太极和瑜伽的动作，他们或缓步走着或闭眼站立，仿佛穿梭在风中的行者。在毛毡最远的另一端，在伸展台上生命的循环开始展演——洒在地上一粒粒蓄满生命能量的种子，初初发芽的嫩绿青草在风中微微伸展，饱满的棉桃开出了满满的棉絮。

图 1－49　“无用”之“奢侈的清贫”（之一）

然后，在古老的纺纱车上，来自贵州的一位织布工人以灵巧手指拈出纤长的棉线，另一位织布工人端坐在已有百余年历史的织布机上织着层叠的白布，她们相互配合着，以贵州流传千年的古老技术为观众展示了从棉花种子到纺纱织布的全过程，织出一摞又一摞的棉布——伴随着碌碌的织布声，手工织出的布匹拖曳在地，有如果实的收成，让人油然升起感恩之心。

图 1－50　“无用”之“奢侈的清贫”（之二）

蒙古歌者娜仁身着天蓝长袍，站在盛着蓝布和清水的木桶前染布并歌唱，她以高亢悠远的歌声，带领人们的神思来到一望无际的平原，那里有河流蜿蜒。舞者们在歌声中慢慢张开眼睛，如同重新降临人世，他们是对身体具有高度自觉的现代舞者、太极与瑜珈实践者，在娜仁悠扬歌声中，以极慢的速度，抬手，转身，挪步，在金黄夕照与拂动的树叶之间，观众跟着他们的动作慢下来，回到向内观照、无所外求的平静状态。

他们身上穿着的衣服与鞋，皆是马可与她的团队以手工缝制，一切都尽可能接近自然朴实的状态：米白的，黄褐的，墨灰的，湛蓝的，各种以天然染料铺衍出的自然颜色，与以回收材质制作的鞋，棉麻丝毛 4 种不同的天然材质，呈现最接近于自然的朴实状态。马可对于材质的处理就是尊重它本身的构成——没有炫技式的剪裁，没有刻意放大的量体，没有不对称或解构的杂音，马可的衣服是可以穿着休憩可以穿着劳动的日常衣服，布料以手工一丝一缕织成，所有缝接亦是一针一线慢慢拾掇，细节流露的美感，让人们的眼睛与心灵跟着放慢了速度。这些服装剔除一切装饰，质地粗糙，手工缝制，色彩单纯，却在现场制造了震撼人心的效果。

在巴黎珠光宝气的秀场，马可再一次让所有人震惊了，她用“无用”品牌重新定义了奢侈：最低限度的对物质的占有，最为充实和自由的精神生活，不执着于一切世俗的欲望。当今的世界，奢侈并不奢侈，清贫才奢侈——这是她想要向世界传达的思想。展览结束后她接受媒体采访时说，“今天时代中真正的时尚不再是潮流推动的空洞漂亮的包装，而应该是回归平凡中再见的非凡。我想念真正的奢侈不在其价格，而应在其代表的精神。”

像“无用”第一次来到巴黎时一样，马可照例受到了《世界报》（*Le Monde*）等媒体的赞誉，《世界报》在头版的位置报道了马可这位东方奇女子的事迹，称她是“来自中国的天才设计师”，“马可，以对大自然的礼赞为巴黎高级时装周画上句号……并在芸芸顶级品牌中‘无用’脱俗而出……这些具永恒时间性的杰作还原了衣服的本质和其首要的功能……（L’ ode àla nature de Ma Ke cloture les defiles haute couture…Subvertir la surenchère du luxe des grandes griffes haute couture … Des pieces intemporelles qui illustrent la function première du vêtement…）”。*WWD*（美国知名行业报纸《女装日报》）形容这场服装表演流露出中国田园乡村的诗意。法国费加洛杂志记者认为，“奢侈的清贫”是一场绝对有别于西方时尚概念的演出，马可的作品让人能够静心体会出她所想要传递的讯息，非常独特。法国巴黎高级时装公会主席 Didier Grumbach 说，“马可在巴黎做的发布与她在中国国内的概念很不相同，并非为了销售而作。第二次发布也获得了多方好评，再次证明了，她是一个能在各种领域充分发挥想象力的艺术家。”他在现场表示，高级时装周就是要让设计师发挥在其他地方所无法达到的创意，对于像马可这样具实验性且反省性强烈的作品，它是最好的舞台。

四、“原点”2014 例外夏装发布

除了在品牌理念上刻意与激进浮躁的大众流行符号做区分，在具体的企业运作上，做过设计师也做过市场营销的毛继鸿选择了一条“逆传统和主流而动”的慢热式成长路线，他说企业的经营者应该思考如何回到“企业最初的原点”，并称“例外”2014 年的主题就是通过“回到原点”，建立这个小众品牌的核心壁

垒——“回到做服装、做品牌最不容易被别人拿走的那个东西。”

2014 年 1 月 15 日海南三亚，黎明时分，天色还未晓，一行人穿过细软的沙滩，海沙触碰着脚背，海风拂面而至，海涛在耳边响起。行至灯光聚焦处，三个大中小型的风车静态装置映入眼帘。人们手持邀请函，折叠成风车，错落穿插其中，迎风而向，并随风旋转，带来风的讯息。

灯光暗，观众面朝大海而坐，随着开场序曲的发声，从这方搭在海沙之上的实木舞台响起轻快的足音。长短节奏的衣裙，舒展自由，印染其上的山石图案，凝重沉稳，柔软与肌理的质感相生相融，与欲曙的天色、旋转的风车构成了一幅意蕴悠远的画面。天色渐渐明晓，颜色顿时丰富起来，绿、蓝、粉不同节奏的颜色，与宽幅的礼帽迤逦着长长的雅致；音乐变奏，黑、蓝、紫、红、白应和着日出的绚烂。

图 1－51　“s 原点”2014 例外夏装发布（之一）

最后，模特手持风车，谢幕而出，海风让它扬起翅膀，翩翩自在。

演出却并未因谢幕而终止。此时，海平线突然升腾出一轮红日，太阳初出光赫赫，人群纷纷站起，奔向东方，越过沙滩上巨大的原点沙画，拥抱日出。抛开都市里的杂念，在海天之间寻找创作的原点，自然的原点，生活的原点，一同探究事物的本质、初衷、原型。风车还在旋转，衣裙在这里舒展，心随着海浪而起舞，拥抱日出、亲近自然……放松、呼吸，感受着大自然给予的馈赠。

图 1－52　“原点”2014 例外夏装发布（之二）

图 1－53　“原点”2014 例外夏装发布（之三）

例外的发布会就是这样令人意想不到，令人不能忘怀。

五、2014 年例外上海秋冬发布会暨 iapm 新店开幕

2014 年 8 月 23 日夜，例外在上海衡山坊举办 2014 秋冬发布会。

2014 年 8 月 23 日下午，位于上海环贸 iapm 商场的例外全新综合零售空间盛大开幕，以不同的体验板块，表达例外所倡导的一种源自东方却又融和了多元文化的全新生活方式。是夜，在上海衡山坊，例外董事长毛继鸿先生携同各界好友，共同见证例外 2014 秋冬新装发布。

致敬经典，同时加入自身的创新主张。例外每次发布的秀场皆有巧思，自成一景，不可复制，然而又在设计美学上一脉相承。在本次发布会的设计中，例外采用当代艺术的表现手法，把整个发布会场地塑造成一个包裹的装置艺术。

步入会场，城市的繁华喧闹倏然远去，心静则自在。这一刻，慢下来的上海呈现给人们的是视觉、听觉和触觉的全新感受。以衡山坊蜿蜒延伸的街道为秀道，如庭院造景，远景近景的变化营造出多角度的景观与景深，四周伫立的小洋房与深沉天幕成为天然背景。自然质感的木地板，将场内的地面全面拔高，仿如把例外和衡山坊放置在舞台上呈现。从这片拔高的舞台俯瞰都市的繁华，例外与衡山坊相汇、融和、共同上演的美学故事，体验式的生活感观与艺术的表达相互交织。

灯光暗，随着开场序曲的响起，模特的轻快足音从实木舞台上由远及近而来。不同于传统的走秀模式，例外女装与例外男装交错出现，呈现出时尚、设计与生活融和的鲜活画面：在第一部分，步履轻快的都市侠客全身洋溢着现代都市

的酷感，融东方自然浪漫主义的廓形和现代都市的利落速度于一身；第二部分，节奏有所回落，舒缓，呈现的是轻松、优雅、浪漫与自在的生活状态，简单的线条轮廓诉说着内心满满的故事；到第三部分，整个秀场被服装所传递的一种如同歌剧般高旷而富有穿透力的精神力量所感染，它是上升的，上扬的，在秀场的上空如同实质的存在，这是向经典、精致的致敬；最后一部分，中国人最为熟知的生活图腾——门神与福禄寿喜，以一种出乎意料的、现代艺术手法的方式在服装上出现，整个舞台洋溢着热烈欢腾的喜庆，对美好生活的向往与期许，以一种饱满和广阔的维度，从衡山坊向外扩散。

在衡山坊，例外以独有的当代艺术手法，坚定地抹平了生活和艺术的界线，将生活与艺术推向深度的融和状态，进而形成一个超越形式，走向内心的新类型美学观：用半透明面料将城市的喧嚣隔离；把场内的树打造成独具意境的意象，利用传统油纸把树木包裹起来，却特意留白，露出部分树冠；秀道的实木木料，在走秀结束之后全部回收，成为在建的衡山坊例外品牌店的地板；在衡山坊内用两栋楼打造除了例外还有姊妹品牌方所和 YNOT 的展览，沿用 iapm 开幕展览的材料，即大量使用生活中最常见的纸箱材料作为图片文字展示的载体，从生活与艺术、服装与文化等方面诠释融和的概念。

活动中例外还在衡山坊内举办了例外的展览活动。

图 1-54 例外上海秋冬发布会暨 iapm 新店开幕

第五节 例外事件营销

例外不找明星代言人，但并不排斥名人，而是寻求更加独特的营销方式，加强和自己理念投契的艺术家的合作。

民谣歌手张浅潜看到马可的服装后非常喜欢，托朋友几经周折找到她，跟她一见如故。尽管到现在输入法中都打不出这位歌手的现成名字，马可却跟她合作甚欢，极为用心。当时张浅潜正准备拍一个MTV，马可推荐了设计的另一系列，比上市的服装更前卫。拍的过程中，马可一直在那，放着张浅潜的音乐，张浅潜穿着马可设计的衣服，两个人的创作融为一体。两个人都很感动，张浅潜哭了，马可的眼睛也湿了。她说那是一种彼此心灵很贴近的感觉。

2001年例外在张浅潜的介绍下与朱哲琴合作，出任朱哲琴个人演唱会“天唱人间”的服装设计与舞台形象指导，那些服装和造型12年后看来依然先锋独特。马可共给朱哲琴和舞者制作了200多套演出服，却只收了5万元，还不足其中一件用料35米服装的成本。例外更看重的是与自身风格相契合的“明星效应”。

彭丽媛为2003年春晚演唱《世纪春雨》，她通过记者找到马可为其设计了演出服。2013年更是身着马可设计的服装出访俄罗斯、非洲，掀起“丽媛Style”。

身着例外长裙的周迅在拍摄现场说出了她对这个设计师品牌的理解：“时尚不是单纯用衣服将身体包起来，而是一种内在灵魂的体现。”而“在时尚中寻找自我”正是例外一直秉承的设计初衷。

2011年李娜法网夺冠后拍摄冠军写真亦身穿的是例外2007年的茶气系列。凤凰网时尚曾就此采访毛继鸿：“李娜夺冠时穿着您的品牌，高兴吗?”毛继鸿回答：“很开心。法网的决赛，我一直都在看直播，怀抱苏珊·格朗格杯的李娜，身穿我们衣服，同事眼尖第一个发现，我们都特别开心。”

2014年5月15日，第67届戛纳电影节开幕典礼，中国导演贾樟柯身着“例外”为其量身打造的黑色西装亮相，引起了众多国内娱乐和时尚媒体的关注。

著名电影演员赵涛，不管是平时私底下的便装、拍摄电影的戏服，还是出席重大场合的礼服，都多次选择例外，颇有点代言人的意味了。她还曾以忠实客户的身份受邀出席例外的10周年庆典。赵涛在3个方面和例外有着深度合作。(1)纪录片《无用》的幕后监制。《无用》在威尼斯电影节获奖后，赵涛与马可、贾樟柯一起举起最佳纪录片奖杯。(2)主演电影，多次选择“例外”作为戏用服装。在电影《二十四城记》中，赵涛饰演“80后”时尚买手，片中独立、干练、时尚的形象，得益于赵涛身着的“例外”品牌。2008年，赵涛主演的短片《河上的爱情》成为第65届威尼斯国际电影节特别展映片，赵涛在片中同样身穿“例外”服装。(3)“例外”、“无用”多次成为赵涛征战国际的“战袍”。2007年威尼斯电影节作为最佳电影金狮奖的《三峡好人》女主角，赵涛在红地毯上身着“无用”兴奋地表示，“我穿着中国设计师设计的服装，感到很自信很骄傲。”同年，赵涛身穿“例外”服装与导演贾樟柯一同出席香港亚洲电影大奖。

第六节　例外粉丝传播

喜爱例外的顾客自发地在网络上讨论例外，形成对例外的粉丝传播。这种品牌传播不是例外的主动行为，但却是由于例外多年不懈努力而赢得顾客后所形成的口碑传播。

电影演员赵涛曾在其博客中撰文“恭喜例外 12 周年!!”：“昨天参加了例外 12 周年庆的活动，说是活动，对我来说其实像老朋友的聚会。从 2004 年开始关注‘例外’到现在，我已经完全变成‘例外’的女人了，喜欢‘她’的那份特性及直率，看完服装秀，我越来越觉得，‘例外’已不光是服装，‘她’已经是艺术品了!! 最重要的环节是，晚上在 798 的尤伦斯放映《无用》，这可是《无用》首次在北京，也可以说是在大陆的首次放映，开心!! 很多朋友都去看了。到现在我还记得《无用》在 2007 年的威尼斯电影节上赢得纪录片大奖的时刻，我们每个人都异常的激动，因为前一年贾导刚因《三峡好人》拿得金狮，每个人都没想到我们会再次拿得大奖！现在讲起来我都好激动的!”其博文中还配以秀的现场图片，见图 1－55。

图 1－55　例外 12 周年庆

有网友网上留言道：“最近一直处在一种无序的状态中，烦、乱，于是几天前约了同事到（北京）例外 SOGO 店里去看看，在那聊天，看书，我发现例外还是那一如既往让人可以沉静下来的地方，在这里你可以放下暂时的烦恼，拿杯咖啡，拿本书，找到最安静的角落，坐在最舒适的沙包上享受一下午的休闲时光。这么多年过去了，还是未改变对例外的喜爱，那份感情，不管是在那工作还是现在已经离开，都从未改变。当有空的时候你也可以去坐坐哦。”“这里是一个可以让心灵栖息的地方，这里有看不完的书，想不完的事，这里有最柔软的沙发，这有喝不完的咖啡，只要你愿意，可以呆上一个下午，一天都没问题，因为我们的心是自由的。”

另一位网友在网上留言道：“在享用例外两年多的今天，我突然奇怪自己在享用他人智慧时，除了欣赏称赞喜欢外，竟就没有感念智慧者的恩德。也许是例外的不可多得，让我无比珍惜，也许是例外所做到的极致，让我感动无比，我想弄清这例外背后的设计者到底是谁？就在昨天我搜索了例外背后的故事，我记住了一个女子的名字，她叫马可……"

创建于 2008 年 1 月 18 日的" exception 例外"豆瓣小组，有 1831 名成员：

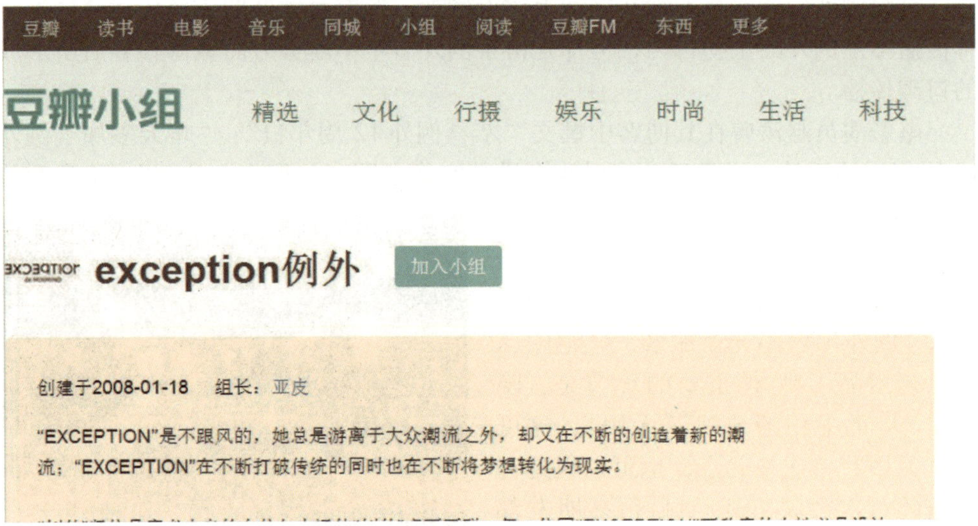

图 1－56 例外豆瓣小组

天涯社区关于例外的讨论，其中一些跟帖对例外点评很精彩。

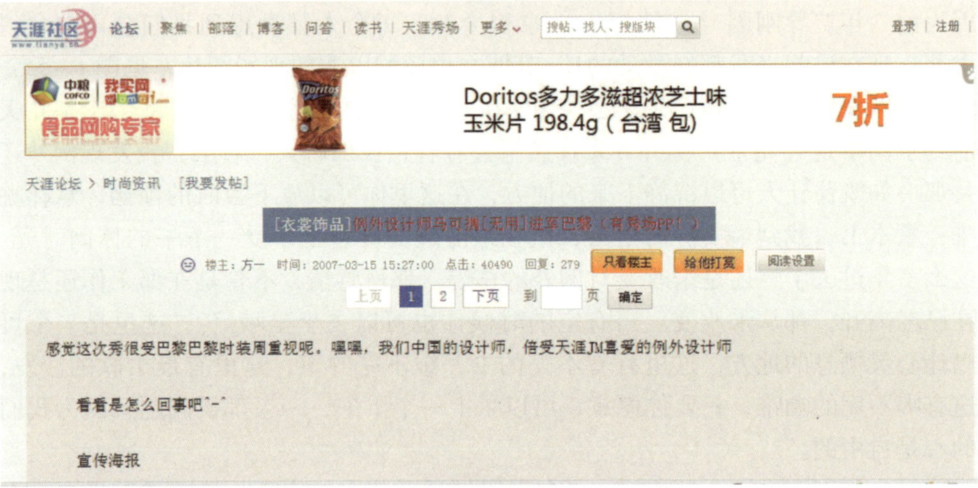

图 1－57 天涯社区例外帖子

网友“七月七玄”对于上帖在2003月16日发表跟帖道：“一直喜欢例外。例外的衣服很能体现气质。只是能懂得又能穿出这种气质的人不多，而且价格不是普通人能承受的。希望马可一直坚持下去，她也许真能成为世界瞩目的服装大师。加油，马可！你是我最喜欢的中国服装设计师。”，见图1－58。

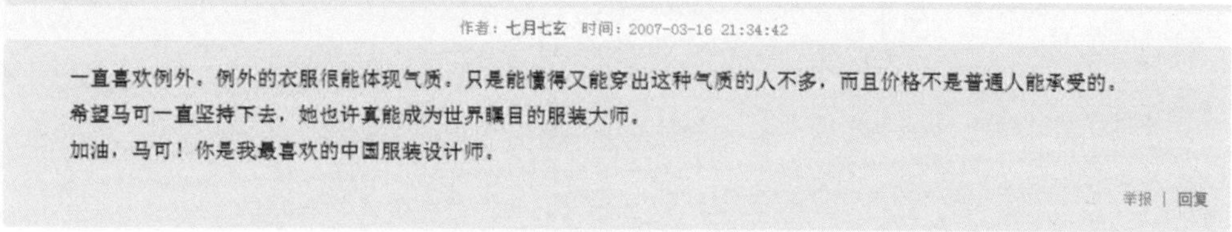
作者：七月七玄　时间：2007-03-16 21:34:42

一直喜欢例外。例外的衣服很能体现气质。只是能懂得又能穿出这种气质的人不多，而且价格不是普通人能承受的。
希望马可一直坚持下去，她也许真能成为世界瞩目的服装大师。
加油，马可！你是我最喜欢的中国服装设计师。

举报 | 回复

图1－58　天涯社区例外帖子

以艺术为目的，以商业为手段，例外将“美学”和“艺术”溶于商业之中，在品牌建设与传播上别具一格，成为与众不同的“例外”。

第二章　奢侈品品牌传播

第一节　中国奢侈品：认知在成长

不是中国人不具慧眼，而是中国奢侈品“有实无名”。中国“奢侈品”已经客观存在，只是尚未被中国消费者完全了解。存在还不等于认知。

中国消费者对“奢侈品”的认知尚处于成长状态，其间或许还有些误解。大品牌不一定就是“奢侈品”品牌，而知名度高也不能代表品牌的“奢侈”级别。而在中国，似乎也始终在回避“奢侈品品牌”的直接叫法，而更愿意用“奢华品牌”或者“顶级品牌”等这样较中性的词语来替代，这样多种混淆视听的定义使消费者的认知更为混乱。

“奢侈品”的词根为“奢侈”。关于“奢侈”一词寻根溯源，说文解字，“奢”由“大”和“者”构成，“者”字有结果的意思，整个字的意思是从结果上看比实际需要大了，由此产生过分的含义；而“侈”字由“人”和“多”构成，意思是人用的东西过多了，引出奢侈的含义。不难看出，中国传统对“奢侈”的解释具有明显贬义，引申为“挥霍浪费财物，过分追求享受”。但需特别强调的是，中国文化中有“奢侈”之定义，却无“奢侈品”的说法。“奢侈品”是一个舶来词。

欧洲的“奢侈品 Luxury”概念源于拉丁词“Luxus”，原意指“极强的繁殖力”，后引申为“超乎寻常的创造力”，西方近代以后用于描述“在各种商品生产和使用过程中，超出必要程度的费用支出及生活方式的某些方面”，更多时候用来描述那些费时费力精雕细刻完美无暇的“精制品”。由此可见，东西方文化之差异，也表明了“奢侈”在不同社会的不同标准。

可拥有但非必需，这是所有权威英文辞典对 Luxury（奢侈品）的一致定义。此词引申两重含义：“创造愉悦和舒适的物品”与“价格不菲的昂贵物品”。在西方文化中对商品有一条明确分界——“奢侈品”与“必需品”。就像今日中国的商品也有一条明显界定——“高档货”与“大路货”。综上归纳，对于“奢侈品”顾名思义的地体现着高品质、高价格和非必需的特点。

奢侈品除了是“价格不菲的昂贵物品”外，还是“创造愉悦和舒适的物品”。拥有奢侈品是追求最美好事物的全过程，它分为三阶段：是创造财富的奋斗过程，是追求唯美的选择过程，是精致生活的体验过程。

我们传承了中华文明讲究“含蓄”的谦逊性格，也不善于自我表现和宣扬，但对外来的客人则是“以礼相待，尊为上宾”，这样的习惯在有些时候看起来有些过分自我压抑，甚至造成裹足不前的局面。在奢侈品行业尤是，一方面我们始终不敢名正言顺地谈论“奢侈品”的积极意义，徘徊于与“节俭”看似对立的字面意义中；另一方面，又无法抑制对于“奢侈品”发自内心的喜爱和向往，从而对外来的众多“奢侈品”敞开了心扉，打开了市场，这样的“以礼相待”似乎无可厚非从而可以心安理得。但要注意的是，仅仅因为“奢侈”一词曾有过的贬义我们就要违背心愿去排斥“奢侈品”？拥有了“奢侈品”就违背了中华民族“节俭与禁欲”的传统？我们要等到把中国的奢侈品市场完全拱手相让给外国奢侈品品牌之后才来找出自己的发展道路吗？也许我们需要的只是多一点的勇气和信心，去竞争、去发展。

从全球格局看，奢侈品的发展有着“西学东渐”的趋势，这给亚洲的新兴奢侈品产业带来了巨大的机遇和美好的前景；从社会文化看，现有的奢侈品品牌几乎都是工业文明的产物，而面对信息社会文明的奢侈品尚未显露端倪，而每一个历史巨变的过程中都将产生全新的事物，这为新型的奢侈品品牌的诞生提供了崭新的空间。

目前，中国的奢侈品已进入品牌初创阶段。中国创建奢侈品品牌必须具备4个关键前提：必须立足创建一个国际性的知名品牌，而非仅仅是一个中国知名的品牌；必须以高品位的质量确保一个品牌的生命力，精品意识与精尖品质是所有奢侈品的基石；必须以创造性和文化内涵吸引客户，独创的产品创意与生活方式才是奢侈品的原动力；必须在全球范围内发现并满足客户需求，中国奢侈品的成长空间在中国市场，但真正的立足之地在于国际市场。

“奢侈品”，中国的奢侈品品牌，这是具有自主创新意义的时尚事业，现在是时候开始扩大规模且由大变强了。

第二节　NE · TIGER（东北虎）

一、NE · TIGER（东北虎）品牌介绍

NE·TIGER

图2－1　NE · TIGER（东北虎）LOGO

（一）NE·TIGER（东北虎）品牌简介

NE·TIGER（东北虎）品牌由张志峰先生创立于1982年，是中国的顶级奢侈品品牌。作为中国服饰文化的守护者和传承者，NE·TIGER始终秉承“贯通古今 融会中西”的设计理念，致力于复兴中国奢侈品文明，新兴中国奢侈品品牌。品牌早期以皮草的设计和生产为起源，迅速奠定了在中国皮草行业中的领军地位。在30多年发展历史中，品牌更相继推出了晚礼服、中国式婚礼服和婚纱等系列产品，并开创性地推出高级定制华服。“华夏礼服”即是华服，是代表中华民族精神的礼服，也被称为中国人的国服。NE·TIGER华服的设计可以高度概括为五大特征：以“礼”为魂，以“锦”为材，以“绣”为工，以“国色”为体，以“华服”为标志，凝汇呈现数千年华夏礼服的文明，开创现代中国特有的一种服饰形象。

（二）NE·TIGER（东北虎）品牌历程

1982年，东北虎品牌创始人张志峰先生开始创业，开设了第一家裁缝店。

1992年，东北虎品牌正式创立，不仅引领了当时中国皮衣的流行，并迅速发展成为中国顶级时尚奢侈品品牌，弥补了中国本土奢侈品品牌的缺失。

1997年，东北虎迅速占领奢侈品皮草的产业链高端，并成为中国第一皮草品牌。

1998年，东北虎皮草旗舰店的经营面积扩大至1200多平方米，成为亚洲规模最大的皮草专卖店；同年，在哈尔滨冰球馆举行有7000人规模的“东北虎皮草之夜98/99皮草流行趋势发布会”，有众多明星参加。

1999年，在大连的“千禧”发布会第一次把中国的皮草发布推向全球；同年，东北虎皮草在“大连国际服装节”举办了声势浩大的皮草服装发布会，名扬国际，并且获得了“双十佳品牌”荣誉称号。

2000年，NE·TIGER在哈尔滨香格里拉举办了由孙周、叶大鹰、张铁林等40多位著名导演、作家、著名主持人、影星、名模参加的“冰雪燃情派对”；东北虎皮草进驻北京，并在北京赛特大厦设立了国内首家皮草俱乐部；召开东北虎皮草新款貂绒哈尔滨发布会；东北虎皮草有限公司获得中国唯一的皮草行业中国消费者协会“诚信单位”荣誉称号。

2001年，推出“虎啸京华”东北虎皮草之夜/2001年中国国际时装周颁奖典礼，并倡导将传统的业内时装发布会发展成为面向媒体和市场的发布会，引领了中国时装周发布会格局的转变；同年，成功推出自有高端品牌——“NE·TIGER”，并正式将总部设立在北京。

2002年，推出中国国际时装周——开幕式暨“花开四季”东北虎皮草之夜；

同年，发布 NE · TIGER 东北虎皮草 2002/2003 国际皮草流行趋势。

2003 年，推出“名媛”高级晚礼服系列——中国第一个高级定制晚礼服系列，开创了中国晚礼服元年；同年，品牌发布了《中国皮草行业白皮书》，填补中国皮草行业的空白；“NE · TIGER”中国形象店成功入驻王府井高档商圈——东方新天地首层。

2004 年，为配合打造与国际接轨的顶级奢侈品牌的战略需要，NE · TIGER 挥师上海；同年，推出“丝绸之路”国际服装服饰节——NE · TIGER 高级晚装裘皮发布会，以及中国国际时装周首场发布会，暨“豹”2004 ~ 2005 秋冬流行趋势发布会。

2005 年，NE · TIGER 以“爱”为名，推出了品牌的第一个高级婚礼服系列，并率先在国内倡导将婚礼服作为爱的永恒纪念，其“要拥有，要珍藏，要传承”的理念，掀起了一场婚礼服革命；NE · TIGER 东北虎皮草有限公司正式加入哥本哈根紫色俱乐部。

2006 年，NE · TIGER 提出了“中国奢侈品复兴与新兴宣言”，并推出了中国第一个高级定制中式婚礼服“凤”系列，结束了中国没有自主品牌高级定制婚礼服的历史；同年，在北京举办的芭莎慈善夜上捐出了一件“凤衣”，竞拍出了 166666 元的全场最高价，最后由国际影星周迅获得；东北虎皮草正式入驻青岛最高档的阳光百货。

2007 年，推出代表了华夏民族精神的国服——“锦绣国色华夏礼服”高级定制华服系列；受邀同步参加在上海举办的世界级的英国和荷兰的两个奢侈品展会；为丹麦王妃定制华服并举办了“丹麦王子与 NE · TIGER 中国之约”活动。

2008 年，推出“国色天香华服大典”高级华服系列，在保留“寸锦寸金”的云锦、四大名绣等手工绝艺之外，使几近失传的具有 4000 余年历史的“织中之圣”——缂丝在发布会上熠熠生辉，重获新生，实现了对中华民族传统工艺的又一次深层挖掘和传承。同年，NE · TIGER 北京公司迁新址，办公区域、高级定制工作坊、VIP 私人会所全新打造成各自独立但又相互承接关联的三位一体的艺术空间。

2009 年，推出“蝶扇 · 缘”2010 高级定制华服系列，又创新推出结绳绝艺。在结绳的材质上，NE · TIGER 不惜耗费巨大人力物力，培育出自明清时已名满天下、专供织造皇帝御服的珍品辑里湖丝。发布会上首次推出华服男装，实现了品牌史上又一次开创；同年，NE · TIGER 携手中国流行色协会发布 2010/2011 年流行色趋势。

2010 年，由 NE · TIGER 创制、织造绝技堪称国宝级巅峰巨制的“鸾凤双栖牡丹”缂丝华服，得到首都博物馆永久的珍藏；同年10月，NE·TIGER推出了“天干·地支”高级定制华服发布会，并首次将有近5000年历史的羌绣艺术运用到现代华服之上。

2011年1月，NE·TIGER作为唯一的服装品牌助力国家形象大片的拍摄，宋祖英、章子怡、张梓林等明星穿着NE·TIGER的华服出镜，而NE·TIGER的品牌创始人也是本次形象大片中中国设计师的杰出代表。NE·TIGER助力国家形象大片的拍摄，标志着品牌作为国家形象的代表更上一层楼，同时也向世界展示了华服的美丽形象，而NE·TIGER的华服将继续闪耀在中国乃至世界的时尚舞台上；同年10月，上海国际时尚中心，NE·TIGER推出“唐·风”高级定制发布会，作为开幕式首秀，“唐·风”正式拉开上海时装周的大幕；由NE·TIGER主办，中国文化书院、三智道商文化书院协办的“返本开新——中华文明与中国华服”论坛在京举办。汤一介、乐黛云、王尧、余敦康、王守常、钱逊、王志远这7位在国学及文化方面有着深厚造诣的导师们，从儒释道，以及中国传统文化方面对“中国华服”的渊源及历史传承进行了梳理，提出了“华服”未来发展以及中国奢侈品文明的复兴和新兴之路——“返本开新”；10月25日，NE·TIGER推出了“唐境”高级定制华服发布会，将千年前的大唐盛景在现代华服之上完美展现。

2012年3月8日，NE·TIGER携手全国妇联和中国丝绸博物馆，在首都北京为全世界女性感恩呈现“华装风姿 感谢有您”时尚华服秀。同时，NE·TIGER还特意精选了8件经典珍藏版华服（金鳞蛟龙、花开富贵、喜上眉梢、凤衣传奇、青黛雕镂、花开并蒂、断桥残雪、唐境春华），参加由中国丝绸博物馆在中国妇女儿童博物馆举办的3月8~27日的“华装风姿·中国百年旗袍展”。

2013年10月25日，中国国际时装周盛大揭幕。北京饭店金色大厅华裾鹤氅，星光熠熠。作为连续13年担纲时装周开幕首秀的高端时尚品牌，继2012年“唐·镜”、2013年“华·宋”之后，NE·TIGER 2014“大元”高级定制华服发布会再次恢弘呈现。

2013年10月26日，NE·TIGER 2014“大元”高级定制华服发布会，以“元”为体深入挖掘元朝文化艺术精粹的同时，更以“大哉乾元”的意蕴为魂，再一次体现了NE·TIGER凝聚千年文明的高远意境，向世界彰显中国礼仪之大，展华夏国服之美。

2014年1月31日，作为2014 BTV春晚服装总设计师，NE·TIGER品牌创始人、艺术总监张志峰先生携手春妮、栗坤、曹一楠等BTV一线主持人及众明星，联袂演绎国色天香的华服之美，把高品质的中国范儿通过荧幕展现给了千家万户。

2014 年，NE · TIGER（东北虎）全程参与第 22 届北京 APEC 会议领导人与夫人服装的设计与制作。衣裳为源，共襄盛举。会议期间，随着各国夫人身着 NE · TIGER 华服魅力出场，高贵优雅的“中国风采”惊艳四座。中国自古就是“衣冠上国，礼仪之邦”，为了最美呈现，NE · TIGER 历时 10 个月，以一针一线的浓情厚谊，在这个 2014 年的深秋，终将打造出这代表华夏之热情、文化之瑰宝的精美服饰，向与会贵宾传递璀璨的中华文化及比肩世界的时尚态度。

（三）NE · TIGER（东北虎）品牌文化

1. 理念：“华夏礼服”即是华服，是代表中华民族精神的国服。30 年前，NE · TIGER 已经开始在中国奢侈品品牌道路上特立独行，并逐渐开创出闪耀在国际时尚奢侈品舞台上，代表华夏礼仪之邦大国风范的服饰——“华服”。缔造华服这一具有中国特色的奢侈品品类，最初的动机是基于 NE · TIGER 的一个基本理念，那就是“复兴中华服饰文化，新兴中国历史品牌”之一宏愿，也就是 NE · TIGER 的梦想与追求。

2. 绝艺：NE · TIGER 高级定制华服所采用的全是上等的天然真丝面料，并将散落在民间的各项工艺及织造大师的绝技汇集在精美的华服之上，使之焕发新生，一件件华美的服饰，承载了几近失传的传统工艺和绝技，成就了中华服饰文化的传奇。

3. 国色：在我国古代，秦朝前尚黑；汉朝红色盛行；南朝推崇蓝色；宋朝以绿色为主流；明清时期黄色象征皇权，它们始终是中华民族心中永不褪色的国色。在 NE · TIGER 高级华服系列中，黑、红、蓝、绿、黄，这五大国色得到了全新的演绎和发扬。

4. 定制：NE · TIGER 秉承“贯通古今，融汇中西”的设计理念，开创了别具特色的中国式高级定制，从独特的设计到精确的立体剪裁和细致的工艺，所有的程序由手工完成，一件华服所耗费的工时至少在一个半月。

二、NE · TIGER（东北虎）品牌传播

（一）品牌叙事

纵观顶级服装品牌，虽然有些也曾面临过危机，但最终还是凭借其独有的魅力重获新生，成为时装界的佼佼者。简单来讲，他们成功的一个共通点就是，每一个品牌都是通过独特的个性风格向消费者诉说着自己的品牌故事，从而传达出一种得到认可的服装理念和品牌精神。故事之于生活如同调味剂一般，可以让我们的生活充满趣味。品牌故事之于品牌的发展，是重要的文化资产。在特定的条

件下，通过讲述品牌的故事向消费者传达品牌理念和精神。通过营造一种良好的氛围，拉近与消费者之间的距离，最重要的是，要将品牌与消费者联系在一起，为消费者创造一种愉悦的、难以忘怀的消费体验，从而极大地提升品牌忠诚度。有许多品牌都有自己的品牌故事，但这是远远不够的。品牌必须将这个故事通过个性化的叙事方式传播开来，并向消费者传达一种意义。这样的品牌叙事才是成功的，这样的品牌故事才是完整的。生活中处处充满着消费，这在一定程度上可以反映出品牌叙事带来的影响。让品牌故事深入人心，通过生活中无处不在的细节感染提醒消费者，引起消费者心灵的颤动，达成一种购买，形成一种忠诚。

NE · TIGER 最动人、最有影响力的品牌叙事是其创始人张志峰先生的故事。

张志峰，TIGER ZHANG，乳名叫“小老虎”，祖籍在山东，出生在东北黑龙江，NE · TIGER 品牌创始人、艺术总监，亚洲时尚联合会中国主席团联合主席，中国流行色协会副会长，被誉为“中国奢侈品第一人”，创造出 NE · TIGER“高贵 优雅 性感”的奢华风格。

张志峰先生于 1982 年创业，之后便将公司命名为“东北虎”，并于 1992 年在国家工商局注册商标为“东北虎”。企业之后在西班牙马德里（Madrid）国际注册商标中英文“NE · TIGER 东北虎”，同时“NE · TIGER”商标已通过《商标国际注册马德里协定》。

张志峰先生认为，在世界奢侈品一百多年的历史脉络中，今天的中国极有可能在时空上成为全球奢侈品的第三级台阶。无论从时间还是空间看，百年历史孕育了欧洲成为奢侈品第一台阶；二次世界大战后美国成为头号经济强国，以半个世纪的繁荣成为奢侈品的第二台阶；日本在近 30 年的经济起飞和中国近 20 年的崛起，客观上东亚已经成为奢侈品消费的第三台阶，但现在尚未成为奢侈品品牌的第三台阶。日本作为全球第一大的奢侈品消费国，近 15 年间已经催生了数个奢侈品品牌。相形之下，中国迄今为止尚无一个真正意义上的国际知名的奢侈品牌。客观地说，中国奢侈品品牌的成长历史还很短，这一点从 NE · TIGER 的历史便可一目了然：NE · TIGER 从事被誉为“天然奢侈品”的皮草行业仅 25 年，创立品牌仅 15 年，第一家自主品牌的旗舰店仅 10 年。NE · TIGER 品牌的消费群基本与国际奢侈品品牌用户重叠，一部分是尊尚奢侈品就像捍卫荣誉般的忠实 VIP；另一部分是精英女性，她们特立独行地热爱生活，崇尚卓越的品位，追求独特的个性与魅力。因此但张志峰先生坚信，以五千年灿烂的中华文明为积淀，以当今世界刮目相看的、成长最快且潜力最大的中国奢侈品市场为依托，中国人一定会拥有世界公认的奢侈品国际品牌。NE · TIGER 品牌正在用独树一帜的内涵和制作工艺将自己推向中国乃至全球奢侈品品牌荟萃的大舞台。

1964年，张志峰出生在黑龙江省牡丹江市，家中几代经商，父亲是茶商。“文革”前，张志峰的父亲拥有一家商场，因而后来成了当地最大的“资本家”，加上张志峰的奶奶出身沈阳的大家族，张志峰的三个舅爷都是国民党，于是，其父又背上了一个“国民党特务”的罪名。

父亲被关进牛棚后，一家8口人就住在8平方米的小屋里。原本养尊处优的母亲现学了一点缝纫手艺，独自担起养活全家老小的重任。母亲为全家的生计，跟一个上海下放的女人学起了做衣服。张志峰是听着母亲的缝纫机声长大的，从小就会用母亲做衣服剩下的布头做玩具。家里除了母亲讨生活用的一台缝纫机，也放不下什么其他的东西了。张志峰睡觉的床头紧挨着缝纫机，从小就认为这是属于自己的玩具。

张志峰刚有了一点手艺就开始打扮自己的4个姐姐，姐姐们谁也不稀罕他给做的衣服，她们谁也没想到，这个从小玩针线剪刀的弟弟，有一天会成为国际知名服装设计师。张志峰是家中老幺，时时处在父母、4个姐姐和一个哥哥的呵护之下。

张志峰虽是老幺，性格却像老大一般，重情义，肯担当，是家里的顶梁柱。东北的冬天哈气成雾、滴水成冰，他每天上学放学经过母亲的裁缝铺子，看见母亲戴着棉手套，前面裁掉一截，露出冻得红紫的手指头，在那儿做零活，他就一阵心酸。

在那个躁动的年代，环境的压抑和周围的歧视使张志峰变得反叛、敢于抗争，是别人眼中霸道的“小老虎”，而一回到家里，看到昏黄灯下坐在缝纫机前的母亲，他的心立时就平静下来。

1982年，张志峰高中毕业，大学之路在他面前铺展开来，但家里新盖的房子横亘在求学路上。盖房的钱都是跟亲戚朋友30元、50元借的，虽然一共就几千块钱。张志峰高中毕业后放弃读书，走了一条和别人不一样的路：自己开了一家裁缝店。

他朴素的商业嗅觉已经敏锐地捕捉到市场经济的气息。“在工厂干活一天赚两块钱，自己做一天能赚八块到十块。”受母亲影响，张志峰从小就对缝纫很在行。“我做喇叭裤的技术特别好，一剪到底，就收5毛钱。还常常去外地进一些大家没有听说过的面料。”日积月累，张志峰成了当地小有名气的裁缝，甚至引得俄罗斯“老毛子”也前来订购服装。彼时民间的边境贸易刚刚活跃起来，不少“老毛子”看上了张志峰做的衣服，甚至批量订购，他是中国最早做皮草皮夹克生意的，服装款式、制作手法别具一格。与俄罗斯的边境贸易往来，帮他积累了第一桶金。这离不开张志峰敢为天下先的闯劲。他什么都抢在头一茬：第一拨个体户赶上了，第一拨边境贸易赶上了，第一拨出国潮赶上了。第一个吃螃蟹的人总是善于抓住身边的机遇。张志峰不失时机地卷入了这股发家致富的热潮。他承包了一家服装厂，开始在黑龙江牡丹江和浙江海宁之间奔波，生产皮衣销往俄罗斯和国内市场。张志峰记得，那时从牡丹江到上海坐火车需要39个小时，坐硬座要一天半，有时还得站着。虽然和货品贸易相比，服装的利润要薄得多，但他也看到了这门生意的好处：量大，需求稳定。一年多后，服装加工厂的规模已达到300多人。

张志峰的好奇心、好胜心、逆反心都很强，于是他不仅正式成了一个裁缝，还成为当地第一批拿到个体营业执照的人。“我母亲以前开的还算是‘黑店’，到了我这一代，就是正宗有执照的了，我是当地第一个拿到个体营业执照的。”张志峰说他是当地第一个吃螃蟹者。

1992年，张志峰已经不再局限于做服装生意，开始将业务扩展到酒店、商场等多个领域。他的公司旗下最多曾涉足16个产业领域，如今张志峰也承认当时的盲目和浮躁。“那时候做生意的导向是以纯赚钱为主，没有过多考虑企业未来的发展。”

张志峰不但开酒店，还开办旅游学校，培训厨师。他甚至开了一家为酒店提供必需品的配件公司，“所有酒店用的东西，我们都生产销售。我开配件公司的时候黑龙江就我一家，等1999年关闭公司的时候，已经变成了149家。”

“极地”转型从代工赚钱到品牌烧钱：这种粗放的淘金热随着国门的日渐开放而冷却。作为第一批走出去的生意人，张志峰最先感受到中西品牌的差异，“我去美国的时候才知道，同样是自己生产的服装，价格却相差8倍。”欧美国家的游历，让张志峰见识了一种更为规范的商业运作。

原本张志峰觉得自己做贴牌的日子挺好。“我们主要是帮人代工，就等老外来下单，下单以后自己做，做完以后还感觉不错。”可是当他亲眼见到“同一个产品贴上不同的商标，卖的价位就是不一样”时，心里不服气了。

似乎是一种与生俱来的学习本能，张志峰一边做服装一边开始研究国外的品牌。“我在美国买一件衬衣要200美元，要我做的话顶多15块钱，就是一个布料钱。人家说这个品牌是欧洲的，就是卖这么贵，那我们就去研究欧洲的品牌。”张志峰带着疑问开始闯入壁垒森严的陌生世界。最初他四处碰壁，欧美的奢侈品行业对外封锁严密。当对方询问“什么品牌”时，他如梦初醒。

不服输的张志峰从此和品牌较上了劲。他在欧洲用5年时间去摸索百年品牌的发展史。“美国实际上还是通过百货店的渠道营销，欧洲的重点是专卖渠道。很多小店看着不起眼，可是已经存在几百年。人家几代人专门做西服，欧洲的百年品牌就是这么传承下来的。”张志峰甚至请了很多当地留学生去帮他研究调查。

与其说他是在学习欧洲品牌，不如说是他在比较中西差异，汲取二者精华。“我特别喜欢研究历史，我们的优劣势在哪里，应该保留什么，摒弃什么，慢慢地这样就形成了自己的定位。”

知己知彼，张志峰的心里亮堂了。他归国后决定走一条中国品牌的全球化之路。

1992 年，张志峰注册了 NE · TIGER 东北虎的品牌，将眼光投向世界。NE · TIGER 东北虎相继在法、意、美、俄、中国香港设立了全球设计营销中心，开始独立打造中国时装国际品牌的历程。

“我们产品的原料、设计、采购都是全球的，只是品牌没有国际化。我从国外回到国内，就是为了先在中国扎好根。”海外设计营销中心的设立，使东北虎拥有最前沿的设计，敏锐地把握全球时尚趋势，真正实现“融汇古今、贯通中西”的设计理念。

1997 年，NE · TIGER 东北虎在哈尔滨中央大街成立了当时亚洲最大的皮草形象店——“东北虎皮革世界”，这对张志峰来说是一个转折点，当初的小裁缝变身大牌企业家。与此同时，他也琢磨透了品牌的内涵，“什么叫好的品牌，好的品牌就是要做精。”

张志峰开始全面调整公司战略和定位，精简了很多与服装不相关的行业，回归到他最喜欢的主业上。他放慢了脚步，不再简单追求大和强。“过去我们强调的是人多量大，厂房多。最多的时候我有 8 个工厂，8000 名工人。”但他已经意识到“扩大生产规模，增加厂房、人员，不是品牌所要求的”，于是公司调整方向，集中核心力量做品牌，“能让别人做的就让别人做，用现在比较流行的话来讲，就是实现轻资产的经营模式”。

传承复兴从中国元素到品牌“独立战争”，自创一个中国的奢侈品品牌谈何容易，在这条看似前无古人的路上，张志峰却找到了“旧时友”——中国五千年的历史里有太多值得挖掘的元素和创作空间。

喜欢研读、梳理历史的张志峰认为中国本土奢侈品并不缺少奢侈的元素。古代的丝绸、茶叶与瓷器等均是国际市场上的奢侈品，然而近代以来中国的奢侈品发展出现了断层；西方则不同，不但社会文化承接顺利，而且其设计师的培训教育一脉相承并自成体系。

张志峰现在要做的就是寻找过去，传承未来。“作为一个服装设计师，我努力创建一个中国品牌，也一直致力于中国奢侈品文明的复兴与新兴。”为了实现复兴梦，张志峰去复旦大学学习哲学，还扎进北京大学学习历史，后来他又迷上了国学。著名造型师易茗评价，“在中国坚持做品牌很困难，很多设计师都会摇摆，或者走另类风格，或者复制国外风格，而张志峰一直在坚持中国风很难得，这可能跟他研究国学有关系。”

复兴与传承背后的故事数不胜数。张志峰时常带着同事去可能隐藏着民间高手的小村落调查，希望请到织造大师“出山”。

被誉为“织中之圣”的缂丝绝艺是国宝级的织造工艺，已有4000多年历史。张志峰花费数年寻找到两位“国宝级”的缂丝织造大师。如今，公司创制出融汇7种缂丝工艺的“鸾凤双栖牡丹”华服被首都博物馆珍藏，这是中国自主品牌首次获此殊荣。

图2-2　模特展示“鸾凤双栖牡丹”缂丝华服作品

图2-3　鸾凤双栖牡丹华服

图2-4　首都博物馆收藏NE. TIGER的缂丝华服

张志峰希望通过自己的努力，尽可能将千古绝艺保护并传承下去。公司同事曾在苏州寻访了20多位老艺人，她们自幼便开始学习刺绣，岁数加起来总共有1572岁，可谓“千岁绣娘”，其中最长者已95岁高龄。这些人不会画画，有些甚至连字都不会写，可她们就是有刺绣的灵气。“那位95岁的老奶奶，穿针都不用眼睛看，拿手一捻就穿好了。”

“很多企业家已经意识到中国很多美好的绝艺要失传，他们挽救了这些濒危的工艺。”周学平十分肯定张志峰的做法。除了寻找面临失传的绝技，实现“融汇古今 贯通中西”的设计理念，张志峰在品牌自创这条路上付出的艰辛远不止于此。

10年时间他已经投入3亿元。“3个亿是肯定不够的。”张志峰淡然一笑，任何短期行为都无法造就百年品牌。“做品牌不能一蹴而就，你一定要放长线。”就像张志峰多年来的心曲所示，“要耐得住寂寞。”

时至今天，张志峰丝毫不后悔选择走自创品牌之路，如果当初他仍然坚持代工贴牌，亦或是在国外注册一个“洋品牌”回国发展，利润无疑要丰厚得多。“这在当时其实是成本最高的一种方式，也是最笨的方式。”不过张志峰坚信自创品牌将是一条“效果最好的路”。

为了自由驰骋在自己的奢侈品王国中，张志峰甚至拒绝了一些资本市场的橄榄枝。“我这个人不傲气有傲骨，我能做的事情就不要麻烦别人。”不过从长远考虑，他认为品牌要实现国际化和全球化，“一定要上市，因为上市也是一种最好的推广，但你要选择最适合的一个时机。”

（二）公关关系传播

1. 2014年第22届北京APEC会议领导人与夫人服装

2014年第22届北京APEC会议举世瞩目。自1994年在印尼茂物举行的APEC会议以来，21个经济体的首脑们身着当地传统民族服饰合影留念已是非正式会议上的一大视觉亮点。

2014年，NE·TIGER（东北虎）全程参与第22届北京APEC会议领导人与夫人服装的设计与制作，这一公关事件为NE·TIGER等参与北京APEC服装设计与制作的北京服装学院等机构与个人创造了公关品牌传播的机会。有朋自远方来，不亦乐乎。衣裳为源，共襄盛举。会议期间，随着各国夫人身着NE·TIGER华服魅力出场，高贵优雅的“中国风采”惊艳四座。中国自古就是“衣冠上国，礼仪之邦”，为了最美呈现，NE·TIGER历时10个月，以一针一线的浓情厚谊，在这个2014年的深秋，终将打造出这代表华夏之热情、文化之瑰宝的精美服饰，向与会贵宾传递璀璨的中华文化及比肩世界的时尚态度。

图 2-5　2014 北京 APEC 会议

各美其美，天下大同。本次设计传承中国文化、融汇中西所长，力求简约、典雅、时尚，与 APEC 北京峰会“共建面向未来的亚太伙伴关系”的会议主题相得益彰。夫人华服为内外两件，外套是明式对襟款式，内衬清代旗袍款式。工艺运用举世闻名的苏绣与漳缎，无论是清新脱俗的水仙花，还是缠枝牡丹和宝相花等吉祥图案，都沉淀了浓浓的中华情谊。色彩上，以象征海洋的蓝色和象征紫气东来的龙胆紫为主，辅以寓意福禄祥和的丁香色、绛红、藏青、藕荷粉，代表 APEC 各成员国以太平洋为纽带，睦邻友好、合作共赢。

图 2-6　2014 北京 APEC 男领导人服装

图 2-7　2014 北京 APEC 领导人配偶服装

国礼睡衣更是精工巨献，NE · TIGER（东北虎）在接到市委市政府的任务后，为保证各国要员休息质量，品牌特地甄选定织定染的40M真丝重缎面料制作睡衣，环保亲肤的同时利于人体睡眠。手工苏绣工艺将牡丹、花瓶、如意纹飞针走线于丝绸之上，男款寓意“和平如意”、女款寓意“唯有牡丹真国色”，绝妙展现了中国“以纹为贵”的深厚文化底蕴。APEC定制睡衣作为北京市政府的珍贵礼物赠送给21个经济体尊贵的领导人与夫人。

图2-8 2014北京APEC领导人睡衣，左为女款，右为男款

NE·TIGER品牌创始人、艺术总监张志峰在接受采访时说：“这次会议在北京举办，APEC领导人与夫人服装的设计是集全国最优秀的设计师通力合作，北京服装学院、全国专家学者与政府高官保驾护航：北京市李士祥常务副市长靠前指挥，在面料、工艺上提出了专业建议；郭金龙书记在设计理念及节俭办会上提出了明确指导。正如王安顺市长所说：‘每件衣服都融入了我们的建议和想法’。华服的本源在礼，意在中华服饰文明的延伸，其‘贯通古今 融汇中西’，引领着中国时尚昂首阔步于世界舞台，她所展现的正是‘各美其美，美人之美，美美与共，天下大同’！”

自北京APEC会议举行始，媒体对服装进行了大量的报道。2014年12月23日，NE·TIGER在位于侨福芳草地的拾艺生活馆举办了“各美其美 美美与共”NE·TIGER（东北虎）APEC领导人服装首展。这些活动为NE·TIGER带来了良好的公关品牌传播效果。

图2-9 NE·TIGER APEC领导人服装北京首展

2. 服装发布会

在 NE·TIGER 的媒体推广方面，最重要一点，也是传统奢侈品牌都必须要做的，就是每一年如约而至的时装发布盛会。在这个盛会上，每个品牌都会着力打造自己独特的设计风格和尊贵气场，尽可能地让自己的品牌独占鳌头。2003 年 NE·TIGER 的“名媛”高级晚装发布会在中国首开纪录，被誉为“开创了中国晚装元年”；2004 年 NE·TIGER 发布“豹”高级晚装发布会，成为全球潮流的爆发点；2005 年 NE·TIGER 的“爱”高级婚礼服发布会，“要拥有、要珍藏、要传承”的口号宣告了一场观念上的婚纱革命；2006 年 NE·TIGER“凤”高级婚礼服发布会，更确立了中国的高级定制婚礼服的精髓；2009 年 NE·TIGER 打造的高级定制华服的整体造型和图案设计彰显了华丽而高贵的气质。牡丹是国花的象征，在此次华服的设计中，充分展示了牡丹在写实、写意与抽象状态下的婀娜多姿。而 NE·TIGER 在本季华服对缂丝的运用，也使人们能够身临其境地贴近延续几千年、一脉相传的中华服饰文化。

图 2-10　NE·TIGER 2009 高级定制华服

在 2010 年 CCTV 中国服饰流行趋势发布会上，NE·TIGER 诠释了 4 大主题：融合传统工艺、五大国色的华服系列——（1）国色天香：以天然纤维材料跨界组合的羊绒、皮革系列；（2）无疆无界：传承中国风俗、贯通中西的中国式婚礼服；（3）白色婚礼服系列——凤仪天下；（4）极致奢华、创新工艺的皮草系列；（5）亘古传奇：用简练精干的辞藻概括了此次展示，那就是：“皮草、羊绒、皮革等天然纤维跨界组合将是09/10秋冬流行的趋势；抽象主义的暗花纹样和充满几何解构意味的图案，配合紧密质地和工业感的光泽为NE·TIGER皮革的闪亮登场加足砝码；经典的黑白及大地色系是秋冬不变的底色，性感的动物纹路在上面狂野游走，完美呈现出皮草独一无二的灵性；抽刀、剪绒等多种工艺技术创新重组，强调了皮草的天然质感和时尚新貌。”

图2-11 NE·TIGER白色婚纱

图2-12 NE·TIGER中国式婚礼服

图2-13 NE·TIGER皮草

3. 2014BTV春晚主持人服装

2014年，NE·TIGER品牌创始人、艺术总监张志峰应北京电视台的邀请，担纲2014BTV春节盛宴的服装总设计师。新春贺岁夜，大年初一的荧屏上，春妮、栗坤、曹一楠等主持人及众明星身着NE·TIGER高定华服惊艳亮相春晚舞台。张志峰表示，本次联袂，意在通过银幕让华夏礼服博大精深的文化内涵传播到中华大地的千家万户，让“国服”走进寻常百姓家。为配合春晚主题，设计师张志峰以700多年前建都北京的中国元代为创作背景，延续NE·TIGER2014“大元”高定华服发布会的设计理念，结合喜庆祥瑞的中国传统元素，在春晚舞台上展开一幅清丽朗阔、雄浑有力的华服艺术画卷。

设计师张志峰萃取元代气势磅礴的服饰文化，从元曲、元青花、元图腾等艺术中汲取创作灵感，使华夏艺术瑰宝与西方时尚设计在春晚舞台相融共生。“元者，始也”，顾名思义，“元”字在中国传统文化中代表宇宙万物滋始的意蕴。元代是中国多民族、各阶层融合最鼎盛的时期，正契合了历届BTV春晚“四海之内皆一家”的浓郁亲情氛围。2014年春晚从主持人、各路明星到演职人员在内的百余套华服都是以清淡雅致的蓝、白为基调，辅以重拾文明记忆的五大国色

"黑"、"红"、"蓝"、"绿"、"黄"，将刚健秀逸、包容并蓄的中国之美发挥得淋漓尽致。面料主要以"寸锦寸金"的珍贵云锦及缂丝为材。此外，设计师为主持人及明星重磅打造了气魄刚健的华服男装系列，款式上将中式元素与西服、燕尾廓型完美融合，结构上精益求精，辅以如意纹、团纹等，在一件件华服上展现悠久文明和精湛工艺的美丽撞击，让观众透过银幕近距离欣赏到国服庄严、磅礴、仁和、辉煌的东方之美。

图 2－14　2014 BTV 春晚主持人身着 NE · TIGER 高定华服

图 2－15　张志峰与身着 NE · TIGER 高定华服的 2014 BTV 春晚主持人

（三）跨文化传播

应国家主席习近平邀请，丹麦王国女王玛格丽特二世于 2014 年 4 月 24 ~ 28 日对中国进行国事访问。4 月 25 日，玛格丽特二世在习近平主席夫人彭丽媛女士的陪同下，来到中国妇女儿童博物馆参观纪念“安徒生童话在中国”101 周年展览。本次，NE·TIGER 作为中国唯一服饰代表品牌与丹麦再续前缘，以洋溢着童话色彩的华服珍品诠释出跨越国界与时空的传世之美。

历经百年时光洗礼的丹麦《安徒生童话》，用绮丽的幻想、乐观的精神颂扬了人类对美好理想的不懈追求，她像一座光彩夺目的宝塔，吸引一代又一代人进入其中寻找智慧的宝藏。丹麦是继瑞典之后第二个同中国建交的西方国家，早在 2007 年，丹麦二王子约阿希姆殿下就甄选 NE·TIGER 华夏礼服作为婚礼服，成为丹中两国友好关系的见证。作为中国传统文化的传承者和创新者，时隔 7 年，NE·TIGER 品牌再次沉淀深邃情感，以中西合璧的设计理念锦绣钜献，成为本次展览最大亮点。

春光流转，华服永恒。当日，NE·TIGER 展区以丹麦国旗的蓝、白为基调，令人仿佛置身于浪漫的童趣氛围中。展台上，设计师驰骋想象，在安徒生剪纸系列中选用了具有浓郁北欧风情的古堡为背景，将美好的童话化作串串璀璨的设计灵感：如梦似幻的灯光下，以“冰雪女王”为主题的华服上盘银绣、珠绣、蕾丝、剪绒、水晶轻灵交舞，讴歌着爱是至高无上的力量；“夜莺”华服以刺绣融合丹、中文化精髓，善结良缘的蝴蝶赞颂着两国真挚的友谊；“丑小鸭”华服则创新运用中华剪纸工艺，镌刻人们对崇高理想的不懈追求；还有“野天鹅”、“海的女儿”等作品，与周围各展区斑斓相应。“贯通古今 融汇中西”的设计理念在一件件华服上光芒绽放，凝重的华贵与浪漫的时尚令人心驰神往。参观过程中，玛格丽特二世及彭丽媛女士对华服产生了浓厚兴趣，对它们的艺术价值发出了由衷感叹，并高度赞扬了 NE·TIGER 在推动中国文化方面所做出的卓越贡献。

图 2－16　NE·TIGER 以安徒生童话作品为灵感设计的华服及配饰

中国自古就是衣冠上国，礼仪之邦。每一件 NE·TIGER 华服上，都融入了中国文明的血脉，是一种源于传统、历经现代创意的文化再现。

除服饰静态展外，当天馆中还设有“安徒生童话人物”、“木偶剧院”、“儿童剪纸画展示”、相关出版物等展示环节，让参观者在奇幻有趣的氛围中受到感染和启迪，感受真善美的巨大魅力。展览结束后，NE·TIGER品牌创始人、艺术总监张志峰为丹麦女王玛格丽特二世献上了中华丝绸围巾，象征缔结两国友谊的文明源远流长。

对于以国际性奢侈品品牌为目标的NE·TIGER来说，本次活动有利于NE·TIGER向国外市场拓展，有效地向国际社会推广了NE·TIGER品牌。

（四）网络品牌传播

在网络如此发达的今天，网络营销也成为了品牌营销战略的重中之重。NE·TIGER在着力打造自己品牌官方网站的同时，与许多知名的时尚、娱乐网站如搜狐、新浪、网易、瑞丽、腾讯、中国时尚品牌网站等进行合作，共同推广奢侈品牌。在每年的时装周闭幕后，这些时尚网站便会纷纷详细解读每个品牌所展示的不同风格，不仅时尚的潮人们会关注甚至效仿，也会吸引住成功人士和名媛们的目光，通过这种对时尚权威性的引领，达到树立自己品牌的威望。

2011年，NE·TIGER再度联手全球顶尖的超模和灯光音响团队，倾力打造从开天辟地，经历风、雷、雨、电的洗礼，仰观日、月、星、辰，俯瞰五行生克，交织甲子轮回，阴阳合历横空出世的如史诗般震撼场面，让所有观众都无不为之振奋。在T台上取得辉煌成就的同时，关于时尚潮流的网站如搜狐女人、新浪等开始纷纷报道每个品牌的盛况，这就在网络上推动了NE·TIGER的影响力，使得品牌传播效应充分发挥。

（五）明星演绎传播

每个奢侈品牌都会找到自己时尚的代言人，NE·TIGER也不例外，这就是所谓的名人效应。NE·TIGER从来就不缺乏青睐的明星粉丝，像著名的艺人范冰冰、徐若萱、林志玲、刘亦菲等都对NE·TIGER的礼服情有独钟，就连乒乓球界佼佼者张怡宁的婚纱礼服也是NE·TIGER为其量身定做的。这种品牌和明星相得益彰的典型合作方式，在西方奢侈品牌已经习以为常，其效果是事半功倍的。名媛模特们身着NE·TIGER的各式礼服、华服、婚纱出现在时尚杂志封面上、颁奖盛会上、电影首映式上等各大娱乐节目中，使得NE·TIGER的影响力不仅限于时尚服装方面，更是潜移默化中渗透着中国时尚文化的特色。

张志峰和NE·TIGER坚信，我们将迎来一个在世界舞台上步履铿锵的中国，一个在复兴大道上矢志不移、扬帆起航的中国。与此同时，秉承复兴与新兴中国服饰文明的NE·TIGER，将继续探索、挖掘华夏文明之源，以“贯通古今融汇中西”的设计理念，传承中国美，弘扬中国美，展示中国美，让以中国“国服”为代表的东方美走进寻常百姓家，向全中国乃至全世界传递华夏文明的伟大力量。

第三节　上海滩

一、上海滩品牌介绍

图 2－17　Shanghai Tang（上海滩）LOGO

（一）上海滩品牌简介

Shanghai Tang（中文名“上海滩”）是中国的第一个奢侈品品牌。隶属于瑞士奢侈品行业巨头历峰集团（Richemont），始终秉持 Shanghai Tang 产品之设计理念是复兴中式传统并融合时代流行，涉及时装、中装定制、配饰、家居用品等多个领域，通过运用中国五千年传统文化元素，融合西方时尚设计元素，实现“中西合璧”的完美融合，设计创造出独一无二的服装产品。

从坐落于港岛的一间绚丽怀旧的艺术装修风格的门店开始，Shanghai Tang 逐渐发展为充满中式时尚的现代生活方式品牌。Shanghai Tang 现有门店 39 家，足迹遍布上海、纽约、巴黎、伦敦、东京、马德里等大城市。来自东西方的国际设计师工作班底，致力于为顾客创造摩登、舒适、精致且富含中国元素的服饰系列，同时提供各种精美配饰和家装饰品。

此外，Shanghai Tang 更坚持用料上乘，从中国丝绸到蒙古羊毛绒，服饰中多采用各种华贵的天然面料。在东风西渐的今天，“东风”开始时髦起来，打着“东方遇见西方”设计主题的 Shanghai Tang 为中国时尚披上了名牌的外衣，设计与包装别有特色。与在内地鲜为人知的知名度相比，该品牌自问世之日起就受到西方时尚人士的狂热追捧。从香港到纽约，深受老外的喜爱，每到 Shanghai Tang 换季打折的时候，店里门庭若市。甚至在现在的上海，Shanghai Tang 服饰的顾客群中，还是以旅居本地的外国人和游客为主。

（二）上海滩品牌历程

1994 年，香港企业家邓永锵（David Tang）以 1930 年代老上海的衣着设计为蓝本，在中环毕打街开设了一家可接受定制的裁缝店铺号。当时，邓永锵招揽了 9 名技艺精湛的上海师傅来制作旗袍，并将老上海上世纪 30 年代的浪漫风情诠释得淋漓尽致，成为一代唐装的经典，并取名为上海滩 Shanghai Tang。

起初，邓永锵对上海滩没有明确的市场定位，也缺乏清晰的产品战略，上海滩也仅是一个纯粹的中式服装品牌而已。创始人邓永锵是香港著名已故慈善家邓肇坚之孙，13 岁时前往英国接受教育，与全球的高端人群都有极为密切的交流，在邓永锵个人魅力的影响下，品牌最初的奢侈基因在上流社会之间得以奠定。

然而，到 1999 年，上海滩的发展开始遇到瓶颈。由于公司管理方面的问题，品牌在纽约麦迪逊大街的店铺在短暂红火之后也被迫关门。2001 年，邓永锵将上海滩 Shanghai Tang 卖与世界第二大奢侈品集团——历峰集团。法国人雷富逸出任上海滩品牌的执行主席，他开始带领上海滩进行战略转型。

当时，这位法国男人在香港已经居住了 10 年之久，雷富逸坚信，上海滩已经具备成为一个奢侈品牌的各种因素，深谙奢侈品牌运作规律的雷富逸从此与上海滩一起，开始了中国顶级奢华品牌的全球之路。自此，品牌在全球的业务得以大力拓展，并成功登陆欧洲和北美市场。至今，上海滩 Shanghai Tang 在中国内地、香港、日本、马来西亚、新加坡、台湾、泰国等亚洲国家和地区，法国、英国、阿联酋等欧洲和中东国家，以及纽约、迈阿密等全球范围内开设了 30 多间专卖店和分店。

这个历史并不算悠久的奢侈品牌，以中国传统服饰文化为主打元素，采用现代的设计手法和材料，将旗袍、唐装等极具中国传统色彩的服饰全新演绎，赋予东方风情一种让人耳目一新的现代时尚味道，其产品包括家居装饰、礼品以及中式传统男装、女装、童装和唐装等。

上海滩 Shanghai Tang 善于将传统色彩与图案、谐趣与幽默融合的设计已成为品牌经典的设计风格，或者自诞生之日起，上海滩 Shanghai Tang 就注定与上海这座城市结下了不解之缘，中国式的经典隽永与西方的摩登时尚完美融合，酿造出的迷人韵味在每件作品中氤氲内敛的悄然绽放。

二、上海滩品牌的优势

（一）中西合璧

儒家思想的根深蒂固在一定程度上限定了中国人的思维方式，也势必影响中国的服饰文化与着装规范，这就导致了在世界服饰范围内，中国长期没有形成鲜明的服饰文化特色。如果从中国传统文化角度分析，我们可以发现，中国文化注重实际和应用，与之相适应的中国服饰文化则以伦理观自律，因此命中注定了中国传统服饰文化的价值观念是在以情意为主线、以家庭人伦关系为中心的氛围中，实现人际关系的和谐，求取社会长治久安，维持礼仪之邦的声誉。中式服装具有几下特点：

（1）中式服装善于表达形与色的含蓄：朦朦胧胧，藏而不露，隐汉寓意，给人以撩拨和审美的感受。这种含蓄有时通过款式展现，有时表达通过造型、布局、线条等手段给人以整体和谐之美，以此表达深刻的设计思想。比如清朝的服装，就演变成了后来的旗袍。

（2）注重精细的艺术手法和工艺表现，大量采用刺绣、飘带、符号和其他装饰手法，表达丰富的想象力，以浪漫主义情调，达到观念主义的效果。

（3）注重气派稳重的氛围效果，服装的整体配合给人以秩序的和谐美感，严肃端庄，美观高雅，能起到烘云衬月之效。

上海滩不管是在“邓永锵”时代，还是隶属于历峰集团，唯一保持变的宗旨就是在向产品注入中式元素、老上海风情的基础上，又结合了西方人能够接受的服装款式，将中国传统文化元素创新式地运用：

“上海滩”成衣系列“和田”的创作灵感就来自于历史，主题也随之命名为“丝绸之路”。“和田”成衣系列中的很多印花图案取材于中国元素——牡丹花和“寿”字，这是传统文化元素的代表之一。

延续老上海风情、海派文化，根植于中国传统文化，融合其他地域文化，吸纳西方文化元素，创立新的独特的文化体系。运用中国美术常见的美术元素——圆轮和扇形图案，搭配奢华的针织衣物并点缀孔雀羽毛，使得真丝、开士米及高级羊毛衣料绽放异彩。

“上海滩”既继承了传统的中国文化元素，又融入了时尚潮流的现代设计元素。区别于传统中国服饰，其西式的裁剪、用料、装饰、设计，以及更为流行化的色彩搭配，使得如今的“上海滩”站在潮流的前沿。

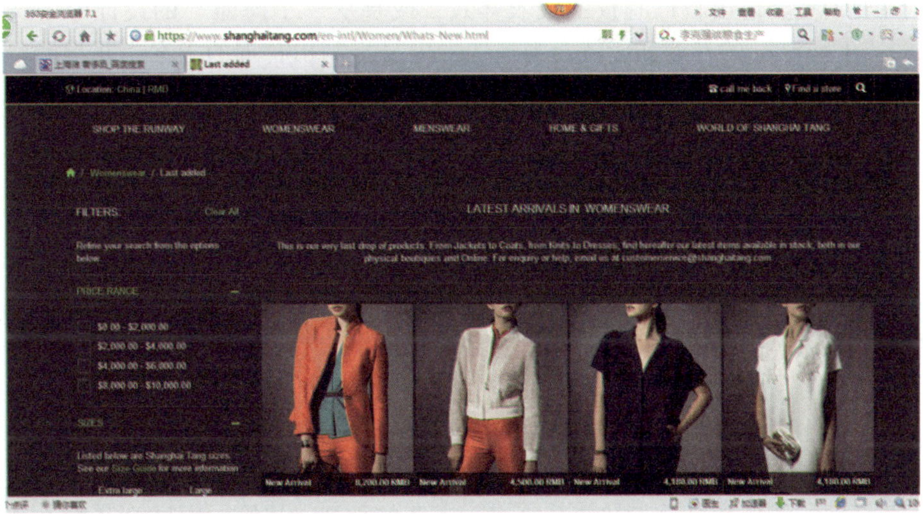

图 2－18　“上海滩”2015 年女装

“上海滩”以外国人的视角，体会领悟中国文化的精髓，再融合世界各地不同的文化，并辅以时尚的外衣，将中国传统的克己性格与西方罗曼蒂克式激情的平衡，逐渐形成了“中西合璧”、“传统与时尚”的核心竞争力，以及与其他品牌相区别的差异化，这为其能够发展成为顶级奢侈品、避免市场中与竞争对手的同质化，通过创造一种差异，缩小消费者的选择圈，从而降低消费者对于价格的敏感度，为维护品牌忠诚度提供了有力保障。

（二）御用剪裁

一个品牌的成功很大程度上取决于品牌所秉承的服务理念，在品牌传播中融入人的因素，赋予品牌人性化元素，品牌才能够具备持久的能量。“上海滩”的成功离不开“中西合璧”的元素，同样也离不开其完美的服务。“上海滩”拥有一套完备的整体方案，这主要体现在它所提供的“御用式裁剪”的完美定制服务中。从最初的选择样式、面料、测量尺寸，到初步制作，直到最后的成衣，“上海滩”提供的是皇室标准的量身定制。在浓郁老上海风情的工作室小憩片刻或者在其茶坊品些精致茶点，届时“上海滩”的专业制衣顾问就会前来做深入的沟通了解，务求能够帮助消费者挑选满意的样式和面料，从而建立起良好的互动关系。在 20 世纪 80 年代早期，克里斯廷·格罗鲁斯和埃瓦特·古默森提出的服务营销中，消费者更多的是依赖于营销人员或者传递品牌价值的人员之间的关系，而不是物质产品本身。所以，设计师要能了解消费者才能成功设计出满足欲望和需求的服装。

只要消费者讲出自己心仪的成衣样式，或是从“上海滩”的设计库中选出一款，“上海滩”的专业裁缝就会为消费者度身定制出合理的方案，并与消费者一起研究最能展现其身材及符合着装场合的样式，而后选择合适的面料：华丽的镂空绒面和手工丝织提花，精致纱奚和奢贵的麻织品，印花棉布和曼妙的绣花丝绸，提供给客户诸多的选择权，其中许多是“上海滩”的独一无二设计。款式选定，“上海滩”的裁缝设计“师傅”会根据式样丈量 10 到 20 个左右的尺寸，用棉布先做出符合客户身材的成衣试样，隔天可取。由于定制需要量体裁衣，需要与体态极其吻合，所以用心做好初次试样显得至关重要，所有主要修正过程，都将在这件棉布样衣上完成。一旦达到客户对模板的满意程度，“上海滩”的裁缝设计“师傅”才开始正式裁剪客户之前选定的面料。成衣制作的主体是由裁缝机完成，但中国传统服装特有的诸如修整、滚边、绣花、珠饰、镶片、结扣等精致细节都是手工缝制完成。如果说，以前的审美要求市场上的大众服装是一个样式，那反面的情形就是手工技艺及家庭手工业的重视。从第一次试穿开始，经每次试穿过程中不间断的修整，整个过程大概需要 7 至 10 个工作日。只有这样才能保证最后的成衣完全符合消费者的要求和标准。另外，消费者还有机会与“上海滩”的裁缝设计大师单独会面，挑选中意的海派成衣，包括新娘礼服、正式宴会装和外套。还有众多的采用奢华面料和原创设计的男装服饰。在“上海滩”伦敦、纽约和新加坡的旗舰店里，“上海滩”每年两次定期举办裁艺成衣展示活动。

（三）注重细节

奢侈品追求每一个细节的完美，以细节的完美表现奢侈品的魅力。同时，奢侈品渲染它的细节，以让消费者不容置疑地感受它们独特的优质。酒类奢侈品会研究使用什么样的酒桶进行酿酒，而服装类的奢侈品甚至要精细到一寸缝线有几个针脚。

之所以能够为全世界消费者提供顶级的中式定制服装，源于“上海滩”一直聘请秉持海派传统风格的裁缝师傅，延续着曾经宫廷独享的悠久制衣脉承。“上海滩”得中华文化遗产之精髓，忠于历史传承，是中式服装的顶级奢侈品牌。

“上海滩”承袭了传统的裁剪技法，并把这一精湛技艺一直延续创新。早在20世纪伊始，“上海滩”的裁缝们就把“袄”这种宽松的外套和搭配的长衫“衮”相融合，设计出别具一格的“海派旗袍”。到了20世纪60年代，受西方潮流设计元素的启发，“上海滩”对旗袍款式进行了一番改良：把裙边修短使之更加贴身，更能展现女性的曼妙身姿。之后，典雅与精致成为海派制衣的灵魂，并蕴含了无与伦比的感性韵味。然而经过“文化大革命”的洗礼，传统的海派制衣已经从大众的衣柜中淡出。当男男女女响应号召，脱去旗袍套上制服，顺应市场需求的裁缝们也纷纷转而只专注于设计统一的制服。久而久之，传统的旗袍裁剪技艺被逐渐淡忘。所幸的是，在“上海滩”设计团队中，始终有身怀绝技的海派裁缝设计师在尽心竭力地传承濒临失传的技艺。

三、上海滩品牌传播

（一）品牌叙事

1. 邓永锵——中国定制

和其他奢侈品牌一样，“上海滩”也有一个与贵族名流相关的故事。

1994年，香港商人邓永锵创办上海滩品牌，在香港人心中，邓永锵是上流社会的人，他的名字总是和戴安娜王妃、安德鲁王子、克林顿、何鸿燊等名人联系在一起。

自称对服装行业“一窍不通”的邓永锵，凭借商人的敏感，网罗了当时在香港为数不多的9位早年从上海移居香港的顶级裁缝，豪掷1.2亿港元在中环毕打街开设首间“上海滩”专门店，开始为他的名人朋友们做中式服装定制服务，售卖“老上海风情”。

正是利用这种名人效应，使“上海滩”从一开始就定位为高端品牌。这种与很多国际奢侈品牌为“皇室贵族”而生的故事不谋而合，也奠定了“上海滩”高贵的奢侈品血统，且某种程度上增添了品牌的传奇色彩。

发展顺风顺水的“上海滩”让邓永锵加快了国际扩张的脚步，1997 年 11 月 21 日，“上海滩”在纽约 Barneys 百货对面、麦迪逊大街黄金地段开出了一间占地面积达 1000 多平米的旗舰店，却惨遭滑铁卢，仅仅经营了 19 个月，就因生意惨淡而不得不被迫关门，“上海滩”陷入了低谷。不久，他将公司的大部分股权出售给了历峰集团，自己则选择退出。

邓永锵时期的“上海滩”，产品线单一，仅局限于女装，以旗袍、唐装、马褂为主，设计师以中国的传统裁缝为主。虽然“上海滩”在欧洲上流社会已颇具名气，但是产品的卖点仅限于老上海的风情，没有明晰的市场定位，更倾向于定制，是根据市场的需求和客户的要求，而决定设计生产什么样的服装产品。

2. 历峰接棒——从单一产品线到大杂烩发展

以“拯救者”形象出现在“上海滩”面前的是奢侈品运作经验丰富的雷富逸，他曾负责卡地亚伦敦地区业务，又担任过伯爵表亚太区总裁。

不过，当他第一次看到“上海滩”的时候，他的第一感受是“这儿没有一件衣服是我能立马穿着走出去的”，同样感受的还有雷富逸请来的创意总监 Joanne Ooi，她认为“上海滩”怪里怪气的衣服连本地华人都不欣赏，就像迪士尼乐园的时装版。

两人对上海滩印象的高度默契让接下来的改革推进顺利。

首先，重新定位“上海滩”。雷富逸将目标客户群体锁定在 25 ~ 50 岁中高收入者，热衷时尚元素，勇于展现自己个性。产品线方面，在女装的基础上，加入了男装系列和更加年轻的产品系列。在延续了“上海滩”邓永锵时代中国元素设计的同时，又加入现代化的时尚设计元素和理念。

其次，将设计师团队大换血。雷富逸改变了原本上海滩的设计师团队，转而搭建以国外设计师和中国设计师一比一的设计团队，由原先的纯粹中式风格转变为中西合璧。

第三，扩充产品线。拥有更多的衍生品是奢侈品区别于一般品牌的特质之一，按照万宝龙、伯爵等奢侈品牌的运作经验，“上海滩”的下一步就是开发衍生产品。这也是雷富逸早已规划好的一套基本的品牌经营思路：“概念上必须既中国又全球。既然被定位为奢侈品，那就必须要按照奢侈品行业的游戏规则去实施品牌路线。”

于是，在雷富逸的操盘下，“上海滩”品牌增加了男装和童装，在与 Joanne Ooi 并肩作战的几年里，上海滩的业绩开始上扬。尤其是 2005 年麦迪逊大街专门店的总收入上升达 50%，整体业绩同比增加 40%，增长主要来自亚洲地区——该区域占上海滩分店总数 70%。

后来，Joanne Ooi 离开“上海滩”，雷富逸更加激进，他将产品线扩大到配饰、家居用品、中装定制等多项服务，2009 年，“上海滩”还推出了一款“风水大师”腕表。

但最大胆的跨界还是 2010 年，“上海滩”在新天地开设了全球首家品牌概念餐厅“上海滩餐厅”。按照雷富逸的话来说，就是要“将品牌体验延伸到味觉上”，此时的雷富逸为上海滩设立了新的定位：将上海滩由一个时尚品牌转型为一个生活方式品牌。

一连串的大动作让人应接不暇，大杂烩式的产品线也让品牌难以定型。虽然爱马仕、纪梵希等产品线也极其广泛，但这是一个在长期积累了品牌知名度和美誉度的基础上，厚积薄发而成，对于一个历史仅有 19 年的年轻品牌而言，能否承受和消化这样的转变却有待观察。

上海滩负责对外媒体的 Steven 认为：“历峰收购上海滩后，在设计理念，包括渠道、销售、店铺的选址、品牌推广上都非常有帮助。”

但有些人并不这样认为：“品牌曝光度很重要，这个原来有利可图的、具有商机的品牌，现在埋在历峰的大牌下，曝光机会少了很多。好像设计师也不知名。”

3. 重拾中国市场

目前，上海滩在全球的店面共有 42 家，包括一家网上商店。其中中国 29 家，除去中国以外的亚洲地区即新加坡和吉隆坡共 5 家，欧洲、中东地区共 5 家，美国 2 家。上海滩的店铺选择很有特色，机场和星级酒店是其偏爱的店铺选址。根据其最新的宣传册上的店铺统计，上海滩位于机场的店铺为 14 家，另外有 5 家分布在五星级酒店中。

关于店铺的扩张，雷富逸早就雄心勃勃，但事实上扩张并不顺利。早在 2008 年北京奥运会期间，雷富逸就对外宣称要借助奥运之风，大力推广“上海滩”，目标为在 2010 年前，在全世界包括马德里、莫斯科、洛杉矶和迪拜等城市拥有 50 家分店。当时“上海滩”只有 31 家店。

当国际奢侈品牌纷纷抢占中国市场的时候，中国本土的奢侈品牌“上海滩”却逆其道而行——忽略中国，到国外宣传。但这就是雷富逸的宣传策略：“在中国市场实现销售，但将宣传的重点放到海外。”

到底效果如何？曾亲自到国外参与调研的财富研究院院长周婷表示，外国人确实把“上海滩”作为中国最好的品牌来认知的。另一方面，“上海滩”虽在中国开设了大部分的店铺，但在国内消费者中没有知名度的“上海滩”销量如何不得而知。

“这里面就是一把双刃剑了，一方面它们在国际市场上打开了知名度，提高了美誉度，包括历峰集团内部也给予它集团优势的支撑；但另一方面，如果不在国内推广的话，可能会失去这波消费潮，又会失去中国消费者。只能是中国消费者中的一部分很高端的人会知道它，真正的结果是少数人知道，少数人购买。虽然有一些国外的人会买它，但真正的消费主力是中国、印度、巴西这种新兴市场国家。从长远来看，会对上海滩这个品牌造成一定的伤害。”周婷表示。

幸运的是，“上海滩”可能意识到扩大中国市场宣传的必要性，2013 年 6 月中旬，以开设新旗舰店的方式宣告重拾中国市场。“以前是在国外的知名度比国内高，但这几年我们会在国内推广得非常厉害，因为接下去 6 月份在上海新的旗舰店也会开。之前先走出去，现在重新回来，重点是在内地的宣称。”Steven 表示“上海滩”一直很重视中国市场，这几年会更加重视。

（二）强强联合，借势传播

即使是高端品牌的沟通对象是高收入、高地位、高品位的人，品牌沟通路径和方式都会决定沟通的效果。经济的发展，市场的开放，物品的丰盛，商品的系列化、系统化，使得“富裕的人们不再像过去那样受到人的包围，而是物的包围”。诺贝尔经济学奖获得者赫特说过，随着信息时代的发展，有价值的不再是信息，而是你的注意力。随着消费者需求的多元化，品牌之间竞争也日趋激烈。如何吸引并维持消费者的注意力，成为品牌传播成功的重要因素之一。对于奢侈品而言，“强强联合”不失一种抢夺眼球的有效手法。强强联合来自经济学，指的是大企业为增强市场竞争力获得更大的经济效益而实行合并的经济现象。本书的“强强联合”指的是品牌之间的一种合作。

品牌联合如果运用得当，可以提供更加周到全面的产品或者服务，更精确地瞄准并满足消费者的欲望，有利于保留老客户，开发新的消费群体。对一个顶级品牌来说，借助于其他品牌，可以更好地展现自己的魅力，甚至起到“喧宾夺主”强化形象的效果。

2005 年的“上海滩”，在题为“紫禁城”的系列时装中，推出了一袭缀满超过 9 万粒施华洛世奇水晶的长鞣皮革大衣，这是“上海滩”与施华洛世奇携手推出的。两大顶级奢侈品牌的合作，向世人展示了传统与时尚结合的魅力。这样的合作方式，利用了消费者“爱屋及乌”的心理，把属于对方的消费群体也吸纳至自己的目标消费群体范围内，在激起消费者对品牌无限遐想的同时，实现扩大品牌知名度和美誉度的传播效果。

（三）公关关系传播

除了与顶级品牌联手之外，“上海滩”还致力于公益活动的积极参与。“上海滩”立志于把中国的美丽与全世界分享，以及中国国家宝藏和历史的保存。2008 年，“上海滩”与“拯救中国虎国际基金会”合作，参与“拯救中国虎”活动，目的是呼吁越来越多的公众支持并参与到拯救中国虎的行动中，以及为该慈善机构募集款项。拯救中国虎的宗旨在于保护及拯救中国华南虎和中国其他猫科动物及其生态环境。“上海滩”特意推出一款特别以华南虎为主题设计的限量版 Polo 衫，共有 4 种不同的颜色，男女都适合。“拯救中国 - 上海滩”Polo 衫的部分盈利将捐给“拯救中国虎”这个重要的公益组织，以此来表示对非营利慈善机构的支持。

图 2－19　“上海滩”华南虎限量版 Polo 衫

2010 年虎年的到来，为“上海滩”的设计增添了不少灵感。虎虎生威的震撼让虎年出生的人们天生具备了一些领袖霸气，并拥有着极致的独立气质。“上海滩”为了展现一种特别的气势与风范，推出了限量版唐式丝绒外套，配以开司米围巾，两者均具有虎纹丝绸衬里，更添一款饰有中文虎的珐琅袖扣，令整体印象趋于完整谐和。不仅如此，其最重要的目的是，感召更多的人加入到“上海滩”保护濒危虎种的行动中。

图 2－20　饰有中文虎的珐琅袖扣

（四）跨文化传播

中式服装顶级奢侈品牌“上海滩”的市场是国际性的，其官网特别采用了英文版本。

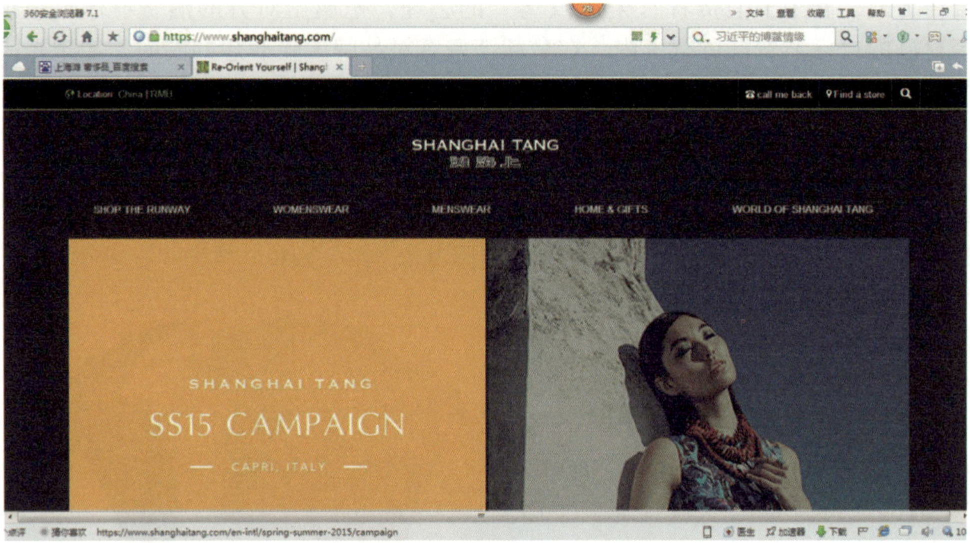

图 2－21　“上海滩”官网首页

“上海滩”的传播范围是跨文化圈的，因此会发生认知的不协调。品牌跨文化传播的不一致性会产生紧张或压力，迫使个人改变来减少这种不一致性。因此，这也就要求“上海滩”在进行跨文化传播的时候，重视文化差异的客观存在，需要对每个地区的文化、习俗、信仰都要有深入的了解，尊重他国文化，对中国元素的运用和阐释要符合当地的文化习惯，从而保证中国文化符号与当地文化符号的一致性，避免文化冲突或者文化抵制现象的出现。实现有效的品牌传播，降低风险，实现品牌文化对当地文化的涵化，使品牌走向文化融合，确保品牌跨文化传播的持续发展。

基于此，上海滩采取了中西合璧的设计理念，权衡了中国五千年博大精深的文化，使其浓缩于具有鲜明华夏文明、民族特色的各种花、鸟、福、禄、寿、喜等图案文字之中，通过上海滩每件华服上的各个细节，传达了这些元素蕴含的文化涵义，又借助外国设计人员领衔的来自不同国家和地区的设计团队，向上海滩的中式服装注入了现代化、国际化、潮流化生活方式的表达。他们了解海外市场环境中人们的消费观念、文化禁忌等，用属于同一文化圈的心态更加容易揣摩出人们的偏好，从而可以设计出更加符合市场需求的服装。在营销传播方面，通过一种区域亚文化圈内的语言或者表达方式，传达一种更易被国外消费者所接受的消费理念和文化概念。

第三章　运动休闲品牌传播

2014年，中国运动服装品牌现状分析及最具影响力品牌C－BPI排名，中国运动服行业市场上，内外资并存，数家跨国运动服企业已在国内运动服市场占据主要市场份额。

进入21世纪以来，中国运动服行业进入快速发展期，在北京奥运会、广州亚运会、深圳大运会等各类赛事的推动影响之下，运动服行业市场年复合增长率保持在30%左右。尽管中国运动服行业市场进入了高潮发展期，但与发达国家相比，国内人均运动服饰支出仍较为落后，国内运动服市场未来发展空间仍然优厚。

整体而言，运动服饰行业是增长率不错的内需行业，但是品牌众多，行业竞争非常激烈。中国运动服行业市场上，内外资并存，数家跨国运动服企业已在国内运动服市场占据主要市场份额；本土多家大型运动服企业也逐渐崛起，与跨国企业并立于市场中，且有超赶跨国企业的趋势；此外，众多本土中小型运动服企业也凭借价格优势在广阔的运动服市场上争得一席之地。

第一节　李　宁

一、李宁品牌介绍

（一）简介

1989年退役后，体操王子李宁加盟广东健力宝集团，创立了“李宁”体育用品品牌，并以赞助1990年亚运会中国代表团为机遇，开始了李宁公司的经营业务，从而开创了中国体育用品品牌经营的先河。

1992年巴塞罗那奥运会，“李宁牌”被选为中国体育代表团专用领奖装备，从而结束了中国运动员在奥运会上穿着国外体育品牌服装的历史。

图3－1　李宁LOGO

经过10年的发展，“李宁”早已成为中国体育用品的第一品牌，“李宁”已同海外9个国家和地区的经销商签订了代理协议。

本着“源于体育，用于体育”的精神，李宁一直积极地支持着国内外的体育事业。在北京申奥的过程中，李宁公司是一个热心的赞助商，一贯支持推动中国体育事业的发展。

（二）发展历史

1990年，李宁体育用品有限公司创立之初即与中国奥委会携手合作，通过体育用品事业推动中国体育发展，赞助各项体育赛事，李宁公司成为第一家赞助亚运会中国体育代表团的中国体育用品企业。

1992年，李宁公司为中国奥运代表团提供领奖装备，成为第一个赞助奥运会的中国体育用品企业。

1993年，李宁公司率先在全国建立特许专卖营销体系。

1995年，李宁公司成为中国体育用品行业的领跑者。

1999年2月，公司与德国SAP公司合作，建立了与国际同步的先进ERP（企业资源管理）系统；同年8月，公司代表中国体育用品行业，第一次参加了在德国慕尼黑举办的世界体育用品博览会，开始以品牌进入的方式征战欧洲市场。

2000年，“李宁”已在西班牙、希腊、法国等欧洲的9个国家拓展了自己的特许经销商；同年6月，“李宁”赞助法国体操协会成功，成为“法国体操队唯一比赛及领奖装备”。

2001年7月，“李宁”签约意大利及法国顶尖设计师……“不做中国的耐克，要做世界的李宁”——这就是李宁人不懈追求的目标。

2006年8月14日，李宁品牌联手NBA50大巨星之一奥尼尔先生，双方合作共同推出“李宁”SHAQ系列专业篮球产品线，共同开拓中国篮球市场。

2006年9月5日，李宁公司推出鞋产品的专业科技平台——“李宁弓”减震科技。“李宁弓”是国内第一个运动鞋的研发科技平台，标志着李宁公司的运动鞋科技研发能力跻身世界领先行列。

2008年8月，李宁先生在举世瞩目的2008北京奥运会开幕式上点燃主火炬，凌空绕场一周的飞天表演震撼世界，在奥运开幕式的历史上留下浓重的一笔。

2009年4月，李宁签约中国国家羽毛球队，同时李宁为国家羽毛球队量身定制的羽球装备正式发布，标志着李宁全面进入羽毛球领域。至此，李宁已与中国乒乓球队、中国体操队、中国射击队、中国跳水队5支金牌梦之队签约。

2010年，李宁品牌宣布签约标枪项目头号选手，被誉为“标枪王子”的挪威运动员安德烈亚斯·托希尔德森。李宁公司也将为这位历史上第一位包揽欧洲田径锦标赛、世界田径锦标赛以及奥运会的三料冠军的标枪运动员打造顶尖的专业装备，助力其朝更远的目标投掷，创造更多“一切皆有可能”的辉煌纪录。

2012年10月10日，李宁公司宣布与美国NBA著名球星德维恩·韦德（Dwyane Tyrone Wade）正式签约。

2013年3月起，李宁品牌已正式成为2013年至2016年世界羽联重大赛事的器材赞助商，将不断致力于为赛事和运动员提供专业器材和装备，为各国羽毛球爱好者提供来自中国的顶级专业羽毛球装备和李宁羽毛球文化的体验。

（三）李宁品牌塑造

1. 品牌个性

“一切皆有可能”的口号让李宁满怀信心，坚持信念的个性得到了释放。正如运动员生涯一样，运动员的成绩有好也有坏，有站在舞台上的辉煌也有轻轻离去的伤感，但只要心中留有信念，梦想就有可能实现。在初期，凭李宁本人的名气让品牌成功站住脚之后，李宁品牌就进行了品牌个性化传播的转变，先由关注综合性运动会转向专业单项赛事，体现对单项赛事的高度重视，而且对单项赛事的选择也有明确目标，主攻消费市场潜力比较突出的篮球、网球、高尔夫球等主流体育项目。

2. 塑造专业品牌形象

李宁的专业品牌形象是建立在一系列的专业化运作和传播基础上的。从模仿其他产品，到自主研发产品，再到与其他品牌合作，李宁公司在一步一步壮大，产品专业化水平也越来越高。1998年，李宁公司建立了中国第一家运动服装方面的产品研发中心；次年，又引进AFS服装与鞋业解决方案，开始中国体育用品企业的ERP管理。

二、李宁品牌传播

（一）广告传播

李宁的广告推广策略是大打明星牌，而且对于李宁而言，在品牌和体育明星的融合中，有着得天独厚的优势，因为这个品牌的创始人就是国际体坛巨星、“体操王子”——李宁。然而，李宁作为自己公司的形象代言人到了上个世纪90年代后期就已经不适宜了，代言人的角色也逐渐被一些现役当红运动员所取代，如李小鹏、刘亚男、孔令辉以及NBA明星奥尼尔、达蒙·琼斯等。但是，李宁不断更换形象代言人、代言人职业的混杂也导致李宁所传达的信息不统一、不连续，塑造的品牌形象不一致，使消费者对李宁的印象凌乱，《华尔街日报》更是直接批评“李宁摇摆在运动和休闲之间”。

就广告本身而言，李宁在投放的电视广告初期模仿痕迹很重，让人很容易找到耐克、阿迪的影子，就如同李宁“一切皆有可能”的广告语一样，这会取得适得其反的效果。近几年来，李宁的电视广告策略也有所变化，更多的主打中国特色，将传统的极具魅力的东方文化与现代体育运动相结合，其中最为著名的就是李宁“飞甲”篮球鞋广告。2006 年起，李宁“飞甲”篮球鞋广告开始在央视热播，“飞甲”篮球鞋是李宁针对 NBA 赛场要求而专门研发的，不仅有较高的专业水准，而且在外观上也融入了大量的中国元素。这则广告针对产品特点，运用传统与现代的设计语言，运用象征、比喻的表现手法，展现了中国人对运动的态度和方法，用全新的视角来演绎中国五千年的悠久文化。该则广告邀请美国知名 NBA 球星达蒙·琼斯做代言，以街球为形式依托，在短短半分钟的时间里分别展示了中国功夫、中国水墨与中国太极。这样的一种形式与内容的结合，不但使“飞甲”广告在国内同类产品的广告中脱颖而出，也因其蕴含的中国民族元素而足以与世界知名品牌的类似广告相媲美。由此可以看出，李宁在其广告策略上还是应该走中国元素，作为一家中国企业，五千年悠久的中国文化是李宁公司可以好好利用的资本，创意、明星、产品、中国风均是李宁今后广告可以运用的要素。

（二）公关关系传播

李宁常用的公关手段主要有以下几种。

1. 活动赞助传播

在活动赞助方面李宁公司投入了极大热情，主要分为对国字号队伍的赞助以及与体育赛事的融合两方面。李宁先后赞助了包括中国羽毛球队、中国体操队在内的中国 5 支金牌运动队，后来又赞助了 4 支有潜力的运动队。这一方面表达了李宁公司对于中国体育的感情和民族情节，也是在追求品牌传播效率的最大化。

在开拓国际市场的过程中，李宁把主要精力投入拥有更多球迷的篮球运动上，并选准了颇具发展潜力的西班牙队，收到了很好的效果。特别是在 2006 年男篮世锦赛上，身披李宁战袍的西班牙队一举夺魁，让李宁在国际市场上大大长脸。

与体育赛事融合方面，李宁本着“推动中国体育事业，让运动改变我们的生活”原则，不遗余力地对中国本土赛事进行赞助。10 余年来，李宁花费了约 1.5 亿元做各种各样赛事的赞助，影响最大的要数 2004 年起赞助的大学生“3 + 1”篮球赛，当年此项赛事的战火燃遍北京、上海、广州等全国 9 大城市，转战 120 所高校，共有 2536 支队伍参赛、万余名大学生进行了超过 5300 场的较量。该项赛事的特点是提倡团队配合的重要性，也满足了学生那种张扬自我、强调个性的英雄主义心理，备受青年学生青睐，在李宁产品的品牌塑造上也逐步摆脱了“缺乏鲜明个性”的困境。

图 3－2　李宁“3＋1”篮球挑战赛

2. 公益活动传播

李宁对于公益事业的热衷度丝毫不比耐克等国际知名品牌差，甚至连公司老总李宁本人都时常亲自出马，参与到慈善活动中来。

2014 年 8 月 3 日，云南省昭通市鲁甸地区遭遇 6.5 级地震，12000 余间房屋倒塌，超过 100 万同胞受灾，社会各界情系受灾民众，积极支援灾区开展施救与重建。李宁在第一时间伸出援手，尽企业所能倾情相助，通过中国妇女发展基金会向灾区捐赠价值人民币 500 万元的衣物，解决灾民急需的问题，支援当地民众重建家园。

地震时值盛夏酷暑，受灾群众的衣物是急需解决的重要物资，衣物的迅速解决与否，直接关乎受灾群众的基本生活需求。在从简之风盛行的今天，经与中国妇女发展基金会沟通，双方认为慈善不应流于形式，而更应把行动落在实处，因此双方取消了以往的捐资仪式，而是争取每分每秒，急灾区人民之所急，把全部精力投入到物资的落实中，把物资第一时间送到灾区人民手中。

中国妇女发展基金会秦国英秘书长表示，“灾区目前都在紧急施救和重建中，适宜的衣物是目前灾区人民最急需的物品之一。我们非常感谢李宁公司充分考虑当地受灾群众的实际需要，急灾区人民所急的善举，我们将会通过当地妇联将李宁公司所捐衣物直接送达灾区民众手中。”

李宁先生说，鲁甸地震发生后，“我与公司全体员工都对地震灾区表示密切关注，公司员工积极参与捐助活动，以自己的微薄之力支持灾区人民重建家园，我代表李宁公司的全体员工愿逝者安息，愿生者前行，也祝愿所有受灾人民一切安好。”

此次所捐衣物，也是李宁公司在深入了解当时灾民震后的实际生活现状后，为保障灾区人民的基本生活而快速做出的决定。李宁公司员工在了解灾区所需后，更是积极参与捐助活动，投入到帮助仓库拣配、封箱等工作中，尽自己一份力。

图 3－3　李宁员工在仓库拣配、封箱捐赠给云南鲁甸地震灾区的物资

路遥知马力，日久见人心。作为中国知名体育品牌，践行企业社会责任，做最好的企业公民，已经成为李宁公司文化的重要组成部分。不管企业身处顺境抑或逆境之中，李宁公司始终把践行企业社会责任为己任，总是在社会急需之时第一时间伸出援助之手，贡献自己的一份力量。

2008 年“5·12”汶川大地震后，在服装业捐款的企业中，李宁公司低调捐赠 1200 余万元被网友们称赞，“运动服装穿李宁”的说法在网上广为流传。作为李宁公司汶川地震系列慈善活动的一部分，李宁公司曾邀请了 15 名玉树灾区福利院的孤儿到公司参观，李宁先生亲自接待了孩子们，并和他们玩起了乒乓球双打。

2013 年 5 月，四川雅安地震发生后，李宁公司迅速向灾区捐赠了价值人民币 420 万元的款物以支持灾区重建。慈善更需脚踏实地，李宁公司在近几次发生特大自然灾难后的迅速反应和倾力捐助，成为体育用品行业甚至整个服装界的榜样。

类似的一些慈善活动使李宁公司自身的企业形象与声誉得到了宣传和提升，尤其是让一些偏远贫困地区的老百姓了解到了李宁公司热衷慈善、关心公益事业的品牌形象。

（三）品牌叙事

李宁在其品牌叙事上有着得天独厚的优势，其创始人李宁即是最重量级的武器。

20 世纪 80 年代，世界上优秀体操运动员很多，但是能称之为“王子”的只有李宁一人。在体操这个在难度、创新中苛求美感的竞技项目中，李宁具备了

“王子”所应具备的全部。

1982 年的第六届体操世界锦标赛，李宁耀眼的星光开始让世界为之惊艳。全世界的媒体和观众看到了东方“体操王子”的出世，在全部 7 个项目比赛中，他以横扫千军如卷席之势，接连将自由体操、鞍马、吊环、跳高、单杠和个人全能 6 块金牌囊入怀中。一人独得一次比赛中 7 个项目的 6 项冠军，创造了体操历史上空前的奇迹，至今仍是前无古人、后无来者的奇迹。

1984 年洛杉矶奥运会，正值运动高峰的李宁一人独揽体操项目 3 金 2 银 1 铜共 6 枚奖牌，成为当届奥运会中获奖牌数最多的运动员。其中在自由操的比赛中，李宁的精彩表演让 4 名裁判都打出了满分 10 分，现场的观众也完全被李宁所征服，沉浸在他出神入化的表演之中。李宁如愿以偿地将自由体操、鞍马和吊环的金牌如数收入囊中，国歌 3 次在美国加州大学的体操馆中奏响。站在台上看着五星红旗冉冉升起，李宁为了不让泪水涌出，闭上双眼的形象至今仍在众多观众心目中留下了不可磨灭的记忆。

在李宁 17 年运动生涯中，共赢得了 106 块体操重大比赛的金牌，这一成就至今无人可以替代。李宁在巅峰之处站立了整整 6 年之久。李宁的故事连同那个时代的躁动、激情与理想一并成为不朽的传奇。

因此 15 年后，在上个世纪的最后一天，他被世界最权威的体育新闻组织“国际体育记者协会”评选为“20 世纪最伟大的运动员”，100 年来，获此殊荣的只有 25 个人，李宁的名字与球王贝利、飞人乔丹、拳王阿里、贝肯鲍尔并列在世界体育历史中。今天，“商业化”成为中国最流行的关键词，他的名字变成了由 6 个英文字母组成的 logo，他的梦想也幻化成一面飘扬的旗帜，出现在中国奥运体育代表团的队服上，出现在阿根廷国家篮球队的战袍上，出现在大鲨鱼奥尼尔的球鞋上，出现在华尔街商业评论的文章中……

李宁，这个“上世纪最伟大的运动员”正在用另一种方式延续着自己的伟大。因为他始终有一个伟大的梦想，要让“李宁”成为“21 世纪最伟大的体育品牌”。退役之后的李宁为实现商人的理想，攻读北京大学光华管理学院 EMBA 学位，于 1990 年创办了李宁运动有限公司。

2008 年 8 月 9 日零时，李宁手持祥云火炬腾空而起，沿“鸟巢”上方飞身“奔跑”一周，在全世界热切期盼的目光中，点燃了北京奥运会主火炬。当李宁作为最后一棒火炬手候选人之一参加排练时，他说，自己当时很平静。“能在中国举办的奥运会上被选中成为最后一棒，无论是我还是其他奥运冠军，都是一件无比幸福的事情。在此之前我没有想过，也不会去刻意追求。从 1988 年汉城奥运会以后退役，距今已整整 20 年了。20 年来，无论挫折还是成功，无论在商海还是干其他，我都在自己心灵中悄悄保持一块最纯洁的圣土。这就是非常单纯的从运动员开始就建立的为国争光的朴素信念。当年，我是带着祖国的期待去比赛的，今天更是带着中国人民的百年梦想和祖国的重托去点燃主火炬台的。我不希望加上更多的色彩。我希望把这种最美的、最纯洁的享受保持一辈子。”

李宁从接受最后一棒火炬手任务后的整整一个月里，为了保密的需要，每天都是深夜去“鸟巢”训练。他说，一些空中动作当然与他练体操时的高难动作不可相提并论，但是实际操作起来仍有一定的难度。每天排练完回到家里，都是晨曦微露，也让他在近 30 天的时间里体重整整掉了 10 斤。他说，点火炬台的难度与比赛相比，最大的不同在于它不仅仅是你一个人的事情。比赛容许成功或失败，但点火只能成功。要实现这个目标还是蛮有挑战性的。“尽管我有练体操的底子，但每天的训练我仍然不敢有任何懈怠和疏忽。”“这些天，我甚至在梦里都在做最后的点火动作。”最后一棒火炬手的荣誉，使李宁的名字再次红遍全世界。

因此，作为一名传奇式的人物，李宁依靠个人的人格魅力为李宁公司的品牌叙事打下了坚实的基础，李宁品牌也依托着李宁的影响力进入人们的心扉，给人启迪，催人奋进，并因为对李宁的偏爱，爱屋及乌，对其所创立和拥有的品牌产品情有独钟。

图 3－4　2008 年奥运会最后一棒火炬手李宁

（四）跨文化传播方式

随着李宁公司的不断壮大，中国市场已经远远无法满足李宁的发展需求，从 2004 年起，李宁就已经为国际化之路做好了准备，并制定了详细的计划：2004～2008 年，专注国内市场，打造国际品牌；2009～2013 年，为国际化做准备，专注加强国际化能力；2014～2018 年，为全面国际化阶段，争取在 2018 年跻身世界 5 大体育用品品牌，实现 20% 以上的收入来自海外的国际化战略目标。然而，李宁国际化道路必然会面临跨文化传播的挑战。那么，李宁究竟凭借什么立足于欧美世界呢，很显然，中国悠久的文化以及东方文明是李宁最大的资本。李宁公司首席运营官郭建新在接受媒体采访时就曾直言，李宁要建设东方特色的国际品牌。

许多中国人习以为常、司空见惯的东西到了欧美人手里就会变得神秘而不可思议，因此，李宁公司看准机会，自2008年起，在其运动鞋与运动服甚至背包等运动装备都融入大量中国元素，在世界体坛掀起了一阵“中国风”，其中最为出彩的当属李宁“赤壁”篮球鞋，图3－5。

火焰与此鞋的结合，体现了历史第一经典智慧故事《火烧赤壁》。鞋的设计概念是《三国演义》中诸葛亮巧辩东吴东汉末年比较著名的赤壁之战，世界上比较经典的以少胜多的战役，代表“一切皆有可能”的概念。制作出外形酷似古书的鞋盒也是为了和里面的形象产品结合。黑色加金色的水波纹外形设计，让人如身临赤壁古战场般感同身受。

全鞋采用真皮，并用镭射技术镭射出火烧赤壁的智慧人物——诸葛亮，图3－6。

图3－5　李宁“赤壁”篮球鞋

图3－6　诸葛亮图像

图3－7　左脚设计：舌战群儒

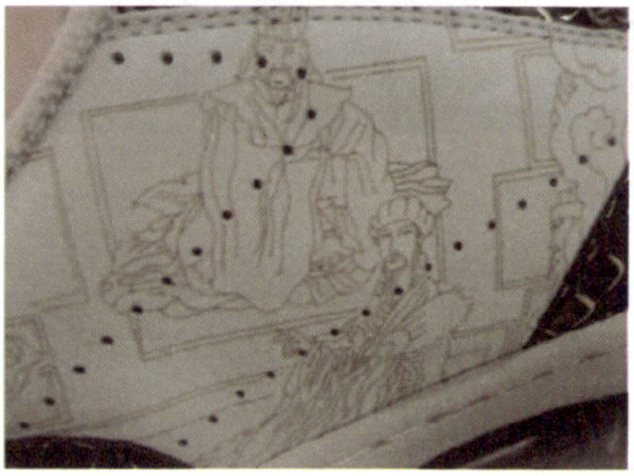

图3－8　右脚设计：草船借箭

鞋带穿插于锁链之间，代表当时战役中曹操用锁链将船只连接在一起的一个故事环节，图3－9。而采用东吴的古军旗作为鞋舌则代表了正义与光明，鞋侧面镭射故事中在海上漂着的船只，图 3－10。

图 3－9　鞋带穿插于锁链之间

图 3－10　东吴的古军旗

各种元素交织在一起赋予了这款鞋更深的中国文化内涵，辅以极受欧美人士追捧的三国故事，这款赤壁的大卖也就在情理之中了。

（五）品牌形象代言人

李宁从 20 世纪 90 年创立之初，经历了高速发展阶段，经营调整阶段，二次发展阶段，品牌重塑阶段，还有专业化发展阶段。要想在每个阶段激烈竞争的商场中成为知名品牌和领导品牌，实现品牌的扩张和价值的提升，李宁品牌代言人策略起着决定性的作用。李宁根据自身实力及发展的需要，从赞助亚运火炬传递开始，到成为巴塞罗那中国代表团指定领奖服、领奖鞋，再到后面走向国际，签约国内国外众多体育明星，李宁慢慢奠定了自己在国内体育品牌龙头老大的地位。

图 3－11　李宁形象代言人

2014 年冬季，李宁品牌力邀篮球、网球以及演艺界的杰出人士——韦德、彭帅、郑恺和 Jessica（郑秀妍）分别担任篮球、训练以及运动生活品类羽绒产品的代言人，生动地展现了李宁此次冬季羽绒产品的功能性与时尚感，而其在各自领域的无畏、拼搏精神更是让想要“冬眠”的小伙伴们逐渐迈开脚步，与韦德、彭帅、郑恺和 Jessica 一起“星动一冬，羽众不同”。

第二节　361°

一、361°品牌介绍

图 3－12　361°LOGO

（一）361°品牌简介

361°集团是一家集品牌、研发、设计、生产、经销为一体的综合性体育用品公司，其产品包括运动鞋、服及相关配件、童装、时尚休闲等多品类构成。集团成立于2003 年，在致力于成为全球令人尊敬的品牌典范精神引领下，已经成为中国领先的运动品牌企业之一。2009 年 6 月 30 日，361°于香港联交所主板成功上市，股份代码为 01361 · HK。同时，361°坚持集团化多品牌路线，2011 年 361°（innofashion）品牌诞生。

（二）361°品牌发展历史

2003 年，三六一度（福建）体育用品有限公司成立，创立 361°品牌。

2005 年，361°获世界《福布斯》中文版选为中国潜力 100 榜之首，361°发展潜力受到高度关注。

2009 年 6 月 30 日，361°国际有限公司在香港联交所主板正式挂牌，股份代码 01361 · HK。

2010 年 11 月 12 日，继成为亚奥理事会全球官方赞助商后，成功取得第 16 届广州亚运会官方赞助商的身份，为中国亚运军团以及菲律宾、马来西亚、老挝、缅甸、印尼、马尔代夫、朝鲜、柬埔寨、文莱 9 国运动健儿以及网球双姝庄佳容、谢淑薇等提供专业赛事装备。

2011 年 10 月，361°签约 NBA 球星 Kevin Love，为其提供高水准的篮球装备及技术支持。

2012 年 7 月伦敦奥运会，361°代言人孙杨在男子 400 米自由泳和 1500 米自由泳中双双打破奥运纪录斩获冠军，实现中国男子游泳奥运会首金，为 361°注入了新的高度。

2013 年集团正式成立尚品牌，是一个主导运动潮流的时尚品牌，尚品牌的成立极大地丰富了集团的品牌结构和提升集团竞争力。品牌以孙杨和中国新生代歌手吉克隽逸为代言人。

361° KIDS 成功与华纳兄弟、迪士尼两大世界影视传媒娱乐巨头旗下的超人、蜘蛛侠、蝙蝠侠等影视角色进行产品合作后，与中国最好的儿童类电视台合作，共同开创中国首个儿童音乐教育类节目，为 361° KIDS 的快速增长起了极大的帮助作用。

2014 年 361°携手亚奥理事会，作为韩国仁川亚运会官方赞助商，为其提供专业技术装备；同时，也将在中国南京为青年奥林匹克运动会提供专业赛事支持。

（三）品牌结构

1. 361°运动

作为民族体育用品行业领先品牌，361°运动在体育资源的合作和产品研发上拥有丰富的经验，先后成为：

——2010 年广州亚运会高级合作伙伴；亚奥理事会高级合作伙伴；

——2011 年深圳世界大学生运动会高级合作伙伴；

——2012 年亚洲沙滩运动会高级合作伙伴；

——2014 年仁川亚运会高级合作伙伴；

——2014 年世界青年奥运会高级合作伙伴。

在历届奥运会中，361°曾为多个国家开发运动装备，如菲律宾、马来西亚、老挝、缅甸、印尼、马尔代夫、朝鲜、柬埔寨、文莱、白俄罗斯、拉脱维亚。在专项领域，361°为瑞典冰壶队、牙买家跑步明星 Michael Frater 和 Brigitte Foster、NBA 明星 Kevin Love 和 Stephon Marbury、北京奥运撑杆跳冠军 Steve Hooker、著名运动员孙杨等提供专业的产品支持。先后为中国乒超联赛、中国排球联赛、中国现代五项队、中国铁人三项队、中国国家自行车队、中国国家曲棍球队、中国国家手球队、中国垒球队等提供专业的产品支持。

361°运动始终秉承“多一度热爱”的品牌信念，提供给所有热爱运动的年轻消费者设计与科技兼备的运动产品，并鼓励他们全情投入、不计得失地热爱运动。

2. 361°童装

倡导乐活健康、积极向上的童年。构建“未来、朝气、希望、灿烂”的品牌理念和“多一度热爱，多一份未来”的品牌主张，361°童装相继携手华纳兄弟、迪士尼两大世界影视传媒娱乐巨头，达成战略合作伙伴关系，授权开发蝙蝠侠、蜘蛛侠、超人等系列产品，丰富产品及品牌的内涵。

3. Innofashion

取意英文重组词，“Innovation + Fashion”，创新 + 时尚 = 品牌时尚创新。谐音 innerfashion，寓意深至心底的时尚，才是真正的时尚，致力于为消费者提供量身定制的时尚潮流服饰。

二、361°品牌故事——速度和执行力

361°的快速崛起，品牌营销的成功，支撑这一切的是 361°的决策速度和强劲的执行力。

2008 年 6 月，中国乒乓球超级联赛征求新的冠名赞助商。361°总裁丁伍号获知信息后，立即决定：志在必得，拿下这一赛事资源。时间紧迫，离递交项目征集书的最后期限只有一周的时间，361°品牌管理中心的人员紧急行动，夜以继日，硬是及时递交了项目征集书，与同行开展了对冠名权的争夺。优厚的赞助额度、富有想象力的营销构想、强大的产品研发能力使 361°脱颖而出，成功获得乒超联赛冠名权。

随后两个月时间内，361°的执行团队要完成针对乒超联赛的服装、运动鞋和配件的设计研发以及赛事营销等事项，连乒超联赛组织者都觉得“不可能在这么短的时间里完成这么多的工作”，但 361°确实做到了，乒超联赛顺利按时开赛。

“对我来说，最难的事是决定一个项目做还是不做。一旦决定要做，我相信 361°的执行团队一定能做到，只要满足提出的条件和必要的时间。”丁伍号说，“让我自豪的是：361°成立 7 年来，我们想做的事都做到了，没有失败。”

这是严格制度的结果。361°的法则是“以结果为导向”，不问过程，一件事决定了要做，决定由某人去做，由某人提出条件和时间，管理层充分授权，不加丝毫干涉，直到项目完成。361°强调的一句话是：“100 分的创意没有强劲的执行力，那就等于零；50 分的创意如果执行得好，那可能是 100 分。”

执行力来自于企业文化。从 361°特有的“时间文化”中就可见一斑。丁伍号非常守时，“自己坚决不迟到，也不让别人迟到”。5000 人的订货会，361°可以做到没有一个人迟到。曾有一位大客户参加订货会迟到了 5 分钟，361°的工作人员硬是没让他进会场。

这听起来有点过分，但是 361°的目标是：致力于成为全球令人尊敬的体育运动品牌，因此要尊重自己，尊重他人，让别人尊重自己。

三、品牌传播

361°集团采取三管齐下的策略进行品牌推广及市场营销。该策略包括赞助大型体育赛事、与大型国营媒体展开战略性合作，并聘请知名运动员为本集团产品的代言人。

（一）公共关系传播

1. 赞助大型体育赛事

361°？这个名字怪怪的，它是干什么的？361°开始进入人们眼帘时，大家都有一种好奇。好奇不是一种吸引力吗?!

如何把人们的好奇变成为品牌认同？361°的做法与众不同。当许多企业热衷于巨资聘请明星当品牌代言人，在各媒体上大打广告时，361°却最喜欢联手各大体育赛事。他们的想法是：新品牌刚推出，需要的是迅速提升品牌曝光率，增加公司知名度。“赛事资源不像普通的广告代言，只有几秒钟的时间。一个赛事有多场比赛，一场比赛打下来好几个小时。赞助转播率高的体育赛事，有助于增加品牌曝光度和提升品牌的公信度。”361°品牌管理中心副总监赵峰说。

2005 年，361°在南京的一个代理商提供信息：南京几家大商场为吸引顾客眼球，请来青少年在商场门口玩街头篮球。恰巧从北京传来消息：中央电视台体育频道筹备“娱乐篮球全国大赛”。这是个争取青少年篮球爱好者的好机会，361°紧急行动起来。年底，361°正式签约“娱乐篮球”，3 年共投入 2700 万元现金，携手 CCTV5 共同打造了风靡全国的街头篮球赛事。2006 年 3 月 15 日，“CCTV5－361°娱乐篮球全国大赛”在南京开赛，随后在全国多个城市进行了路演。该赛事历时半年多，全国 12 家电视台参与，CCTV5 全程播放，在篮球爱好者中形成了强大的影响力，直接带动了产品销售。当年，361°春秋季新品订货会销售呈现井喷态势，3 个月内实现了全年三分之二的销售额。

图 3－13　“娱乐篮球”

这以后，361°相继赞助了中国乒乓球超级联赛、厦门国际马拉松赛、中国大学生篮球超级联赛（CUBS）等一系列赛事。

2008年，361°投入3.5亿元，签约广州2010年亚运会体育服装高级合作伙伴。

2009年，361°签约亚奥理事会，荣膺亚奥理事会全球官方赞助商，是体育用品领域唯一获此殊荣的企业。

“成为2010广州亚运会高级合作伙伴，毫无疑问将提高361°的品牌形象，提升企业核心竞争力。361°将通过亚运会迈向国际大舞台。”丁伍号告诉记者。

当赞助体育赛事成为很多运动品牌采用的推广方法后，361°开始根据企业战略目标精选体育赛事。曾经在第11届全运会上倾力赞助了九省区代表团的361°，未继续赞助2013年的第12届全运会。“泉州体育品牌已经从‘宽泛式’体育营销向‘聚焦式’、‘精细化’的体育营销转变，尽管全运会作为国内最高级别的赛事，具有很大的传播力，但是基于集团体育赛事赞助活动的整体规划，接下来，公司体育营销将‘聚焦’2014年南京青年奥林匹克运动会和2014年第17届韩国仁川亚洲运动会。”2013年361°品牌传播中心总监赵峰告诉记者。

果然，361°成为第17届韩国仁川亚洲运动会运动服的高级合作伙伴，361°为本届大赛工作人员、技术官员、志愿者以及火炬手全线装备制服，还成为唯一一家海外品牌“声望伙伴”，扮靓了各个赛场，帮助工作人员为赛事做出高质量服务的同时，也令全亚洲再次直观体验“多一度热爱”的内涵。此外，为推动中国发挥在亚洲体育运动中的引领作用，361°还倾力装备中国国家游泳队、中国国家自行车队，助力中国游泳队在仁川夺22金、孙杨继续雄霸泳坛；中国国家自行车队收获5金，除了场地自行车继续领先，在山地自行车也夺得成色十足的金牌，彰显着中国这一曾经的自行车大国正在走向自行车运动强国，为亚洲体育运动走向新高度而不断贡献。

2. 公益活动传播

2013年4月，361°首次提出创新的商业公益形式：One Cares One。2013年，361°联合中扶贫基金会、中国最大的电子商务网站“天猫”成立了“One Cares One”商业公益项目，与消费者一起为山区的孩子量脚捐赠鞋子，即消费者每购买一双361°公益专款鞋，贫困地区的孩子就会得到一双以消费者的名义为其捐款的361°童鞋。所捐赠的物资是由361°为缺鞋儿童量身定制、生产，真正实现按需捐赠，一对一“实名制公益”、“透明化公益”。该项目得到了中国消费者和体育、影视明星的积极倡导，并得到如渣打银行等企业的大力支持，在短时间内已为2万多个缺鞋孩子送去了合脚的鞋子。361°未来将不断加大对这一活动的投入，以帮助更多的孩子穿上更加舒适合脚的鞋。2013年，买一善一已经帮助

30000 多名贫困山区的孩子穿上新鞋。未来，361°将不断强化公益文化，持续摸索更多的公益模式，帮助公益更健康地发展。

（二）广告传播

1. 电视广告传播

361°创建之初，大多数同类品牌热衷于电视营销，361°也未能免俗，在湖南卫视火爆的“超级女声”节目中大量投放广告。“当时，361°刚成立，首先需要和全国人民混个脸儿熟。当这一目的达到后，我们就退出了，因为我们是专业体育用品制造商，不能总在娱乐圈里打转。”361°品牌管理中心副总监赵峰说。

与中央电视台的合作，表明 361°的营销平台和品位上升到了一个新的高度。2006 年 11 月，在“中央电视台 2007 ~2008 体育赛事直播合作伙伴”招标中，361°击败著名国际品牌中标，在奥运前的敏感期打破国际巨头垄断顶级媒体资源的局面，实现了民族品牌对抗国际品牌的一次突破；2008 年，361°签约成为中央电视台体育频道主持人及出镜记者服装指定供应商，标志着一种高度整合的体育营销模式的开始，361°借助中央电视台开始全面展示品牌国际化及产品专业化的形象。

2013 年，361°童装又与中国最优秀的儿童类电视台合作举办大型儿童音乐类节目，关注中国儿童音乐乃至中国音乐的未来，极大地增加了品牌的认知度和美益度。

2. 网络广告传播

于寻常处抓住稍纵即逝的商机，这是企业家的过人之处。

丁伍号的儿子喜欢上 QQ 玩游戏。有一天晚上，忙了一天的丁伍号回家看见十几岁的儿子正全神贯注地玩游戏，连父亲走进房间都没有察觉。

“儿子，在玩什么？这么着迷？”

“这你都不懂？真老土！这是 QQ 上最新的游戏，我和同学都喜欢玩。”

丁伍号饶有兴趣地在儿子身后看了一个小时，突然灵光一现：既然孩子们这么喜欢玩游戏，为什么不与网站合作呢？就找腾讯网！于是，361°就成了中国体育用品行业第一个涉足网络营销的品牌。

361°开始了与腾讯网延续至今的战略合作，从单一的广告投放到植入式网络营销，再到体验互动式营销。当人们打开 QQ 想和好友聊天时，就会弹出 361°广告界面；玩斗地主游戏，突然发现自己的身份竟变成了“361°商人”；当看到其他玩家的虚拟形象一身帅气的 361°运动服打扮，又会忍不住到“商场”挑选 361°牌的体育用品装备……

（三）品牌形象代言人

当下利用名人做广告，提高品牌知名度，是打造品牌的一个重要手段。名人广告是指由社会知名人士推荐产品或为产品优点佐证，或作为产品的广告代言人的一种广告策略。从心理学角度来看，人们对名人存在隐含的认同心理，产生“晕轮心理”效应，竞相仿效，等等，如世界冠军孔令辉使得原本没什么名气的安踏声名鹊起。

361°签约国家羽毛球队教练李永波以及他的队员林丹、张宁等作为形象代言人，从而取得消费者的信赖。当然一开始361°并不是签订代言人，而是以赞助的名义赞助羽毛球队，后来成了合作伙伴，随之李永波和他的羽毛球队名正言顺地成了361°的代言人，这使他们联结的关系更加牢靠。随着羽毛球队立下赫赫战功，361°也迅速成长为行业领跑者。

361°旗下的Innofashion品牌代言人是著名的奥运游泳冠军孙杨及内地新生代歌手吉克隽逸。

（四）提升品牌口号

在竞争激烈的体育用品行业，一个好的品牌口号对于提高品牌号召力意义重大。在不同的发展阶段，361°的品牌口号不断在变化，在提升。

在2008年之前，361°的品牌口号是：“勇敢做自己”，突出一个“敢”字，强调张扬个性，吻合了青少年的心理需求，赢得了广大青少年的心。

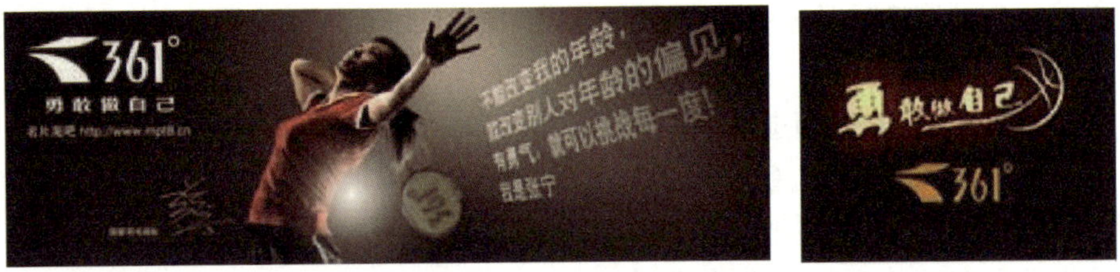

图3－14　“勇敢做自己”

2008年北京奥运会，361°的品牌口号变成了：“中国，勇敢做自己”，喊出了中国人的心声，喊出了中国人的自豪。那个夏天，守候在电视机前的观众每天都能听见361°的品牌广告语：“中国，勇敢做自己”。这个听起来有点特别的品牌广告语，给大家留下了深刻的印象。

图3－15　“中国，勇敢做自己”

2009年，361°成为2010年广州亚运会高级合作伙伴后，推出了“亚洲，多一度热爱”新的品牌口号。对此，丁伍号解释说，中国体育正在快速崛起，正走在由体育大国迈向体育强国的路上。

361°作为中国体育用品行业的一线品牌，应该以一种怎样的品牌态度与亚洲人乃至全世界的人去沟通？倘若在广州亚运会上再强调拿几块金牌，意义就不大了。要有大国心态，呼吁大家热爱运动，享受运动，享受亚运会给人类带来的美好生活，这才是体育真谛所在，这就是“亚洲，多一度热爱”的内涵。所谓“多一度热爱”，就是每个人心中对运动真诚而质朴的热爱，无论是工作、学习、生活，还是对待身边的人和事，只要再多那么“一度”的热爱，就一定能够获得成功。

361°品牌口号的变迁，提升的不仅是品牌形象，更是企业的心态和价值观。

第三节 美特斯·邦威

一、美特斯·邦威品牌介绍

（一）简介

上海美特斯·邦威服饰股份有限公司成立于1995年。公司主要研发、采购和营销自主创立的Meters/bonwe和ME&CITY两大品牌时尚休闲服饰。通过采用“生产外包、直营销售与特许加盟相结合”的经营模式，专注于品牌建设与推广、产品研发、零售网络建设和供应链管理。目前公司已拥有直营门店和特许加盟经营店近4700家。2011年，公司全系统销售额突破100亿元，已成为国内休闲服饰的领导品牌之一。

Meters/bonwe　ME&CITY

图3-16 美特斯·邦威的品牌LOGO

美特斯·邦威的愿景是“成为全球裁缝，为全球消费者提供新时尚的生活体验”。

旗下品牌Meters/bonwe的目标消费群是16~25岁并向上延伸，年轻、自我的一代；品牌定位是“充满活力的服饰领导品牌，流行时尚的产品”；品牌精髓为“不走寻常路”。

旗下另一个品牌ME&CITY的目标消费群是25~35岁，富有进取精神，追求行动效率，重视服务质量，已有一定的家庭观念，是激情满怀的社会新鲜人，是追求梦想的年轻奋斗者，是光鲜精致的白领精英，亦是特立独行的型男女。核心价值是“摩登、精致、适穿”。

（二）发展历史

1993 年，注册“邦威”商标，办理了浙江省温州市美特斯制衣有限公司营业执照，美特斯·邦威的雏形从此诞生。

1993 年，创始人周成建突发奇想，耗料 160 余米，耗时一个月制作了衣长 4.64 米、胸围 5.4 米的巨型风雪衣，中央台《东方时空》栏目播出了 8 分钟，并被收入上海“大世界吉尼斯大全”。

1995 年，在浙江省温州解放剧院开设第一家邦威专卖店，实行品牌连锁专卖经营。这一天被正式定为美特斯·邦威的诞生之日，象征着美特斯·邦威正式迈进服饰连锁专卖零售行业。

1996 年，开始倚重“生产外包，直营销售与特许经营相结合”的业务模式，生产上“借厂制造”，渠道上“借（加盟）店销售”。

2001 年，聘请香港“四大天王”之一的郭富城为品牌形象代言人，Meters/bonwe 品牌知名度迅猛提高。

2002 年，近 2000 平米的 Meters/bonwe 首家品牌形象店在上海南京东路开业，时任形象代言人郭富城参加开业庆典。

2003 年，公司正式聘请华语歌星周杰伦为 Meters/bonwe 品牌新一任形象代言人。

2004 年，公司在杭州开设了中国当时最大的单品牌服装专卖店，营业面积近 5000 平方米。

2005 年，公司正式举行“美特斯·邦威上海总部启用庆典仪式”，标志着公司以上海为总部的“二次创业”正式开始。上海美特斯·邦威服饰博物馆同时正式开张。

2006 年，公司改革管理模式，使高层管理国际化，形成多元化管理团队。

2007 年，公司正式签约华语两大歌星张韶涵和潘玮柏，为 Meters/bonwe 校园系列的时尚顾问，而周杰伦为都市系列时尚顾问；上海南京东路步行街上 9000 多平方米面积的旗舰店开业，在其五楼开设美特斯·邦威服饰博物馆南京东路展区。上海美特斯·邦威服饰有限公司整体变更为股份有限公司。

2008 年 8 月，公司在深圳交易所成功上市，美特斯·邦威实现了新的飞跃，正式成为公众企业；同时 ME&CITY 新品牌发布会在深圳举行，是公司从单品牌战略向多品牌战略转变的标志。

2008年10月，公司举行ME&CITY盛大Party，好莱坞当红影星《越狱》男主角温特沃什·米勒（Wentworth Miller）作为ME&CITY全球品牌代言人出席活动，并与周成建董事长一起主持了ME&CITY品牌启动仪式。次日，ME&CITY首家旗舰店盛大开幕典礼，温特沃什·米勒与国际名模布鲁娜·特诺里奥（Bruna Tenorio）应邀出席。

2012上半年，美特斯·邦威实现收入46亿元，同比增长21%，净利润4.3亿元，同比增长15%，全国销售额再创历史新高。2012年12月28日，21世纪上市公司“领袖50”榜单正式发布，美邦服饰入选21世纪“领袖50”中国上市公司排行榜。

2013年春季，美特斯·邦威策划一场以青春、热血与梦想为名的“时尚x音乐主题系列”，美特斯·邦威品牌时尚顾问周杰伦重磅回归音乐绚丽舞台，黑白纪实风格的时尚影像，释放出有别以往的深度张力。

（三）企业文化

美特斯·邦威的核心价值观是：为员工创造更加幸福的生活；为消费者提供高性价比时尚产品体验（选择），为社会创造持续的价值。

二、美特斯·邦威的虚拟营销之路

在从小喜欢裁缝的周成建看来，对服装行业来说几乎不存在核心技术，它的最大附加值就是品牌，做好品牌经营和服装设计，才能使美特斯·邦威变成在虚拟链条中处于核心地位的管理型企业。

从浙江温州青田县农村走出来的美特斯·邦威集团董事长周成建，在当年并没有想到被他称为“虚拟经营”的服装公司的经营模式，与被列入哈佛商学院的香港利丰集团的案例如出一辙。周成建把那时的想法归结为自己的“灵机一动”。

（一）虚拟经营

这位脾气暴躁只有初中文化、当过农民、做过裁缝、搞过服装批发、不到20岁就开始创业的“温州式”企业家，现在喜欢做有文化品位的事情，他刚刚花费2000万元建立起一座2000平方米的服装博物馆。他现在的另一个身份，是浙江大学的EMBA。10年间，这家休闲服装公司没有生产过一件成衣，全部由国内200多家服装厂OME（代加工）；公司本身也不卖衣服，而是由分散全国的1200多家加盟店销售。正是靠了这种“虚拟经营”模式，周成建已经做到了20亿元的销售额，要知道他经营的品牌是年轻群体的一个品牌，这意味着单品价值不高，也就是意味着一年销售要近2000多万件套。这和耐克等世界顶级品牌运营商已经没有什么差别。

（二）管理型企业

美特斯·邦威集团投资1亿元打造的IT管理系统已正式运行，实现了对上游生产商和下游专卖店的全流程“掌控”。

这套集管理、生产、销售于一体的信息平台正式投入使用。该系统由制造商资源管理系统、集团内部资源管理系统和代理商资源管理系统共同组成。通过它能够实时掌握每个专卖店进、销、存状况，还可以根据这些数字随时变更生产订单。

在供应链管理中，“争取软三元”是现代企业寻找的新的利润空间。如果一种消费品的出厂价是1元，其零售价通常是4元，在一个高度竞争的年代，企业很难将出厂价再减少哪怕是一毛钱，而降低流通渠道中增加的3元成本则是可行的。

“一张订单的处理周期原来要10天，现在只要2天至3天。”周成建说，这就是企业的竞争力。

三、美特斯·邦威品牌战略性传播

为构建和维护品牌，美特斯·邦威品牌传播主要侧重于品牌形象的提升上，运用品牌广告形象代言人极具创意的品牌推广活动和全方位品牌形象广告投放，结合开设大型品牌定向店铺的策略，迅速提升品牌知名度和美誉度。

（一）形象代言人

美特斯·邦威主要定位于30岁以下的年轻人，追求张扬的个性和时尚的穿衣风格，所以在品牌形象人的选择上，也将目光锁定在时尚明星上。

品牌创建初期，董事长周成建以自己个人形象做推广。2001年，美特斯·邦威正式启用郭富城作为其品牌形象代言人。郭富城身为“四大天王”之一，可谓是当时最具时尚气息的一位，不仅外形出众而且舞技超群，深受时尚一族的喜爱。在广告片中，郭富城在地面温度高达50摄氏度的美国沙漠，穿着秋冬衫外加羽绒背心，和一群大学生演员一起劲歌热舞，这是美特斯·邦威2002年新广告中的一个场景。伴随着广告主题曲《不寻常》，美特斯·邦威隆重推出其个性的广告语——“不走寻常路”，将其品牌形象与广告主题曲紧密联系在一起。随着《不寻常》打入音乐排行榜，美特斯·邦威品牌本身也附带成为一个噱头，从此踏上了品牌形象的塑造之路。

图 3－17 郭富城为美特斯·邦威形象代言

2003 年，美特斯·邦威改变了形象代言人，选择了深受年轻人喜爱的新新人类音乐鬼才周杰伦作为新的代言人。通过赞助周杰伦的个人演唱会，使得美特斯·邦威的品牌深入“周迷”人心。同时还利用演唱会进行互动活动，购买一定数额的美特斯·邦威服装，就会得到周杰伦演唱会的赠票，这对于新新人类来说无疑是一个很大的吸引。周杰伦自出道后，立即在歌坛掀起一股狂潮的新曲风，也成为年轻人争相崇拜的偶像。通过与周杰伦相关的一系列的品牌塑造推广活动，美特斯·邦威的品牌塑造工程越来越成熟，而“不走寻常路”的广告语也更加深入人心。事实证明，美邦签约周杰伦是一次成功的商业运作。与周杰伦目前的天王级身价相比，周成建当初付出的是一个非常划算的价格。几年间，周杰伦人气指数一路飙升，美邦也成功晋级为新人类眼中的时尚代名词，至今，周杰伦依然是美邦的首席时尚代言人。

图 3－18 周杰伦为美特斯·邦威代言

2008 年 8 月 28 日，美特斯·邦威公司 A 股在深交所挂牌上市。与此同时，美特斯·邦威推出全新品牌“ME&CITY”，试水高端服饰领域，拓展新的销售市场，并邀请《越狱》男主角温特沃斯·米勒，另外一个是拥有中国、日本、巴西三国血统的名模布鲁娜·特诺里奥作为全新品牌“ME&CITY”的代言人。

图 3－19　《越狱》男主角温特沃斯·米勒为美特斯·邦威代言

ME&CITY 2009/10 秋冬系列的广告大片由 Ellen Von Unwerth 掌镜，阿格妮斯·迪恩、裴蓓、cole mohr、卢克·沃格 4 位 IT GIRLS 和 IT BOYS 出演，推出旗下新品牌“ME&CITY”，将代言锁定一炮走红的好莱坞一线男星 Miller。

Meters/bonwe 2011 冬季新品精致面世——携手林志玲打造时尚都市系列。

2011 年冬，Meters/bonwe 品牌全线升级，重磅推出都市系列新品。这一系列旨在满足职场白领在不同场合、不同情境的穿着需求，单品款式呈现出更多的时尚感、都市感和设计感。此次的都市系列从品牌视觉、款式设计到店铺陈列，都以极具时尚感、都市感的精致形象呈现完全不一样的 Meters/bonwe，彻底重塑品牌在大众心目中的既有形象。此番，Meters/bonwe 特别邀请到亚洲炙手可热的多栖明星林志玲作为都市系列的代言人。女神级人物林志玲在主持、电影、话剧、舞台剧等各方面都有口碑人气皆佳的作品产出，她坚持挑战、突破的演艺之路与 Meters/bonwe 不断创新、升级的品牌理念一拍即合。2011 年时尚面世的 Meters/bonwe 冬季都市系列，和林志玲碰撞出不一样的火花，成就不一样的林志玲，不一样的 Meters/bonwe。干练、精致、柔美、性感……林志玲打破以往造型，演绎都市时尚之白天 Day、黑夜 Night、聚会 Party、度假 Weekend 系列风格。

图3－20　林志玲为美特斯·邦威代言2011冬季女装

（二）《变形金刚2》事件营销

电影《变形金刚2》在中国准备正式上映前，美特斯·邦威与变形金刚版权的拥有方美国孩之宝公司、《变形金刚2》的制片方美国派拉蒙电影公司同时现身上海百联又一城今典世纪影城，举办媒体观影场，庆祝三方成功合作。在现场，300多人全部都穿着美特斯·邦威品牌变形金刚系列服饰，场面轰动，被各大新闻媒体相互报道。为什么选择《变形金刚2》，这和美特斯·邦威的品牌定位有关，美特斯·邦威主打年轻消费群体16至25岁，学生居多。首先，美特斯·邦威目前主要是想在国内市场中不断提高市场占有率，《变形金刚2》在国内上映，看得最多的肯定是“80后”、“90后”一代，这跟美特斯·邦威的市场定位也是基本吻合的。这是美特斯·邦威选择《变形金刚2》的原因之一。第二，美特斯·邦威价格便宜已经受到了很多人的喜爱，可谓是国内年轻第一大品牌，国内的连锁店也非常多了。但对于现在的美特斯·邦威来说，更渴望得到的是品牌上的提升，只有品牌得到提升，才能与国外一系列的快时尚品牌ZARA、H&M、优衣库等竞争。如果不进行品牌营销的话，就比不过国外品牌的“优良血统”，因为中国制造一直给人的感觉都是价格低廉的，国人也比较“崇洋媚外”。如果国内的服装品牌能够在好莱坞电影中植入广告的话，消费群体肯定会很惊讶，就会想中国品牌已经走向世界了，美特斯·邦威就能达到一个品牌的提升，还能建立品牌的国际化形象。

（三）投放网络广告

通过与PPTV合作，针对充满激情、年轻时尚的男女人群，选择PPLive网络电视媒体进行广告投放。由于使用PPLive网络电视用户大都是年轻群体，影片《变形金刚2》对于这个受众群体而言，有着难以言表的诱惑与魅力。

PPLive通过精心的内容采编，将这一群体牢牢锁定在相关内容的相关频道，其中包括《变形金刚 2》、《机械战警》、《Xman》、《变形金刚 - 动画》等与变形金刚题材相关度极高的高收视影片内容。PPLive 还采用业内超前、可比拟蓝光效果的高清 TVC 视觉传播及服饰短片进行强效的缓冲广告，对目标群体实施视觉冲击。

同时，结合海量视频搜索平台 PPTV，PPLive 引入关键词搜索环节，令整个活动呈现多入口、多通路、多展现的立体传播效果，为美特斯 · 邦威品牌与《变形金刚 2》事件营销的网络植入式宣传成功助力，开辟了另一块目标消费群体的品牌推广阵地。

（四）镜像式营销

2014 年 12 月 2 日，美特斯 · 邦威冠名的中国首部网络自制综艺《奇葩说》在北京举办了开播发布会，这一举动凸显了美邦媒体营销模式的迅速转型。

从《奇葩说》的网络热潮，到美特斯 · 邦威线下"奇葩服"的店面上市，连锁效应的激烈化学反应使得美特斯 · 邦威品牌营销做得极为成功。进军娱乐界、跨入网络综艺界，似乎只是美特斯 · 邦威品牌营销"醉翁之意"的表象而已。

图 3 - 21　《奇葩说》人气选手演绎美特斯 · 邦威（Metersbonwe）广告大片（之一）

图 3 - 22　《奇葩说》人气选手演绎美特斯 · 邦威（Metersbonwe）广告大片（之二）

有文章披露美特斯·邦威千万冠名网络综艺的意义究竟何在？质疑美特斯·邦威营销模式是否真如传言中那样神奇。人民网近期做出了美特斯·邦威“镜像式营销”的评论文章，谓之“互联网时代新营销模式的转型代表”，不少舆论纷纷将矛头指向了“镜像式营销”概念。何为美特斯·邦威的“镜像式营销”？人民网文章《解构传统：美邦总裁周成建的“镜像式”先锋营销解读》分析道，传统营销中的品牌与被植入方是单一线性的，并且是直观的关系；就像一件衣服摆在床上，你无法看出这件衣服是否真适合你，这是传统品牌营销的路子——硬广告式的“显示屏”模式；而当一个人穿上了衣服，在镜子前面扭两下，摆些个 POSE，你才能看到你是否适合这衣服（言外之意，被植入方是否真正与品牌达到完美结合）。镜子反映人的鲜活，人从镜子中看到了真正生动活泼的自己。就美特斯·邦威植入《奇葩说》这种品牌营销模式来说，“镜像式”怕是最合适不过的概括。

从《奇葩说》“恶搞万物”的基本调性，到美特斯·邦威销售总监周龙在各种《奇葩说》活动中频频参与，美特斯·邦威的活力在“恶搞与无下限”的网络娱乐节目中尽显。与其说千万级冠名无效果，不如说所谓美特斯·邦威的“镜像式营销”效果是多方位的、多层次的，其所产生的广泛社会影响与效应非你我能把控能描述的。

人民网的分析事实上是很到位的，利用上世纪法国社会学家布迪厄的“符号资本”、“惯习”、“场域”理论剖析美特斯·邦威暗中占有社会符号资本、文化资本的某种场域逻辑，这或许也是美特斯·邦威总裁周成建“镜像式营销”不可言说的秘密之一。

“互联网思维”是一个烂透了的概念，上至总裁 CEO，下至卖煎饼果子的大娘都能谈论一二：有人曾亲眼见到煎饼果子摊扫二维码参与活动的现象。而何为互联网思维？想必美特斯·邦威通过《奇葩说》可表明清楚——“深度植入”方式。“深度”非是植入很深，而是层次多、范围广的互联网营销模式，美特斯·邦威的深度植入可看做是“镜像式”营销的典型方法。互联网传播的不可控因素很多，品牌营销作为一种观念和调性的引导在于信息的附加结构是否与品牌形成有机整体，以及对于这种附加值是否达到充实品牌形象的效果。对于美特斯·邦威的营销来说，之所以谓之成功，便是引发了某种与节目的高度共鸣，从品牌和节目的外在视觉、感觉形象系统到内在的品牌调性、观念逻辑等存在多方位的高度共鸣，这怕是传统营销模式根本无法定位及实现的。

在当下互联网时代的“互联网思维”泛滥的境况下，真正的互联网赢家，当是摆出一副“张果老”的悠然姿态，超脱“网”外，却牢牢地把控着互联网观念场域的运行和品牌的悄然运作，从社会心理结构，到社会文化结构，再到大众文化导向，如同地下水一般缓缓地从深层次地下渗透到地面。美特斯·邦威的“镜像式”营销其多方位、多层次的效果某种意义上是协同的，从美特斯·邦威高层参与网络娱乐节目，到其线上、线下与之相关的活动及实体商业的运作，也是协同的场域逻辑运行。

因而，美特斯·邦威的“醉翁之意不在酒”，乃在乎营销也。“镜像式”营销，不论多少人质疑，不论其如何玄奥，终究在于“营销”二字，是互联网时代一种新模式的开拓。毋庸置疑，营销是否成功，且看美特斯·邦威如何通过此举获得实际益处；而这实际益处，更包括社会层面的广泛共鸣与影响及更深层次的战略运作。

第四章　老字号服饰品牌的传播策略

近年来，随着我国经济的发展，国力的增强，在消费中出现了“国货回潮”现象。与此相伴随的是，焕发了人们对老字号企业或品牌的关注。2014 年 2 月，为保护和传承老字号，我国商务部重启了对老字号的调研工作。那些曾经经历了历史洗礼的老字号品牌重新引起理论研究者和实践从业者的关注。老字号服饰品牌曾经创造了商业辉煌，在新的历史环境下，面对国内外市场激烈竞争和自身发展的局限性，重振雄风并不是一蹴而就。老字号服饰品牌的发展需要吸收现代企业管理的方法和策略。在品牌传播方面，老字号品牌需要建立品牌传播的理念，提炼出品牌传播的传统元素，并对各个要素进行整合传播。同时，在互联网信息时代，还需要掌握新媒体下品牌传播的新特点，寻找老字号服饰品牌发展更广阔的空间。

第一节　老字号服饰品牌的现状及传播策略

一、中华“老字号”及其服饰品牌

“字号”又称“商号”，常常是企业名称的代指，用以与其他企业相区别，是企业名称的重要组成部分。字号在中国漫长的商业活动中被普遍使用，那些历史悠久、被百姓认可、在市场竞争中留下来的字号，就成为享有社会盛誉的老字号。据记载，以生产食品为主的山西老字号“益源庆”，成立于 1377 年，距今已经有 638 年的历史。

可以说，老字号就像“历史的名牌”，凭借其商品和服务的优质性、独特性和良好的信誉而确立，凝聚了浑厚的历史底蕴和博大精深的文化内涵。生活中，我们常见的老字号多位于繁华商业街，悬挂着各种古朴或典雅招牌的商铺，它们构成了不同城市的一道风景线。

中华老字号（China Time - honored Brand）是一个特定的名称，是由官方机构按一定的条件评选公示的老字号品牌。具体指那些历史悠久、拥有世代传承的产品、技艺或服务，具有鲜明的中华民族传统文化背景和深厚的文化底蕴，取得社会广泛认同、形成良好信誉的品牌。我国商务部2006年颁布了“中华老字号”的认定规范，标准如下：(1) 拥有商标所有权或使用权；(2) 品牌创立于1956年（含）以前；(3) 传承独特的产品、技艺或服务；(4) 有传承中华民族优秀传统的企业文化；(5) 具有中华民族特色和鲜明的地域文化特征，具有历史价值和文化价值；(6) 具有良好信誉，得到广泛的社会认同和赞誉；(7) 国内资本及港澳台地区资本相对控股，经营状况良好，且具有较强的可持续发展能力。

根据以上认定规范，商务部在2006年底首次公布了434家第一批获得授权的“中华老字号”企业（品牌）。这些品牌涉及全国27个省、自治区、直辖市，覆盖面较为广泛，涉及的行业主要分布于食品加工、餐饮住宿、医药卫生、社会服务、商业经营、其他行业六大类，其中其他行业包括金玉首饰、服饰纺织品、手工艺、生产制造业等，获得中华老字号认证的企业被授予牌匾和证书，见图4－1。

需要说明的是，有些地方政府或机构团体（例如：商委、协会等）也进行了老字号品牌的认证工作。通过不同机构认证的老字号企业品牌结果会稍有不同，但基本符合了以上商务部颁发的标准。总之，每一个老字号的创立和经营都代表了中华商业文化的精髓，甚至部分老字号已经成为了各地风土文化的一种象征，在消费者中享有较高声誉的知名度。

图4－1　中华老字号的标识图

“衣食住行”是人们生活的基本需要，服饰是老字号发展过程中的典型产品之一。“老字号”服饰品牌既包括通过有关机构认证的老字号，也包括具有悠久的历史、品质优良、技艺高深、具有信誉的被百姓接受喜爱的品牌。广义来说，“老字号”服饰品牌包括纺织、服装、面料、鞋帽、钟表眼镜以及珠宝首饰等。狭义来讲，“老字号”服饰品牌主要是指以生产销售服装面料、服装成衣、鞋帽等企业或品牌。

服饰不但作为人们生活的必需品，也是精神消费品，除物质消费功能，还需要有精神文化内涵。在老字号服饰品牌的发展过程中，除了作为基本生活品之外，老字号更多地传达一个人的社会地位、身份等特征，表现出服饰的社会性。例如：“头顶马聚源、身穿瑞蚨祥、脚踩内联升”就是流传于北京的一个歌谣，讲的是当一个人穿戴上这些老字号的衣服和鞋子，就是非富即贵，是对身份的一种炫耀，这是历史上北京服饰老字号品牌名满京城的生动写照。以北京市为例，百年历史以上的老字号服饰品牌见表4－1。

表4－1　百年历史的“老字号”服饰品牌（以北京市为例）

名称	创始年份	经营范围	特色
马聚源	1817年	帽子	用料讲究，做工精细
谦祥益	1840年	丝绫、罗、绸、缎、纱、绢等，专营丝绸和丝绸制品	货真价实，言不二价，薄利多销
内联升	1853年	千层底布鞋、毛布底布鞋	工艺严格独特，选料考究，做工精细
步瀛斋	1858年	布鞋为主	品种齐全，诚信待客
瑞蚨祥	1862年	绸缎、棉布、皮货、民族服装服饰等	商品齐全、货真价实、服务热情
同升和	1902年	鞋类产品和帽子	样式新，品种多，号码齐全
盛锡福	1911年	帽子	用料考究，手工制作，做工精细，品质优良

资料来源：根据各家老字号网站提供的资料及相关资料整理。

另外，老字号服饰品牌也分布在除北京以外的全国各地。总体来看，大多分布在经济发达、交通方便、文化昌盛的经济政治中心地区，例如：北京、上海、杭州等。杭州的都锦生丝绸（创立于1922年）、上海的恒源祥（创立于1927年）和培罗蒙（创立于1928年）等也都在服饰行业享有盛誉。

二、“老字号”服饰品牌发展的优势与面临的问题

由于时代的变迁，经营环境发生了巨大的改变，很多老字号企业由于不能适应环境的变化，陷入了困境，甚至破产倒闭。据统计，现有的1600家“中华老字号”企业中，70%处于自生自灭状态，经营困难；20%维持，只有10%在盈利。与其他行业（酒业、医药和餐饮、食品）相比，现存的“老字号”服饰品牌无论是在数量上还是在经营状况方面更是不容乐观。一方面是服饰产品本身的特殊性，人们对服饰的审美观和消费观随着经济、社会及时尚潮流的变化更易发生变化，表现出对服饰产品需求的多样性、复杂性。另一方面，服饰产品市场的充分竞争使服饰的类型也出现多元化，正装、休闲装、运动装、家居服等为人们提供了更广泛的选择。同时，大量国外品牌的涌入，宣传和推广方面更容易吸引消费者。这些因素不断挤压传统老字号的市场空间，导致消费者的转移或消失。

面对市场的激烈竞争，老字号服饰品牌的发展不容乐观，但这些经受住漫长的商业竞争和环境变迁的考验的老字号，本身就能说明它们具有较强的竞争力，新时期的市场变化也提供了老字号再次发展的机会。

（一）发展优势

1. 品牌文化的优势

老字号企业是典型的文化导向型企业，其核心价值便是文化，文化是老字号生存、延续、创新的根本。几乎每一个品牌背后都有一个充满传奇色彩的品牌历史和故事，例如："内联升"品牌名字中的"内"指大内即宫廷，"联升"示意顾客穿上此店制作的朝靴，可以在朝廷官运亨通，连升三级，这三个字包括了其所从事的行业、对自己市场的定位及步步高升的美好愿望。北京最古老的帽子店"马聚源"至今已有 197 年的历史，是专门为清政府做缨帽、专为贵族官僚服务的"官帽店"。解放后，为西藏班禅大师制作珍贵皮帽，欧美一些国家领导人用的帽子也都曾在马聚源定做。"瑞蚨祥"以"至诚至上、货真价实、言不二价、童叟无欺"为经营宗旨，不仅在清末民初享有较高声誉，成为当时达官显贵的首选绸布店，更是承接制作了中华人民共和国第一面五星红旗，为国家领导人和重要外宾定制服装。这些品牌所蕴含的品牌文化是现代企业难以企及的，老字号品牌具有深厚的历史价值和文化价值。

2013 年，由中国品牌研究院进行评估的《中华老字号品牌价值百强榜》显示，全部 100 个上榜的老字号品牌的总价值超过 1 万亿元，平均每个老字号的品牌价值高达 100 亿元。其中，上海老字号"恒源祥"以 175 亿元的品牌价值居于服饰类品牌的第一名。

老字号品牌文化是老字号品牌重要的无形资产，在新的时代赋有新的含义，成为品牌创新的必要条件。

2. 独具特色的生产工艺和产品

质量是企业的生命。多年来，老字号一直对产品质量精益求精，严格控制产品的质量，依靠产品来说话。"瑞蚨祥"向达官贵人提供的昂贵官服是专门向绣织作坊定做的，保证原料可靠，再通过手工制作，制作的衣服不但可以作为时装穿着，还可以作为工艺品收藏。京剧大师梅葆玖珍藏的许多戏服，有些已属于"国宝级"，其中有些就是当年瑞蚨祥的精品。

在生产工艺方面，老字号多以师徒制的传承方式并采用手工制作的加工模式，不仅保证了产品质量，更使得制作工艺得以原汁原味地继承。例如："内联升"千层底布鞋制作工艺的标准严格，工艺独特，技艺高深。制作过程沿用传统手工制作方式，工序复杂繁多，大的工序有 30 多道，总工序要上百道。

每道工序都有严格明确的标准，讲究尺寸、手法、力度，要求干净、利落、准确，严格明确的工序标准甚至深入到了工人的每个动作，是名副其实的“工精料实”。

3. 诚信为本的理念

诚信是老字号的兴商之本、生财之道。可以说，老字号之所以流传百世就是恪守“诚信为本”的原则。据记载，1900年八国联军攻进北京，一把大火使大栅栏满目疮痍，瑞蚨祥也未能幸免。店内所有账目和物品化为灰烬。在这场巨大的灾难面前，瑞蚨祥掌门人没有被困境所摧倒，他毅然向社会郑重承诺：凡瑞蚨祥所欠客户的款项一律奉还；凡客户所欠瑞蚨祥的钱物一笔勾销。瑞蚨祥这非凡的气魄和高尚的商业信誉，在当时社会上引起巨大震动，一时传为佳话。

百年以来瑞蚨祥始终坚持诚实守信，让瑞蚨祥在百姓中赢得了良好的声誉。当今名列世界500强的美国零售业巨头沃尔玛公司创始人山姆·沃尔顿说过，他创立沃尔玛的最初灵感是来自于中国的瑞蚨祥。

（二）存在的问题

1. “老字号”服饰品牌面临流失危机

当夏奈尔、巴宝莉等外国服装品牌的名字和标志充斥都市年轻人生活的时候，瑞蚨祥或马聚源的名字似乎已被人们忘记。事实上，即使是年长者也未必能想起这些曾经熟悉的名字。在2013年中国品牌研究院进行评估的“中华老字号品牌价值百强榜”中，品牌价值名列前10位没有服饰产品的品牌，而排在最前面的老字号服饰品牌是名列第16位的恒源祥。因此，保护老字号品牌，防止品牌流失刻不容缓。

“恒源祥”之所以榜上有名，与经营者的品牌保护意识密切相关。恒源祥集团董事长刘瑞旗说：“在创牌容易而保牌却一年难于一年的情况下，企业要做成百年老店，首要的战略就是维护和提升自己的品牌。随着商品的日益丰富，款式和价格的重要性正在逐步降低。决定消费者选择某个品牌商品的根本因素，是商品背后的品牌价值高低。”为此，“恒源祥”每年投入千万元经费来维护“恒源祥”的品牌，使老字号重新焕发青春。与此同时，很多老字号品牌由于缺乏品牌维护的意识，品牌商标遭到抢注，假冒伪劣严重，破坏了原有的品牌形象，品牌流失在所难免。

2. 缺少新元素的创新

创新是发展的源泉，尤其对老字号服饰品牌来说，人们着装的目的已经从实用性向装饰性发展，服饰的社会性功能愈加突出，对创新的需求更加迫切。老字号企业缺乏创新主要的原因是观念落后，“老”是老字号的优势，但也很容易成为禁锢思想、抑制创新的包袱。有的企业经营理念上因循守旧、墨守成规，奉行“酒好不怕巷子深”的保守观念。另外，有的老字号由于具有国企背景或国资色彩，也制约着企业在经营机制、管理方式、产品开发和市场销售方面的创新。

消费者的需求处于不断变化之中，“与时俱进”直接决定了老字号的前景。老字号要想得以延续和发展，需要在观念、技术、服务、管理、营销等方面提升创新能力，为企业发展注入新元素。

3. 品牌传播的渠道不通畅

长期以来，“老字号”企业一直沿用传统的招牌形象和口头传播的方式来进行品牌传播，这大大限制了传播的速度和广度。多数老字号局限在狭小的区域市场，缺少主动传播意识和现代传播手段。尤其是在海外市场，老字号品牌几乎没有影响力。对比而言，路易威登或者爱马仕等这些外国品牌与中国的老字号同样拥有百年历史，但它们已发展成为世界性品牌，也已经纷纷进入中国市场，但在国际市场，罕见中国的老字号服饰品牌。

伴随着中国国家实力的增强，中国文化走向世界的舞台，具有中国传统文化特征的老字号服饰企业成为中华传统文化的重要载体，具有很强的历史文化价值和经济价值。有的老字号品牌开始尝试迈出国际化的步伐，例如，瑞蚨祥有了正式的英文译名“RuifuxiangSilk - Since1862”，内联升的官网中英文对照，传递“China Cloth Shoes First”信息，但与国外品牌相比，在品牌的传播途径和方法上都有待于提升。

三、“老字号”服饰品牌的传播策略

大环境的改变，老字号企业只有创新才能在市场竞争中获得生命力，延续百年老店的光辉，完成从“老品牌 - 现代品牌 - 国际品牌”的转变。老字号服饰企业可以从以下几个方面加强品牌传播。

（一）发掘民族品牌的潜在价值及世界影响力

一个国家经济实力的较量，主要体现在对外贸易的数量、结构以及该国的民族品牌在国际上的知名度、赞誉度等方面。老字号服饰品牌经过漫长的历史发展形成了独特的文化氛围，其经营方式、店规店训、商店格局、产品特色、字号招牌等都反映出传统文化的鲜明色彩。可以说老字号是民族精神的物化，是民族历史的载体。因此，“老字号”应该走出去，把中国的博大的文化传递到世界。与此同时，中国文化被越来越多的西方人所喜爱，例如，近几年来，时装时尚界不断刮起中国风，中国深厚的传统文化元素中国结、京剧脸谱、盘扣、汉字、印花等被顶尖品牌在服装设计中采用。

因此，具有品牌文化优势的老字号企业在充分了解现代服装时尚设计理念、审美倾向和市场需求的基础上，在产品定位、服务质量、产品个性、品牌塑造和营销手段方面进行创新，将中国的历史、人文气息、民族精神传递到国际服装时尚舞台，提高服装文化附加值，形成具有影响力和感染力的品牌价值和品牌文化，对开拓国际市场具有重要意义。

老字号内联升在品牌提升品牌形象、走向国际化上进行了积极的探索。2013年9月，内联升在北京恭王府花园举办了2014年春夏鞋款发布秀。众多来自海内外的时尚人士与媒体共同见证了内联升经典工艺与时尚艺术结合的大胆创新。2014年7月巴西世界杯期间，内联升展开了别具一格的“世界杯主题”个性定制活动，推出“世界杯主题彩绘冠军队鞋”，让传统老布鞋焕发出“新时代”气息，通过媒体的报道在国际上展现出中国百年品牌魅力，提升了老字号品牌强大的市场影响力。

图4－2　内联升“世界杯主题”个性定制活动海报

（二）采用新媒体营销模式

随着互联网的高速发展，微博、博客、BBS、微信等新媒体营销模式引来了商家的关注。采用新媒体营销模式，通过官方微信、微博、网站等新媒体渠道传播活动信息，这对于老字号企业来说是在营销模式上的一种全新尝试。目前，大多数老字号服饰市场的销售推广手段单一，只利用报纸、广播等有限的传统媒体，甚至一些企业仍然停留在门店销售的阶段，希望通过位于商业黄金地段的零售店铺完成销售目标。但是，近年来，随着一些城市改建，老字号不得不搬迁到缺少商业氛围的偏僻地段，客流量大大降低。再加上电商的发展，网络购物冲击了店铺的销售量，制约了老字号的发展。

当前老字号的目标市场主要是年龄偏大的消费者，他们是因对老字号独特的情感偏爱而购买，但对于年轻的消费者来说，由于缺乏对品牌的认知，对老字号的价值和价格并不认可，因此，老字号品牌应该对消费者进行培育。新媒体为老字号企业建立起品牌在目标消费者心目中的地位，培养出新的品牌拥护者提供了市场突破口。

“内联升”在利用新媒体营销方面成为一个领路的品牌。目前，内联升不仅开辟了新的销售网点，还建立了国内首个布鞋类网购平台“尚履商城”，并与天猫旗舰店同时上线，还相继进驻一号店、亚马逊等第三方 B2C 平台，电商平台展示了经典的手工布鞋，集结了最新发布的时尚新品和设计师限量定制，做到线上线下同步销售。在宣传推广方面，内联升创建自己的官方网站、微博、微信，借助新媒体营销平台，通过多种渠道进行整合营销。另外，顾客还可以通过新浪微博或腾讯微信与内联升管理层进行互动交流，充分利用新媒体实现了营销模式的转变。

图 4－3　尚履商城首页

（三）选择传播方式“借势造势”

现代传播方式有很多，电视、传统纸媒、网络等都可以作为传播的载体，人际传播、公关传播和销售促进等也可以成为选择的方式。对于老字号品牌来说，善于借势或造势，会取得理想的传播效果。

老字号“恒源祥”选择了通过赞助大型国际性体育赛事——奥运会来进行品牌传播，通过对北京 2008 奥运会的赞助，以及几年来围绕奥运所进行的各种营销与宣传活动，向世界展示中华老字号的优质产品和其深厚的文化内涵，进而在世界范围内提高品牌认知度和美誉度。

图 4-4　恒源祥赞助奥运会

老字号企业还可以借助一些重大活动、事件来宣传自己，把握契机。例如：瑞蚨祥选择参加具有影响力的展会——中国婚博会，通过参展参赛来巩固地位和形象。

图 4-5　中国婚博会官网的瑞蚨祥婚纱礼服店

图 4-6　瑞蚨祥婚纱礼服店的产品展示

内联升借助名人效应，从当年为毛泽东、周恩来等领导人做鞋，到如今“时尚达人”韩火火脚踩内联升布鞋现身国外潮流大街的照片，在时尚圈引发了轰动，都是对公众舆论的一种引导。

“借势或造势”传播为老字号品牌赋予较高地位的方式，在这些活动中，老字号成为提供社会身份信息的来源和社会含义的载体，强化了品牌的文化特性，提升了老字号的价值。

（四）完善品牌视觉传播系统

视觉传播就是以文字、色彩、图形、空间等元素作为视觉基础，通过视觉可以认知的形式来沟通传者与受者的活动，在传播过程中，把传播对象进行符号化处理，具有视觉吸引力，能够使大众快速理解并记住符号及背后的意义，从而实现最大的传播效果。

老字号的字号名称、商标图案、店铺的牌匾、招幌、楹联等标志形成了可视符号，甚至店铺布局、产品包装、橱窗、陈列、试衣间都是重要的符号标志，都是品牌视觉传播符号的范畴，共同形成一组具有特色的符号体系，呈现了企业文化的视觉表达及文化内蕴。例如：老字号“瑞蚨祥”从20世纪90年代开始，对“瑞蚨祥”三个字40类商标进行了注册，产品包装袋设计的风格、颜色、花纹及发票样式等都申报注册了自己的标识，即有利于品牌视觉传播，便于消费者识别，也能够避免品牌侵权问题。

第二节　老字号传统店面传播策略——以瑞蚨祥为例

一、店面传播的价值

（一）店面的功能

店面设计主要是在考虑消费者心理需求的基础上，唤起消费者积极的情绪反应，促进消费者实施购买行为。店铺门面设计是运用建筑艺术美化商店外观、树立店面形象、促进商店销售，在设计构思时应具有识别性、文明性和透视性的心理要求。具体来看，店面功能体现在以下几个方面。

1. 吸引顾客

店面设计首先要做到引起过往行人的注意，并立刻产生兴趣。成功的商店门面设计，以鲜明、独特、与众不同的个性吸引着消费者，在形态与色彩的处理上具有强有力的视觉冲击力，别具一格，富有艺术性，形象生动，能够迅速吸引消费者的注意，激发他们的购买兴趣。例如：采用霓虹灯做成的招牌夜晚格外醒目，能够在很远的地方就引起人们的注意，使人留深刻的印象，并由此萌发相应的需求。

2. 提高识别度

由于每个商店所经营内容不同，通过店面表现形式也各不相同。商店门面设计需具有鲜明的识别性，其识别性具有以下 3 种类型：一是独创性。即商店门面设计有创新的表现，其外形与装饰均有别于其他商店门面，这样有益于门面脱颖而出；二是风格型。即商店门面设计密切配合经营特色，以固有的建筑风格来显示行业的特点，使人们便于识别和产生新奇与亲切的感受，并留下深刻印象；三是具象直观型。即商店门面建筑模式采取与商店经营特色相适应的形状，或予人以新奇的形态来进行设计，其目的在于使消费者有一个独特的视觉形象，便于记忆留存，激发好奇心，从而产生惠顾心理。

3. 传递信息

店面不但反映了商家的经营特色、经营项目和经营范围等信息，为顾客寻找购买信息提供方便，还可以通过建筑特色、商店招牌、商品的陈列等传递着品牌的历史和传统，是品牌形象的重要组成部分。

总之，店面不仅是提供买卖活动的场所，提供消费者的购物空间，而且是传递的品牌风格、形象，已经成为企业竞争的有力手段。

（二）店面设计对消费者购买的影响

国外许多学者（Oliver R L.，FF Reichheld，Schmitt B）在研究中都发现：通过店面体验，消费者会形成与品牌相关的记忆，从而影响消费者的满意度和忠诚度，且体验程度越深，消费者对该品牌越忠诚。Bernd H. Schmitt（2007）认为，人的心理活动支配其购买行为，消费者由注意到感知、再到认同、进而导致消费行为的产生，在购买的体验过程中，消费者的感官（Sense）、情感（Feel）、思考（Think）、行动（Act）、关联（Relate）等因素得到充分的刺激和调动，在这个过程中，店面、品牌标识、灯光、陈列设计和布局设计等都会对消费者购买意愿产生影响。

国内学者在此领域也进行了丰富的研究。献丽、李峥嵘（1999）从商店环境布置——招牌设计、橱窗布局、店内装饰、商品展示及店址选择等 5 个方面论述减小销售者与顾客之间的心理差距、扩大销售额的营销策略。胡婉（2010）结合 AIDA 经典消费行为模式，以服装店为研究对象，分析了服装企业品牌终端陈列设计的重要性，将服装终端陈列对消费者消费行为的影响分为注意 – 兴趣 – 欲望 – 行动 4 个阶段。沈鹏熠（2011）认为，商店环境刺激对消费者情绪反应的形成有推动作用，进而影响其购买意愿和行为。王双（2012）以快时尚服装品牌的店面为例，分析了店内不同的陈列方式对企业销售和消费者购买的影响。廖成林、刘吟（2013）认为，线下体验商店（或展厅）的环境刺激对消费者体验意愿存在明显的间接影响效应，不同特征的消费者所产生的价值感知和体验成本感知存在明显的差异。熊谱涛（2013）对购物中心实体购物环境与消费情感关系的研究，把购物中心实体购物环境维度分为：外部环境要素、内部综合物理环境要素、设计环境要素、内部空间布局环境要素 4 大类，并得出结论：购物中心实体购物环境一级指标各因素与消费者的正面情感有相关关系。

老字号服装、服饰品牌具有悠久的历史，其店面不仅是销售的场所，更重要的是它承载了深厚的文化传统与品牌的内涵，体现了品牌的个性和身份的物质形态与外在表现。虽然近年来电子商务市场的兴起使消费者可以选择线上购买，但对产品和服务品质的追求，对消费过程愉悦性的追求，对老字号承载文化与精神的认同，使消费者对老字号产品购买的主动参与性更强，老字号店面设计的重要性更加突出。同时，老字号企业以店面设计来提升品牌的价值，通过店面直接向消费者展现品牌个性、风格和文化，使消费者感受体验着品牌的文化与精神，实现情感认同与深化，对老字号品牌形象起着关键性的作用。以往对老字号的研究多从企业体制、运行机制、品牌保护等方面，少有涉及的店面研究也主要是从老字号建筑设计艺术的视角。本书研究在自然情景中观察分析老字号瑞蚨祥（北京前门大栅栏店）的商店环境，分析提取老字号店面传播的要素，并发现老字号经营管理的问题，提出通过店面设计传播来提升老字号品牌的价值策略。

二、瑞蚨祥品牌介绍

（一）品牌的发展历程

清道光元年（1821），瑞蚨祥在山东周村大街挂牌，创始人孟鸿升是孟子的后裔。1835 年，它的第一家分号——瑞蚨祥绸布店在山东济南开张。之后在烟台、青岛、天津、北京等地都设有分号，北京的瑞蚨祥店 1893 年（清朝光绪十九年）开业。瑞蚨祥的掌门人精巧装饰门面，细致布置店堂，并用严格的店规约束所有店员的言谈举止，使每一位顾客乘兴而来、满意而去，因此生意异常红火，发展极快。京城的达官显贵，慈禧太后的寿袍，袁世凯的“皇服”都出自瑞蚨祥。瑞蚨祥在京城绸布业中几乎占据垄断地位，成为当年北京“八大祥”之首，享誉海内外。

1949 年，中华人民共和国成立前夕，周恩来总理指定瑞蚨祥制作了第一面中华人民共和国国旗——五星红旗。在市场经济的发展中，瑞蚨祥人一方面继承百年老字号的优良传统，仍然主要经营丝绸、呢绒、棉布、皮货、中式服装及制作等，另一方面不断改善购物环境，以诚信、优质取信于民。特别在加工展示东方女性和中国丝绸特有的风韵美的旗袍上成绩斐然。目前，瑞蚨祥继承发展了个性化制衣服务，从选料到成衣制作始终是“一条龙”服务，在遵循传统制作技艺的镶、滚、拼、盘、贴、荡等的同时，“瑞蚨祥”又增加了手工刺绣等技艺，它选料精良，剪裁得体，滚边讲究，盘扣精美。瑞蚨祥中式服装精湛的制作技艺受到了消费者的喜爱。

（二）品牌的名称与标识

瑞蚨祥的名字相传是瑞蚨祥当年的掌门人经过反复推敲、多处考证后引用了“青蚨还钱”这一典故。据说，店名中的“蚨”是古代传说中一种形似蝉的昆虫。晋代《搜神记》卷十三记载，青蚨“生子必依草叶……取其子，母必飞回，不以远近……以母血涂钱八十一文，以子血涂钱八十一文，每市物或先用母钱或先用子钱，皆复飞归，轮转无已”。这里说的是钱用完了又能飞回的故事。因此，当年老板取店名瑞蚨祥就是借“祥瑞”的吉祥之寓意。现在瑞蚨祥就是以一对母子蚨图案申报注册为自己的商标，可见瑞蚨祥人对传统商业文化的高度肯定。店名瑞蚨祥中的“瑞”字，是瑞气的象征；“蚨”取其青蚨还钱的寓意（青蚨原是一种水虫，因相传青蚨还钱的典故，又成为钱币的别名）；“祥”字，一方面是吉祥之意，另外店东乃山东省旧军孟家，所开商店均是祥字号。总之，是瑞气吉祥、财源茂盛的意思。

图 4－7　瑞蚨祥的品牌名称与标识

（三）经营宗旨

瑞蚨祥以“至诚至上、货真价实、言不二价、童叟无欺”作为经营宗旨，在长期的经营活动中形成了自己特色。在其经营的历史来看，瑞蚨祥采取多种渠道的进货方式。瑞蚨祥很早就在苏州、上海设庄定货，一般是与厂家直接来往，有时也采购一些小厂和个体机房的新产品。对季节性商品，提前一季采购，夏天销量大的纱、罗、府绸等春天就采购，这样既可以争取季节差价，还可以挑选好的新产品。对时髦货则采取少进勤进的方式，以防过时积压。为提高商品质量，瑞蚨祥对一些高级绸料委托厂家织，称之为定机货。定机货不但质量高于一般，花色品种也多，满足了一些上层人物的需要。瑞蚨祥也销售大量的色布，但当时机器染布还不发达，瑞蚨祥所经营的各种色布都是质地优良、久不褪色，颇负盛誉，深受广大农民欢迎。在进货中，瑞蚨祥还注意搜罗珍贵和稀有货品以独擅市场，获取厚利。在销货方面，瑞蚨祥强调的是良好的信誉和优质的服务。从不采取大减价、大甩卖、大赠送、打折扣等一般商店所采取的宣传方式，而是以对顾客做到态度和蔼、殷勤接待、量布足尺、让顾客去广为宣传的一种方式取信于民，享誉于世。在门市销售中，瑞蚨祥要求职员把顾客当做上帝、财神来看待。营业员以能与顾客特别是能与那些善于挑剔不好接待的顾客拉上关系为佳绩，从而让顾客广为宣传，并多做回头客。为此，要求营业员在同顾客的交谈中，学会察言观色，善于揣摸顾客的心理。售货员给顾客取货，一般先拿中次两样，让顾客挑选。如果顾客不满意，再拿好的，这样给顾客和自己都留有余地，既节约了时间，又不至于使顾客掉头就走。在销售过程中，采取了一个营业员专门接待一位顾客，自始至终一包到底的方式。瑞蚨祥对售货员的要求是，应当卖出而卖不出不行，要想尽千方百计让顾客把货物买走。对一些富门高第，瑞蚨祥还采取送货上门、定时清账的方式。民国初年京城的许多官僚馆都是瑞蚨祥送货的对象。民国以后，瑞蚨祥对外埠顾客还开展了来款寄货业务。

解放以后，为了搞活经营，瑞蚨祥实行了经营承包责任制，制定了各种行之有效的规章制度，管理逐步走向科学化、现代化，服务质量、服务态度有了很大提高。商店设有量体算料、来料加工服装和市内免费送货、外地代办托运等便民项目。商店还设立了顾客休息处，备有顾客意见簿、缺货登记簿、公平尺，备有饮水设施供顾客休息饮用等。

三、瑞蚨祥店面设计分析

（一）店外设计

1. 店面建筑外观

如果说瑞蚨祥的店面是北京前门大栅栏街上最美的，那一点儿也不为过。巴洛克式的中西合璧建筑如今已是全国重点文物保护对象，见图 4－8。风格独特的建筑能够引发消费者注意的兴奋点，从而激发其情绪转移，形成对店内所售卖商品的兴趣。瑞蚨祥不仅是商业上的成功典范，同样是建筑上的成功典范。

从配色上看，其色调颇具西洋风情，与中国传统的红墙琉璃瓦建筑有显著不同。外墙是弧形的石壁，而非塔式小楼。同时瑞蚨祥的建筑依然保留着中式建筑的细腻精致：匾额楹联、雕梁画栋。中西风情在瑞蚨祥完美融合，和而不同、新颖别致、品位超凡，是大栅栏最吸引人的一道风景线。调查中发现，不少路人即使不知道瑞蚨祥的名号，也依然因为建筑的独特之美会在此停下脚步。

图4－8　瑞蚨祥成为全国重点文物保护单位

2. 招牌设计

瑞蚨祥店铺的招牌由创始人手书（见图4－9），“瑞蚨祥”三个大字分别悬于正门、二进门和正厅之上，并配有楹联。牌匾给人最深刻的印象就是大气、典雅、醒目，颇具名店之风。从店名来看，引经据典，寓意吉祥，凸显了百年老店的深厚文化底蕴和高雅品位，吸引人们驻足观看拍照并产生对品牌的敬慕和信任感。

图4－9　大气典雅的瑞蚨祥招牌

3. 入口及橱窗设计

进入瑞蚨祥独特的大门之后，看见的是一个独特的展厅，左侧依次是瑞蚨祥介绍、老钱柜、“中国驰名商标”的木牌、瑞蚨祥宣传片、蚕丝及中国第一面五星红旗以及指引牌；右侧依次是南宋养蚕图、“中国丝绸第一品牌”木牌、织布流程展示雕塑。正中则是进入卖场的大门，“瑞蚨祥”牌匾位于其上，进入之后还能看到两边的楹联。

瑞蚨祥的入口设计在大栅栏老字号里可谓别具一格。外墙不设橱窗，却在本就不宽松的胡同中留出不小的空间设置拴马桩。进入大门之后老店的名家风范扑面而来，古香古色的氛围令人仿佛置身于历史博物馆之中。之后顾客才会透过玻璃看见内廷热闹的卖场，在了解了瑞蚨祥的辉煌历史之后自然想一探究竟。

因为瑞蚨祥当年的顾客中很多都是当时的达官贵人，所以前门及前厅的设计凸显了一种“高门大户、深宅大院”的感觉，体现了店铺的高端定位。前厅在过去应该是专门接待顾客之地，说明瑞蚨祥确实以客为尊。如今瑞蚨祥将本店的历史、产品、荣誉悉数放在这里展示，比一般的橱窗更具历史厚重感。

（二）店内布局

1. 一楼布局

店内的布局包括商店的营业设备，如货架、柜台、陈列橱等的摆设。合理的商店布局，能够充分利用营业面积，便利商品陈列，美化商店环境，从而吸引更多的顾客。

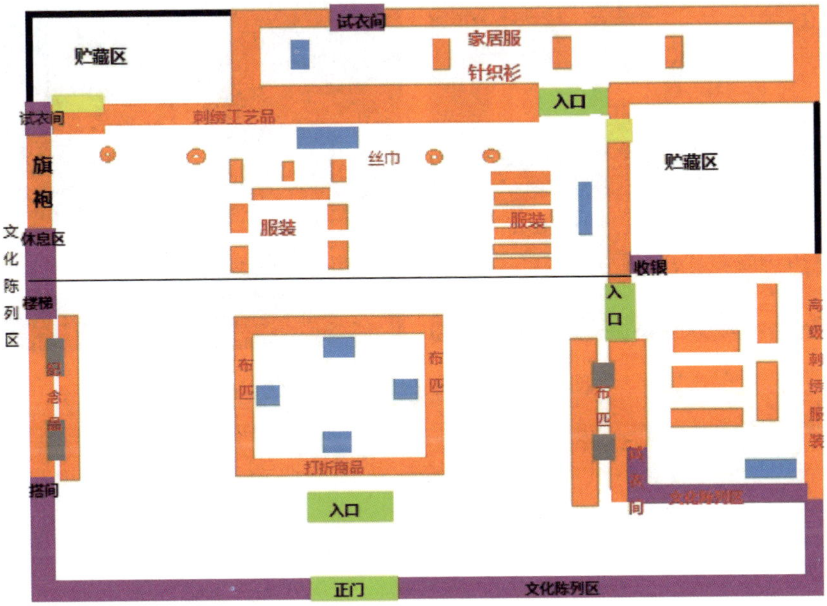

图 4－10　瑞蚨祥一楼布局及商品陈列图

（1）店内空间分配及客流方式

图4－10中桔黄色标注的范围是货品陈列区域即销售空间，未标注的两个区域是贮藏区即商品空间，蓝色标注的范围是柜台及店员空间，粉色标注区域及其他区域是包括店内文化陈列区、试衣间、休息区、收银台、过道等在内的顾客空间。

从图4－10可以看出，一楼的销售空间分配能够做到充分利用而又井然有序；商品空间配置合理、方便货品的收发；顾客及店员的空间都比较充足，顾客浏览商品方便，店员也能随时送上服务。

店内采取直线客流线与曲线客流线相结合，空间利用合理充分，延长了顾客的选购时间。首先用直线客流线将顾客迎进前厅，接着用自由式客流线将顾客挽留于琳琅满目的产品中。通道设计足够宽且没有死角、发散性好，能够引导顾客多走、多看、多购买。

（2）商品摆放位置与布局类型

通过展厅进入一层后可以发现，卖场主要由前后两厅及两个旁厅组成。

前厅主要出售瑞蚨祥最著名的丝绸（右侧展柜、展台和中间展台）及丝绸纪念品（左侧展柜、展台）、部分打折商品（中间展台前端），并设有信息咨询处。这里采用半封闭式布局，商品包围顾客，让顾客可以充分、直观地接触和观察商品，方便讨论商品、进行交易磋商。

图4－11　一楼前厅商品摆放情况

右旁厅展示并出售高级刺绣服装，并设有文化陈列区（展示各国领导人参观瑞蚨祥的场景）、柜台、试衣间、收银台。采用网格布局，空间利用率高。

后厅从左到右依次是旗袍成衣、刺绣工艺品、普通成衣，中间是男女服饰货架。后厅设有两个柜台、两个试衣间。采用自由式布局，灵活性高，便于浏览，但有些迷失感。

后旁厅出售家居服、针织衫、打底衫等，设有柜台及试衣间。采用网格式布局，便于陈列多款系列产品。

（3）商品陈列情况

首先，瑞蚨祥的商品分类分区陈列，方便满足顾客的不同购物需求；

其次，从陈列方式来看，主要是挂架陈列、柜式陈列以及在柜台上平铺陈列；

第三，从陈列距离来看，挂架及柜台距离顾客很近，顾客可以随手挑选并感受商品的质料，展柜上陈列的货品距离1～2米左右，能测度高；

第四，从陈列高度来看，商品均放置于第一有效区及第二有效区，十分合理；

第五，从陈列格局来看，在有序中保持多样化，满足了消费者的求变心理。

2. 二楼布局

瑞蚨祥店的二楼布局与一楼不同，一方面是空间设计的差异；另一方面，二楼的商品结构与一楼也不同。二楼具体布局见图4－12。

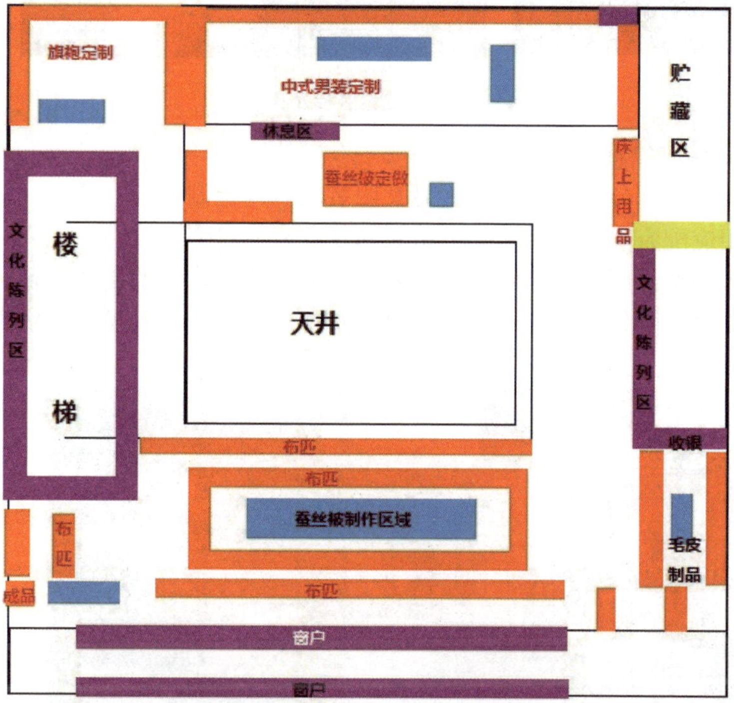

图4－12　瑞蚨祥二楼布局及商品陈列图

（1）店内空间分配及客流方式

图4－13中桔黄色标注的范围是货品陈列地区即销售空间，未标注的两个地区是贮藏区即商品空间，蓝色标注的范围是柜台及店员空间，粉色标注区域及其

他地区是包括店内文化陈列区、试衣间、休息区、收银台、过道、楼梯、窗户等在内的顾客空间。

从图 4－13 可以看出，二楼的销售空间、顾客及店员空间都比一楼更加开阔，且更多地采用了直线客流线。中间的天井将二楼的区域自然分成了两个部分。

图 4－13　二楼的楼梯及天井

（2）商品摆放位置与布局类型

二层分成两个部分，一边是中式男女服装展示及定制服务、桑蚕丝被产品展示及定做。相应配有 4 个柜台、一个试衣间及顾客休息座位。

通过展示瑞蚨祥历史的走廊过到另外一边就是桑蚕丝被的制作区域，周围设有出售布匹及皮料的货架及柜台。从这边窗户望出去，能够看见一楼的展厅，透过正门还能望见街上来往的人群。

图 4－14　二楼产品展示区

（3）货品陈列情况

首先，瑞蚨祥二层的货品依然是分类分区陈列，方便满足顾客的不同购物需求；

其次，从陈列方式来看，没有挂架陈列，主要是货架陈列以及在柜台上平铺陈列；

第三，从陈列距离来看，展柜上陈列的货品距离1~2米左右，能测度高；

第四，从陈列高度来看，货品均放置于第一有效区及第二有效区，十分合理；

第五，从陈列格局来看，区域分隔更为明显。

（三）商店氛围

商店氛围是通过适度的照明、宜人色调、舒适的温度、恰当的气息来营造一种气氛，激发消费者的购买情绪，诱导购买。

一楼、二楼的店内氛围情况见表4-2。

表4-2　商店氛围情况表

楼层	一楼	二楼
室内装修	庄重大气，简约明快	细腻繁复，精致典雅
照明配置	基本照明充足，容易调动顾客情绪，特殊照明及装饰照明不足	基本照明较弱，利用天井自然光线，给人平缓安静的感觉，高级服装配有特殊照明
色彩运用	棕色柜台、米白色立柱，沉稳不失活泼	棕色柜台、米白色立柱柱顶棕色油漆白色雕花、彩色图样地砖，雅致、洁净、静谧却不失温暖
温度湿度	舒适	
气味声音	店内有淡淡的香气，有别于其他老字号；没有背景音乐，店员气氛热闹而不嘈杂	淡淡的香气，宁静
运输设施	木质扶梯，典雅、闲适	
店员举止	店员数量充足，服务态度良好，管理严格	店员数量比一层少，服务态度很好
死角利用	用于展示本店历史文化	
店内清洁	干净整洁，没有不适感	
试衣间	数量及位置安排恰当，但由于空间局限不是非常宽敞	
收银台	位置安排较为合理，但空间有限	

四、建议与对策

（一）发现的问题

通过对北京“瑞蚨祥”（大栅栏店）的实地调查，发现这家中华老字号如今依然拥有优质的产品与热心的服务。但通过观察，发现了在店面设计上的一些问题，按照楼层布局归纳如下：

1. 一楼店面布局存在的主要问题

一楼的丝绸布匹是瑞蚨祥的知名产品，观之的确赏心悦目，但是仔细观察会发现产品上打着其他工厂的名头，布料上印着“苏州鸿成丝绸公司”，如果出售的丝绸布匹全部印有“瑞蚨祥”字样，将会大大增强顾客对品牌的信任。

旁厅的高级刺绣产品精妙绝伦，应该算是镇店之宝。然而这些可以与如今高级定制相媲美的产品却用挂架方式放在不起眼的旁厅，叠压着展出，十分不合理，应该拿出部分置于人体模特上，放置在入口玻璃窗后面，这样才能让顾客真正感受到瑞蚨祥的绝代风华。

后厅及后旁厅的商品安排较为合理方便，与其他现代的专卖店并无二致。

令人遗憾的是，店内精美绝伦、令人叹为观止的刺绣作品和颇具特色及吸引力的旗袍却被放置在不醒目的地方，无论是从商业橱窗设计还是旅游文化传播角度来看，这都不利于最大程度地吸引消费者。

2. 二楼店面布局存在的主要问题

二楼主打定制产品及高级皮货，并有特色布料出售。“特色”是二楼产品的核心思想，也正因如此，二楼产品尤其是桑蚕丝被的销量甚好。在二楼跟踪观察时，短时间内就有两批顾客定了几千元的桑蚕丝被。中式男女定制服装也吸引了很多顾客驻足观看，但是由于试穿性的问题，最后购买的顾客少。

无论从购物环境还是从店员服务上看，瑞蚨祥二层都较一层更胜一筹。一楼与一般的卖场、服装店很相似；而二层还保留着高级服装店的一些风范，空间宽敞明亮，置身其间觉得舒适宁静，芳香扑鼻，不忍离去。以桑蚕丝被为例，定做服务及制作区域都置于这一层，产品价格以表格详细列出，成品样式多、选择面广，还很贴心地为顾客提供邮寄服务。

但是除了桑蚕丝被以外，定制服装、皮货的展示不够，应该再充分利用空间多设置一些模特而不只是将精美的服装挂在墙上。另外，桑蚕丝被销售空间过大，而且，企业有意强调该商品（在二楼入口处专门设置了指示牌），虽然桑蚕丝被给店铺带来很大利润，但是只一味强调这一项商品，与瑞蚨祥的主营商品不符，有喧宾夺主的感觉。

（二）建议

店面设计中存在的问题，实际上是企业在经营理念和管理方法的问题。结合调查结果，本书提出以下策略。

1. 明确产品定位，调整产品经营结构

历史上，瑞蚨祥保持产品全、新、优的经营特色。“全”就是从低到高档次齐全；“新”就是新品种新花色不断推陈出新；“优”就是集各地优质面料荟萃一堂，供广大顾客挑选，使每一位顾客乘兴而来、满意而去。因此，瑞蚨祥生意异常红火，发展极快，在京城绸布业中几乎占据垄断地位。

但世事变迁，比较当前的市场状况，瑞蚨祥以追求“全新优”为口号并不是明智的选择，无论是受经营面积的束缚还是消费者需求的变化。观察店内的产品总体上看，瑞蚨祥的产品质量上乘，但是在款式设计和颜色运用上较为老龄化，难以吸引年轻消费者，大部分都是适合中老年消费者的款式，这些服装除了品牌及衣料以外，与其他地方销售的商品并无差异，甚至款式还不够新颖，同时，瑞蚨祥的价位较高，这对于价格敏感的中老年人，瑞蚨祥的商品又欠缺价廉的吸引力。对于有消费能力的年轻消费者而言，他们也许会选择价格相当、款式更新颖的名牌。因此，店内除了游客参观以外，真正购买的顾客并不多，购买目的也多为馈赠年长的亲属或购买嫁娶礼品的消费者。在调查中，发现瑞蚨祥店内柜台上摆放着丝绸布匹之外，还有成衣及高级定制服装，既有布料又有皮货，还有大面积销售蚕丝被等，产品结构杂乱。

因此，瑞蚨祥需要明确产品定位，对原有产品结构进行调整，将丝绸及丝绸制品分清业务主次，突出核心产品，减少不必要的柜台。如果有可能的话，建议将高级服装和普通服装业务区分开来，并针对不同目标客户群采取不同的销售模式。例如：为了吸引年轻的消费者，改变当前产品设计落伍的情况，企业可以考虑吸引一批思路较为年轻的管理者及设计师；针对购买婚嫁产品的顾客，则突出高级定制为主。

2. 以店面为媒介，传播品牌文化

具有艺术气息的瑞蚨祥的建筑特色为过往行人留下很深的印象，门面上的石雕，天井式的房屋结构，栓马桩和罩棚，营业大厅中以爱奥尼克式柱头圆柱为支撑等，都彰显了瑞蚨祥曾经的辉煌与非凡的气魄。

与现代服装专卖店不同，老字号本身古老的店面就是该品牌灵魂的体现，是其最本质的东西。因此，瑞蚨祥品牌文化特征是其店面设计的根本依据，即文化通过店面形式来传递，以其店面作为媒介。

因此，在保持原有古建筑风格的基础上，运用一些现代材料使其有所创新，对店面形式可以进行创新尝试。例如：为了吸引顾客进店，加强店外的橱窗设计，以更加直观化的方式宣传瑞蚨祥的历史。为了消除消费者对品牌认知、情感、态度方面的隔膜，店内注重使用传统元素的同时，应用现代材料与新技术，例如：通过电视播放或 LED 显示屏等形式体现出产品的制作工艺流程，突出强调其精湛工艺与高档品质，以老师傅的故事或老顾客的档案资料彰显品牌悠久的历史和浓厚的文化底蕴等。

3. 加强互动，丰富消费者的购物体验

购物体验是消费者从与企业的直接或间接的接触中产生的个人的反应，包括购买过程、使用过程和服务过程等，体验过程涉及人的感官、直觉、情绪、情感等感性因素及智力、思考等理性因素。据记载，过去的瑞蚨祥非常重视对顾客的礼节，对每位顾客都做到“高接远送”，笑脸相迎。每家店里都有一个“瞭高的”，顾客一进门，“瞭高的”首先站起来打招呼。店内还设有供顾客休息的座位，顾客逛累了或等候取货的间隙，“瞭高的”会陪其谈话，以免冷落。夏天时，店里还会为顾客奉上西瓜、汽水等冷食品。如此“信誉第一，顾客至上”的服务态度，让瑞蚨祥在百姓中赢得了良好的声誉。

在调查期间，虽然瑞蚨祥店内销售人员服务并无不周到之处，但感觉与其他店也未有差异，历史记载中的服务流程和规矩似乎已经消失。其实，随着企业之间竞争激烈，产品竞争并非是最主要的竞争手段，消费者更加追求购物过程感性的满足，购买产品过程的愉悦或享受成为影响消费者购买的重要因素。为此，无论在店内规划布局、商品的陈列，还是销售服务等环节，采用环境语言与顾客进行沟通，发现与消费者的接触点，完善细节，形成情境与人、产品与人、人与人的不同体验。例如：店内设置不同场景，模拟产品消费情景来提供整体的体验，给消费者感觉、情绪及精神上的满足。

第三节　新媒体环境下的老字号品牌传播——以内联升为例

一、新媒体对老字号品牌传播带来的影响

新媒体是相对于报刊、电视、广播等传统媒体而言的一种新兴媒体形态，通过数字电视、手机、电脑等通讯终端，利用数字技术、移动技术、网络技术等新兴技术与受众进行互动沟通。2014 年 8 月，中国互联网络信息中心（CNNIC）

发布《2013 ~2014 年中国移动互联网调查研究报告》显示，截至 2014 年 6 月，我国手机网民规模为 5.27 亿，在整体网民中占比达 83.4%。新媒体的“新”不仅体现在新技术上，更体现在新观念、新形式、新体验上。新媒体渠道广泛，突破时空限制，覆盖率高，能够对受众进行精准定位，实现与受众的双向互动沟通。另外，新媒体的文字、图像、声音、视频、动画等视觉冲击为品牌传播注入活力，为受众带来新体验。

新媒体时代以及电子商务的快速发展，为老字号的品牌传播提供了更多选择。老字号品牌传播方式以及传播渠道不仅仅局限于传统店面传播方式，更注重新兴的社交化媒体及网络平台的运用。老字号品牌应突破传统经营理念的束缚，借助新媒体传播品牌文化，实现老字号与现代技术的结合，从而提升品牌知名度，增加品牌价值。

拥有 162 年的历史，被誉为“中国布鞋第一家”的内联升品牌，在新媒体日益发展的社会背景下，与新兴品牌一起，加入了迎接新媒体挑战的行列，寻找新媒体时代下的商机。

二、内联升的品牌介绍

（一）品牌的发展历程

内联升始建于公元 1853 年（清咸丰三年），创始人赵廷从十几岁开始就在北京一家鞋作坊当学徒，熟练掌握了制鞋工艺，并积累了一定的管理经验。后来，慧眼独具的赵廷分析了当时京城制鞋业的状况，认为京城缺少专业制作朝靴的鞋店，在清朝官员丁将军的资助下，创立了一家专门制作朝靴的高端靴鞋店，取名“内联升”。其中，“内”指大内宫廷，“联升”寓意官运亨通、连升三级的美好愿景。“专打坐轿人的生意”是内联升的市场定位，吉祥店名的美好寓意迎合了大内宫廷文武官员的心理，赵廷利用人脉关系，为皇亲国戚、朝廷文武百官制作朝靴，清朝末代皇帝登基时穿的龙靴也出自内联升。每双售价 50 两白银的朝靴不仅让赵廷发家致富，更让内联升逐渐成为达官贵人圈中口碑相传的贵族品牌。

内联升在创始之初，就十分注重产品质量以及客户需求，选用最好的布料，制作的朝靴底厚达 32 层，穿着舒适轻便。并且，每一双朝靴都上门量尺寸，试样子，直到客户满意为止。后来，创始人赵廷将客户的尺寸、脚型、住址以及需求等信息记录，并按官职、身份背景等信息编著出《履中备载》，不仅为客户提供了方便，也使内联升独具特色的档案管理以及商业模式成

图 4－15　内联升品牌名称

为京城名噪一时的佳话。老北京城曾流传着这样一句口头禅："头顶马聚源，脚踩内联升，身穿八大祥，腰缠四大恒。"意思是说穿上内联升做的鞋，是一种特殊身份的象征，可以说内联升不仅仅是一个品牌，更是一种身份的炫耀。

清王朝覆灭后，缎子鞋和礼服呢鞋受到新一代"坐轿人"的热爱，内联升采用千层底制作工艺，鞋底、鞋里、鞋面均采用质量上乘的新料、好料，制作的小圆口千层底鞋深受文艺界以及知识人士的喜爱。

新中国成立后，内联升打破专营男靴鞋，增添女鞋（绣花鞋等）、解放鞋等。内联升经历了经营思想、经营方向上的变化，但是内联升的产品，尤其是传统手工制作的千层底布鞋一直受到消费者的喜爱，成为北京名牌产品，并且走向全国各地。所谓"千层底"并不是真的有一千层，而是指制作过程中的工序繁缛，工艺要求严格。制作千层底布鞋需要经过近百道工序才能完成，每道工序都有明确严格的要求，以纳鞋底这道工序为例，纳底工艺要求每平方寸纳 81 针以上，每双鞋要纳 2100 多针，且针孔细，麻绳粗，要针码分布均匀，一针一线，全部传统手工制作。

解放后，内联升完成了从私有到国有企业的转变，并建立了自己的生产车间，"文化大革命"时期，内联升一度更名为"东方红鞋店"、"长风鞋店"。1976 年，内联升开始生产与经营皮鞋。1977 年，北京市出台相关政策，恢复老字号商标，内联升是第一批恢复老字号品牌的企业。1988 年，内联升重建了新营业楼，营业面积 1700 多平方米，外观保留了清代的建筑风格，古色古香，金碧辉煌。内部宫灯悬挂，货架仿古逼真，彰显民族特色。2001 年，员工成为公司股东，企业性质变更为有限责任公司，内联升进入快速发展阶段。如今的内联升，产品种类涉及男鞋、女鞋以及童鞋，在继承传统工艺的基础上，企业花色品种多达 3000 余种。在北京设有 6 家直营店，并在国内各大中型城市设立专柜，销售网络遍布全国各地。

（二）品牌荣誉

多年来，品牌荣获多次奖项。

1915 年（民国四年）获得国货展览会京都市产品协会颁发的"各类鞋一等奖"。

1935 年（民国二十四年）获北平市物产展览会颁发的"靴鞋一等奖"。

1984 年被评为"部优产品"。

1987 年获全国鞋帽联合会颁发的"产品二等奖"。

1992 年起"内联升"商标连续三届被北京市工商行政管理局认定为"著名商标"。

1994 年被中华人民共和国国内贸易部命名为“中华老字号”。

2001 年被北京市旅游局认定为旅游定点商店。

2002 年被中国质量检验协会列入“打假扶优重点保护企业”；内联升牌布鞋被中国商业联合会评为“中国名牌”。

2006 年内联升被中国商业联合会授予“中国布鞋第一家”荣誉称号。

2007 年“内联升千层底布鞋制作工艺”被收入《北京非物质文化遗产名录》，并被国家工商行政管理总局认定为“中国驰名商标”，成为手工布鞋行业唯一获此殊荣的企业。

2008 年“内联升千层底布鞋制作工艺”被列入国家非物质文化遗产；同年，内联升为北京奥运会礼仪小姐提供内联升布鞋，服装与内联升鞋的和谐搭配，更好地展示了一种东方韵味的美，获得广泛的赞誉。

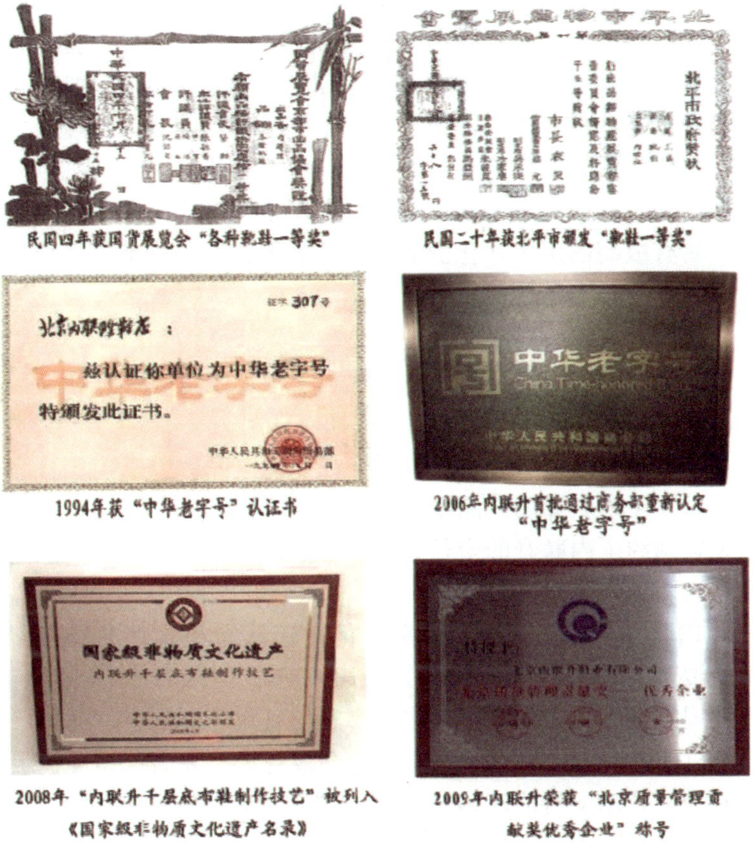

民国四年获国货展览会“各种靴鞋一等奖”

民国二十年获北平市颁发“靴鞋一等奖”

1994年获“中华老字号”认证书

2006年内联升首批通过商务部重新认定“中华老字号”

2008年“内联升千层底布鞋制作技艺”被列入《国家级非物质文化遗产名录》

2009年内联升荣获“北京质量管理贡献奖优秀企业”称号

图 4－16　内联升所获荣誉称号、专利证书等

（三）品牌传播的特点

从上文内联升的发展历史来看，内联升的品牌传播主要体现在以下几个方面。

第一，“内联升”品牌命名的美好寓意是品牌传播的第一步，内联升所体现的人们对功名利禄的追求，对美好生活的向往，便于公众的理解，产生品牌联想，体现了品牌的精神理念和文化内涵，使消费者在购买产品的同时获得心理满足。

第二，口碑传播的力量。口碑传播具有高说服力，因而具有高影响力。据记载，清朝的洋务大臣李鸿章、两广总督刘长佑等朝廷重臣以及恭亲王奕欣等皇亲贵族都是内联升的客户。解放后，我国老一代国家领导人毛泽东、刘少奇、朱德、邓小平都曾穿用内联升的鞋，许多国家元首、国际友人也是内联升的老主顾，社会名人、演艺界人士偏爱内联升的布鞋，同样普通百姓也是内联升布鞋的钟爱者。因此，社会名流和普通大众的口口相传，提升了内联升品牌的知名度、美誉度。

第三，优质的产品和精湛的工艺是品牌传播的基础。百年来，无论经历怎样的变迁，内联升都会根据社会大众的需求调整产品结构，无论是面对达官贵人还是普通大众，始终秉承“以诚相待、童叟无欺”的经营理念，把产品质量和生产工艺视为品牌创建和传播的生命线，提高了公众对品牌的忠诚度，提升了品牌价值。例如：内联升千层底布鞋由于其自然、舒适、环保，经典的款式设计获得中外人士的广泛喜爱，而内联升千层底布鞋制作工艺已成为中华民族的宝贵财富和珍贵遗产，具有极高的历史文化价值、经济价值和工艺价值，并成为内联升品牌独特的优势，具有丰富的传播价值。

三、内联升利用新媒体的品牌传播策略

（一）建立电子商务平台，突破了区域性的限制

企业网站和电子商务平台是企业推广产品、树立品牌以及与消费者关系的重要渠道。长期以来，内联升的产品主要在北京地区销售，产品的认知度受到地域的限制，这无疑制约了内联升的增长空间，电子商务使内联升的商品的销售渠道从有限的实体店面延伸到全国各地。

2007 年，内联升开始涉足电子商务，但由于认知和管理的局限，导致产品线上线下价格混乱，销售处于亏损状态。2009 年，内联升 ERP 系统正式上线，规范了业务管理流程，大幅提高了工作效率和信息化管理水平。此外，借助 ERP 系统建设的契机，内联升对顾客数据实现了高效管理，并为续写现代版《履中备载》提供了有力的技术支持。2010 年，内联升 CRM 系统正式上线，包括会员管理、高端定制等配套业务和设施相继推出。2011 年，内联升借助 ERP 系统以及 CRM 的发展，对线上线下商品价格进行统一管理，正式搭上了电子商务的直通

车。2011 年 6 月，公司专门成立网络营销部门。2011 年 9 月，内联升自建的国内首个布鞋类 B2C 网购平台——尚履商城（1853shop.com）正式上线运营，尚履商城通过展示经典的手工布鞋，集结新发布的时尚新品和设计师限量定制，吸引一大批喜欢布鞋的网民。2012 年 6 月，内联升入驻天猫，此外还选择了京东商城、1 号店等网购平台，并与大众点评网等第三方平台进行合作。

目前，内联升电子商务渠道的销售主要是来自尚履商城以及天猫旗舰店。其中，约 70% 的销量来自天猫旗舰店，2013 年“双 11”当天，内联升线上销售额达 10 余万元，3 年来实现了超 300% 的速度增长。虽然当前尚履商城的销售量并不大，但因为面对的是经销商以及年轻的消费者，产品结构在经典的基础上，以潮流、时尚的款式为主打，也起到品牌传播的作用。内联升的官网和线下会员系统是打通的，顾客只要在内联升定制鞋，就可以直接成为 VIP 会员，已收录6000余名会员，线上占 10% 左右。现代版的《履中备载》成为内联升巨大的隐形财富，带来的不仅是稳定的业绩，更是一种无形的广告。2014 年 7 月，内联升电商荣获阿里案例工场“10 强案例网商”称号。

图 4－17 内联升的官方网址首页

（二）从传统到时尚的转变，培养对品牌的新认知

内联升凭借精细的工艺受到众多消费者的青睐，沉淀了众多忠诚的追随者，但受产量、工艺以及穿着习惯的制约，市场吸引力正在减退。尤其是对年轻人而言，内联升被贴上“设计老”、“产品土”的标签。在与皮鞋、运动鞋等主流产品的竞争中，手工布鞋逐渐被边缘化成小众产品，主要顾客的年龄为 35 岁至 65 岁。面对新的主流消费群体，内联升的管理层认为，在坚持传统、留住老顾客的同时，占领年轻消费者的心智，培养年轻人群的消费习惯，将对品牌发展有长远

的意义。因此，回归到当前市场主流，跟主流消费群体擦出火花，建立内联升在年轻消费者心中的新认知成为内联升品牌传播的重心。

首先，内联升在产品设计中尝试将一些时尚流行的颜色、布料以及制作工艺糅合进传统的布鞋制作工艺，打破了过去传统老款式“黑老虎”一统天下的格局。不仅有传统的手工“千层底”布鞋，还有工艺、牛仔、体操、芭蕾、时装、网花、绣花等布鞋，适应了现代人求新、求美的心理。在鞋的花色上更是五彩缤纷，如白、蓝、粉红、玫瑰红等，并运用朵花、碎花、暗花、绣花、格花等装饰，可与时装搭配。在面料方面，不但有棉，而且发展到采用平绒、毛呢、条纶布、牛仔布、仿布、帆布等材料。为了与时尚消费相适应，不但有传统的手工“千层底”布鞋，还有横压底、注塑底，再衬垫上一层麻编底，这样，既改变了布底布鞋怕水忌湿的缺点，又保留了柔软、舒适、轻巧、健康的特性。

其次，为了传播内联升品牌新的时尚个性化特征，内联升的 B2C 商城以“尚履商城”来命名，之所以不用“内联升”做网上商城的名字，目的就在于要将传统顾客与网上顾客做一个明确的区分，网上商城更多的是为了迎合年轻消费者的消费需求，无论名称还是网页设计等方面，尚履商城都力争给人带来轻松、时尚的感觉，拉近与年轻人的心理距离。

另外，内联升在广告投入策略上做出重大调整：从 2012 年起，取消了电视和纸媒预算，更专注投放到户外和网络平台，且不断加大投入；2013 年，投放在百度掘金、视频广告、网盟广告和淘内广告在内的网络广告费用达到 20 多万元。

2013 年 9 月，内联升在北京恭王府举办 2014 年春夏新款发布会，将传统工艺文化与现代时尚元素结合，展现了鞋类老字号的时尚蜕变。另外，内联升为加强对年轻消费者的宣传，经常举行一些时尚新潮的活动，为老字号赋予了新鲜血液。

图 4－18　内联升 2014 年时尚秀

2013年，为了庆祝160周年店庆，内联升在北京举行了主题名为“布鞋族的崛起”的大规模快闪活动，北京两大商圈被引爆，“西单大悦城”和“三里屯太古里”瞬间被布鞋狂潮淹没。参与者大约有上百人，都是热来自不同职业的年轻人，他们因为热爱时尚聚到了一起。这样一群充满激情、活力四射、支持China brand潮流的年轻人，统一穿着“内联升”堪称经典百搭的小圆口布鞋，惊现街头，秀出时尚与混搭的个性，让人们眼前为之一亮。

繁华密集的人群中，突然只见一群人集聚在一起，形成数字为160的形状，口喊：“内联升160年的经典只为今天”。在短时间的定格后，接着他们迅速消失离散在人群里。对此，也引来了保安队前来观看，引起围观者议论纷纷。不少好奇的人要拿起手机拍照，还未等人们反应过来，他们就已经迅速撤离在围观人群的视线里。

这次活动主要通过“快闪”来宣传内联升“160周年的店庆活动”，同时，也说明内联升不仅是中国人“足尖上的经典”，同时它也是年轻人心中的“中国梦”。

图4－19　西单大悦城“布鞋族的崛起”快闪

图4－20　三里屯太古里“布鞋族的崛起”快闪

2014 年 6 月，巴西世界杯期间，内联升推出“世界杯主题彩绘专区”，顾客不仅可以直接购买热门球队的手绘鞋，还可以个性定制涂鸦自己喜欢的球员号码以及口号文字等。这次彩绘活动顾客可以在实体店直接购买，也可以在尚履商城以及天猫旗舰店预订购买。同时，内联升也推出设计师高级定制产品，满足年轻客户的个性化心理需求。

图 4－21　内联升“世界杯主题”彩绘冠军队鞋

2014 年 10 月 27～30 日，内联升首次参与了中国国际时装周活动，在 751D PARK 北京时尚设计广场 79 罐内，分 4 天展出了内联升 4 个系列的时尚新品，近距离与潮流尖端进行沟通交流。内联升新品不仅受到了诸多时尚买手的关注，将传统与时尚相结合的理念与做法也受到了时尚人士的肯定和赞扬。

图 4－22　2014 年 10 月，内联升首次参与中国国际时装周

（三）社交类媒体的利用，挖掘社会化媒体营销的价值

新兴的社交类媒体对品牌传播的模式产生了很大的影响，通过社交类媒体打造的虚拟社区，为品牌传播提供了广阔的传播范围。

2009 年底，内联升开通内联升新浪官方微博@内联升鞋店。内联升的微博主要针对的是自己的顾客，面对的是小众潜在顾客，有很强的针对性，内联升转发顾客的微博，这种转发形式，会使已有顾客更加忠诚，而且能更加精准地抓住他们身边的潜在顾客。微博营销成本低、传播速度快、效果回馈迅速的特点与老字号有着很好的契合度。

2013 年 1 月，内联升开通了微信平台，应用微信形式进行品牌传播。内联升的微信传播主要针对的是年轻客户，其微信公众号主要分为互动区域、尚履商城、潮老品牌、微自助 4 个模块。互动区域消费者可以提问任何问题，实现消费者与企业的互动；尚履商城可以实现消费者的直接购买；潮老品牌主要介绍品牌历史、时尚达人的街拍秀以及企业的传播活动；微自助是关于企业快递门店查询以及微信特权优惠方面的信息等。

2013 年 8 月 5 日至 8 月 30 日，内联升联合时尚达人韩火火，利用微博、微信发起街拍活动：

"时尚对于每个人的定义不同，时尚是混搭？是中国风？还也是跨界流行？找回只属于你的 fashion style，一双布鞋，就能穿出你的时尚，发现身边最有范儿的布鞋潮人。只要你热爱时尚，够自信，风格鲜明，就来加入内联升与时尚教父韩火火联合发起的#时尚街拍#达人秀活动，向时尚致敬。让你成为时尚的焦点，做自己的风格。只要你来，你就是大明星。"

"活动期间参与微互动，在街头秀出内联升时尚混搭主题并手机自拍图片，上传至微博或微信 + @ 注明"内联升鞋店"和 3 位好友在朋友圈转发内容分享话题。#时尚街拍# + 内联升 + 鞋子款号 + 地点，如："#时尚街拍#内联升 8101A 鼓楼自拍"转评达到 20 次以上，可获得时尚达人韩火火著作（《街拍天书》一本），另外还有更大的惊喜候着你！如果你的照片被内联升"尚履达人秀"所收录，还可以免费体验由内联升传承人技师提供的高级定制服务一次。相信自己，你值得拥有"。

图 4－23　内联升联合时尚达人韩火火发起的街拍活动

内联升利用微博与微信等社交媒体，增加了新的流量入口和展示平台，并提供保养、购买咨询以及其他商务合作、媒体采访等信息，在与消费者的互动中提升了品牌传播价值。

（四）跨文化传播

在内联升的发展历程中，由于早期的口碑相传，内联升布鞋不仅在国内家喻户晓，在国外同样享有盛誉。美国前总统老布什先生在任中国联络处主任时，曾为夫人定制了既舒适又轻便的内联升布鞋。朝鲜前主席金日成先生、印尼前总理苏加诺先生、越南前主席胡志明先生、澳大利亚的前总理惠特拉姆等国的第一要人，都曾是内联升的主顾。因此，内联升的名人效应在品牌的国际化传播中发挥了重要作用。

2014 年 5 月，内联升参加第三届中国（北京）国际服务贸易交易会，交易会以“古都北京·名城名韵”为主题，以非物质文化遗产和文化创意为主要内容进行展览展示，内联升品牌作为非遗项目展示的特色产品和现场技师制作引起了媒体争相报道。

图 4－24　北京市领导参观内联升展区

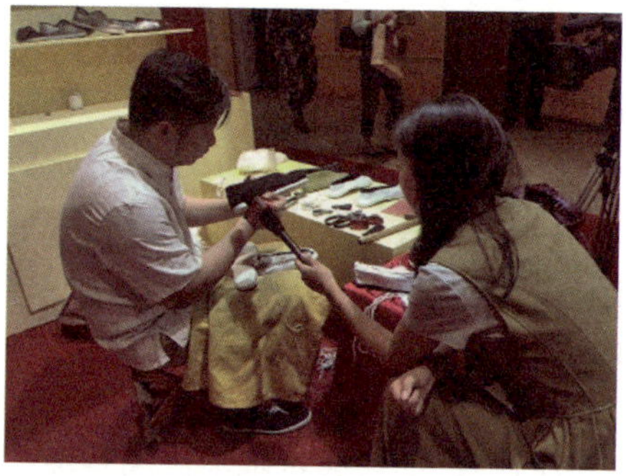

图 4－25　内联升制鞋技师接受北京电视台采访

2014 年 10 月，内联升参与了中国国际时装周活动，成为国际潮流品牌的一员。如今，chole、tod’s 这些国际知名品牌开始设计模仿内联升经典款式圆口和松紧口布鞋，具有中华民族特色的内联升品牌正在国际舞台上崭露头角。

（五）举办参加文化专题活动，扩大品牌的国际影响力

随着中国经济的崛起，中国的品牌开始走出国门，而老字号品牌由于具有中华传统文化的鲜明特征而备受关注。1996 年，内联升举办了首次鞋文化展览，通过搜集、整理大量的资料，利用文字图片及实物，较完整详实地展示了中外鞋的文化发展史及企业的发展历程，这对于研究鞋的发展及弘扬鞋文化添上了重重

的一笔。2001 年，内联升店被北京市旅游局认定为旅游定点商店，成为国外游客购物、旅游观光、拍照留念的特色场所。尤其是在 2008 年北京举办奥运会期间，内联升每天迎接来自国外的数千名游客到来。2011 年，内联升成为第一批国家级非物质文化遗产生产性保护示范基地；同年，内联升参加“2011 北京大栅栏老字号旅游购物节”，内联升的老技师在旅游购物节上展示“千层底布鞋制作”工艺，吸引中外游客的目光。

四、对内联升品牌传播的建议

内联升在新的时代背景下开辟了一条独特的品牌传播之路，使老字号旧貌换新颜。虽然还存在传播力度不足等问题，但毕竟内联升为老字号的发展进行了有益的探索，对其他老字号品牌的传播推广有一定的借鉴作用。

（一）传承与创新，实现向高档品牌的价值回归

内联升的主打产品是千层底布鞋，千层底布鞋制作技艺历经几代人的传承，形成了独特的传统手工布鞋制作技艺，是目前国内鞋类手工制作工艺最为精湛、工艺标准最高、高水平技术技师集中的企业。作为第二批国家级非物质文化遗产的一部分，内联升采用传统的师徒口传身授的方式，坚持传承手工布鞋制作技艺，促进文化遗产传承与保护，弘扬传统文化与习俗，因此，内联升品牌蕴含着丰富的文化价值。

目前，内联升一双手工布鞋平均 300 元左右，消费人群以公务员、教师、企业家等中产阶层为主。而在成立之初，一双内联升的官靴需要白银 50 两，普通布鞋也要白银 10 两，毫无疑问是达官显贵穿在身上的奢侈品牌。历经清末、民国、解放后到“文革”再到改革开放至今，内联升的品牌价值一直被低估。因此，在继承传统的基础上，内联升需要在产品和工艺上进行创新，在品牌传播过程中，不仅是对品牌历史的介绍，更主要的是对品牌的历史文化底蕴进行提炼，丰富店面、招牌、建筑特色的表现形式，提升内联升品牌的价值。

（二）突出产品的保健功能特点，增加产品的科技含量

中国有俗语：“腿勤人长寿，脚勤人身壮”和“足是人之根，好鞋能养生”等，可见，人们对鞋的需求不仅是结实耐穿。养生、保健、长寿是当今人们关注的热点问题，“足下健康”越来越为人们所关注，人们对鞋的观念趋向自然和健康。穿上一双合适的布鞋，尤其更适合在休闲、旅游、室内、开车等场合。2014 年 9 月，当喜欢穿布鞋的马云登上纽约证券交易所的舞台时，布鞋在国际市场上刮起了一种新潮流，人们重新认识到布鞋带给人们的自然、真实和随性。

内联升使用纯棉、纯麻制作的布鞋具有柔软舒适、透气吸湿的特性，能保持

干燥，防止细菌生存，达到减少脚病产生、对足部具有保健的功能，尤其是其经过近百道工序生产的千层底布鞋，在制作中袼褙必须用好的纯棉白布打成，坚决不用麻质、丝质和红布打袼褙，纳底时选用上等麻绳，纳好的鞋底要放到80℃～100℃的热水中煮，然后用棉被包严热闷，闷软后再用木锤锤平、整型、晒干，这样就使几十层布和十几层袼褙组成的鞋底变成一个整体，穿着更加柔软舒适，吸汗、不走样。由此，才使内联升千层底布鞋虽历经百年但经久不衰。内联升可以把养生健康文化与自身品牌的历史文化内涵结合，生产制作宣传养生健康鞋，迎合消费者的健康观念，从而提升品牌的吸引力。

另外，近两年随着“穿戴式智能设备”概念的提出，使智能鞋的开发成为现实。未来内联升在产品设计中可以加大科技的应用，开发出鞋的新功能，这为未来内联升产品开发提供了广阔的市场前景。

（三）扩大个人定制，提供个性化服务

随着社会的发展，人民生活水平的不断提高，消费者的消费习惯趋向于追求个性化，展现自身的身份和品位。消费者的个性化需求，促使各行各业“私人定制”的发展。

内联升在创立之初，就已开展了定制朝靴服务，记载当时王公贵族和知名的京官、大吏的靴鞋尺寸、样式和特殊脚形等，形成了独具特色的客户关系管理手册《履中备载》，可以称为是中国高级定制的启蒙。内联升为众多知名学者、政界翘楚、演艺明星、商界精英、时尚达人“量脚定鞋”受到广泛赞誉。目前，内联升的高级定制走入大众视野，在北京内联升大栅栏总店推出面向大众的布鞋个性化定制服务，顾客可以从几十种样板上挑选自己喜好的面料和图案，再由设计师和技师根据客户的要求单独为其“量脚”设计制作。同时，顾客只要在内联升定制鞋，就可以直接成为 VIP 会员，其脚上的信息也会被记录在现代版《履中备载》中。顾客下次购鞋无需提供自己的号码，也无需重新测量便可选到合脚的鞋子。通过网银支付，快递公司即将做好的鞋子直接送到其手中。

在定制和服务过程中，内联升需要加强与顾客的情感沟通，提高顾客对品牌的情感黏性。另外，线上定制与线下定制相结合值得进行尝试。

（四）面向国际市场，促进民族与世界的品牌文化融合

在经济全球化的今天，一个品牌的发展不应仅局限于国内发展，而是要面向国际市场。内联升百年的成长史形成了其独特的产品与服务，以及世代相传的良好商誉，在字号招牌、产品设计、生产工艺、经营方式等方面具有鲜明的中国传统民族文化的特征，蕴含着很深的文化底蕴和文化魅力，具备向全球品牌转换的基础要素。虽然内联升在产品经营、技术工艺以及管理体制上还存在局限性，但

从传统老字号成为一个现代的商业品牌，国际化是未来的发展方向。

突出“中国元素”来打造内联升国际化品牌形象是最现实的路径。作为代表中国传统文化载体的内联升，要想立足世界，不仅要将中国特色的民族元素融入到产品的设计、品牌的形象中，更是需要了解目标国的文化特征，寻找品牌文化与目标市场文化的结合点，找到不同文化的通融性，在产品研发、品牌塑造和营销手段方面进行创新。另外，拓展海外市场，是一个长期的积累渐进的过程，需要制定全面的品牌发展规划。随着海外华人数量日益增多，对老字号产品的需求也在加大，海外华人可以成为内联升的首选目标市场。从区域市场来看，中国与日本、韩国及东南亚一些国家由于享有共同的东方文化，对产品和品牌的接受度更高，最后有选择地进入欧美西方国家。

当前，全球互联网的发展为推动品牌的国际化发展提供了条件。内联升通过电子商务平台，实现产品全球化销售成为可能。2010 年，内联升通过签署销售协议的形式，在东亚地区开展网络营销，成为内联升正式走出国门的开始。未来，内联升还需要在完善网络销售渠道和物流配送方面加大投入。另外，内联升还可以利用互联网加大在海外的宣传，传播品牌文化及民族文化，通过社交类媒体实现与国外消费者的互动沟通，增加国外消费者了解中国与中国文化的机会，提高品牌知名度，还能够培养和挖掘潜在的年轻消费群体，为品牌国际化发展开创一个新的发展空间。

第五章　微博品牌传播

第一节 微博品牌传播概述

一、微博简介

微博，即微博客（MicroBlog）的简称，是一个基于用户关系的信息分享、传播以及获取平台，用户可以通过 WEB、WAP 以及各种客户端组件个人社区，以 140 字左右的文字更新信息，并实现即时分享。

据相关公开数据，截至 2010 年 1 月份，Twitter 在全球已拥有超过 7500 万注册用户。这个全球性互联网产品的成功，也使得国内各种微博如雨后春笋般发起来，并从产品名字、功能模式、信息长度限制等都进行了借鉴甚至照搬。比如“推”的来源即是“Twitter”的第一个发音，也有网络上常用的“推上去”含义，国内网民习惯将发一条微博也称为“发一条推”，各大门户网站的微博域名一般以“T”开头，也是基于此。新浪微博中 140 个字的限定即来自 Twitter 的标准，域名也是以“t”开头。

Twitter 是 2006 年 3 月由 blogger. com 的创始人威廉姆斯（Evan Williams）推出的，英文原意为小鸟的叽叽喳喳声，用户能用如发手机短信的数百种工具更新信息。Twitter 的出现把世人的眼光引入了一个叫微博的小小世界里。Twitter 是一个社交网络及微博客服务。用户可以经由 SMS、即时通信、电邮、Twitter 网站或 Twitter 客户端软件（如 Twitterrific）输入最多 140 字的文字更新，Twitter 被 Alexa 网页流量统计评定为最受欢迎的 50 个网络应用之一。截至 2013 年末，Twitter 注册用户达到 2. 4 亿。在 2007 年 5 月，国际间计算总共有 111 个类似 Twitter 的网站。然而，最值得注意的仍是 Twitter，它于 2007 年在得克萨斯州奥斯汀举办的南非西南会议赢得了部落格类的网站奖。Twitter 的主要竞争对手是 Plurk 和 Jaiku。后来微博客的新服务特色持续诞生，例如 Plurk 有时间轴可以观看整合了视讯和照片的分享，Identi. ca、Pownce 整合了微薄客加上档案分享和事件邀请，由 Digg 的创始人 Kevin Rose 和另外三位开发者共同发展。

国外 Twitter 的“大红大紫”，令国内有些人终于坐不住了。2005 年从校内网起家的王兴，在 2006 年把企业卖给千橡互动后，于第二年建立了饭否网。同样擅长技术活的 SwiSen 也瞄准了这个行业，很快清新、简约的随心微博也开始正式上线。而腾讯作为一个拥有 4. 1 亿 QQ 用户的企业，看着用户对随时随地发布自己状态的强烈需求后，也忍不住尝试了一把，2007 年 8 月 13 日腾讯滔滔上线。前赴后继者络绎不绝。但事实证明，Twitter 建立的“微型王国”不是在短时间内掘出黄金的浅矿，国内微博企业目前尚处于慢热的状态。据悉，随心微博、饭否网等目前仅拥有几十万用户，每月处理几千万条信息。国内微博不约而同地将现在的目光放在了产品调整以及服务完善上，在尚无法吸引到风险投资的眼光之前，他们最需要做的可能是如何靠自己的能力继续活下去。

从 2007 年中国第一家带有微博色彩的饭否网开张，到 2009 年，微博这个全新的名词，以摧枯拉朽的姿态扫荡世界，打败奥巴马、甲流等等名词，成为全世界最流行的词汇。伴随而来的是一场微博的争夺战，大批量的名人被各大网站招揽，各路名人也以微博为平台，在网络世界里聚集人气，同样，新的传播工具也造就了无数的草根英雄，从默默无闻到新的话语传播者，往往只在一夜之间、寥寥数语。2009 年 7 月中旬开始，国内大批老牌微博产品（饭否、腾讯滔滔等）停止运营，一些新产品开始进入人们的视野，像 1 月份开放的大围脖，6 月份开放的 Follow5，7 月份开放的贫嘴，8 月份开放的新浪微博，其中 Follow5 在 2009 年 7 月 19 日孙楠大连演唱会上的亮相，是国内第一次将微博引入大型演艺活动，与 twitter 当年的发展颇有几分神似。2010 年国内微博迎来春天，微博像雨后春笋般崛起，新浪、搜狐、网易、腾讯四大门户网站纷纷推出微博。其中，新浪微博开通两年内，用户已突破 1 亿；截至 2012 年 9 月 30 日，新浪微博用户数量已达到 4. 24 亿，平均每天活跃用户达 4230 万。

二、微博特征

（一）大众化

微博是一种平民化的媒体，微博用户无论是企业还是个人，均可以发表自己的想法和看法，而且用户关注自己的想法和看法，在关注他人信息时候不要提出任何申请访问之类的程序，只要点击关注即可分享对方的信息。

（二）圈群化

微博的人际圈和现实中的人际圈有一定的相同特点，一般情况下，信息是在熟悉的人之间传递。通常微博用户的关注对象集中在亲人、朋友之间，这决定了信息的传递相对比较狭窄，但却有较高的信用度。

（三）个性化

微博的出现为百姓提供了一个表达个性思想的平台，可以说微博不仅是一个信息交流平台，也是一个心与心的交流平台，这种交流方式比较柔和，让人很容易接受别人的想法和观点。

（四）随性化

微博上的表达不必拘泥于文字的多少，不必拘泥于语句的通畅，只要是用户想表达的，一个字，一个表情，都是一条微博。这种特征让微博亲和力由此加强。

三、微博与品牌传播

（一）微博在品牌传播中的应用

Twitter 专门开设了“品牌频道”，企业可以在该栏目中构建品牌页面，并组建各种品牌小组，向用户发送各种促销和活动信息，通过与用户的交流互动，实现企业的品牌推广。全球最大的家用电器和电子产品零售集团百思买，曾组织 2500 名员工与用户交流互动，轰动一时。在 Twitter 上，许多奢侈品牌早已拥有自己的账号和一大批粉丝，进入中国之后，他们纷纷开通了微博。当然，比起大众消费品，奢侈品的粉丝活跃度仍远远不够。针对企业需求，Twitter 开发出针对营销、客户管理、工作效率、手机应用等数十个企业应用套装，拥有 1.1 万个组件。微博传播的固有优势、粉丝数量优势、已有成功经验及方便实用的企业应用软件，吸引了更多国际知名企业加入 Twitter 传播通道，如：可口可乐、星巴克、通用汽车、肯德基。

国内微博网站的发展也十分迅速。除了较早的饭否、叽歪、嘀咕、滔滔之外，新浪、搜狐、腾讯等门户网站也纷纷推出微博。伴随着微博在互联网中的走俏，越来越多的企业在微博中开辟官方账号，试水微博营销。以新浪微博为例，星巴克中国、招商银行、阿里巴巴等企业纷纷入驻微博，进行品牌营销和产品推广。2011 年 3 月，冰洁羽绒服通过新浪微博举办了代言人推选活动，活动期内参与人数达 51 万人次，达到了前所未有的品牌宣传效果。2011 年 6 月，李娜在法网中取得的好成绩也让耐克微博的人气大幅提升。在李娜进入法网四强之后，@ Nikewomen 的粉丝增长明显高于此前。在李娜进入决赛时，@ Nikewomen 粉丝的增长速度为赛前的 80 倍。在此过程中，用户和@ Nikewomen 之间评论和转发等互动明显增加。新浪微博顺势推出的耐克相关模板和话题，总曝光数过千万。

（二）微博对服装品牌传播的影响

1. 微博对服装品牌传播主体的影响

微博平台下传播门槛降低，传播主体无限增多。传播主体数量的飞速增长带来的直接后果是信息绝对量的增加，然而过量的信息极大地分散了受众的注意力，反而不利于受众有效便捷地接收有用信息。微博的信息传播方式造就了受众新的信息接触行为与接触习惯，人们在信息获取与传播过程中根据自身的需求与爱好不断发生分化，滋生出许多的“小众群体”和“个性化群体”。品牌传播主体的关系越来越复杂，单纯地依靠某一种传播媒介已很难满足越来越细分化的受众需求，如何更好地组合好各种媒介进行品牌传播成为当下的主流。近年来，随着我国越来越多的服装企业实施多品牌战略，服装品牌传播的主体关系也越来越复杂。一个服装企业不同层次服装品牌的横向扩张越来越普遍，如何协调好不同品牌间的关系和资源配置，成为品牌传播工作的新挑战。如美特斯·邦威就以美邦为背书品牌，开发了美邦城市系列－美特斯邦威/me&city，并获得成功，其成功的重要因素就在于品牌传播过程中很好地协调了两个品牌之间的关系，资源也得到了合理配置。

2. 微博对服装品牌传播内容的影响

微博的应用使我国服装企业品牌传播由说教模式转变为服务模式。随着经济的快速发展和人们物质生活水平的不断提高，消费者对精神和文化层次的需求也越来越高。过去，服装仅仅被当做遮身护体的工具，而如今，赋予了更多文化内涵的服装更多地被看作是一件件艺术品而被大众接受。服装品牌传播的说教模式已不能满足受众精神层面的需要，取而代之的是以消费者需求为核心的服务模式。服装企业可以运用微博将富有文化内涵和个性化特质的品牌信息巧妙地传递给不同需求的受众，以满足其差异化的消费需求。

男装品牌七匹狼曾开展翼系列微博推广营销。七匹狼品牌将官方微博变成宣讲时尚装扮的平台，每日固定地通过网页介绍最新潮、最青春的穿衣之道，并在微博上推出许多商品限时打折或赠送信息，以此吸引许多粉丝的关注。该品牌这种服务消费者的营销模式取得较好的商业推广效果，使其品牌认知度在网络上迅速提升。

服装企业运用微博进行品牌传播内容整合主要体现在对服装品牌信息的整合上。服装品牌信息不仅包括服装品牌的名称、标志、价位、质量、设计风格，还包括品牌的历史及文化内涵、经营方式和服务理念等。传统的纸面和电视媒体在服装品牌传播时，要么只能传达单一方面的信息，要么品牌传播成本高昂，要么品牌信息的整合不够深入。在微博时代，媒介融合使得品牌信息的深度整合可以轻松实现，并能以相对较低的成本传达给目标受众。

3. 微博对服装品牌传播受众的影响

与传统的受众相比，微博受众的互动参与性更强，更加渴望在微博的使用中体现出自主和参与。日本服装品牌优衣库与人人网合作推出过“UNIQLOLUCKY-LINE”网上排队活动。网友在优衣库网站虚拟店铺排队购物就有机会获得iphone、ipad、旅游券、纪念T恤等礼物。就本质而言，优衣库这种虚拟与现实相结合的活动，是一种有效的企业品牌传播手法。这种自主和参与的背后是用户对媒体开放性的强烈要求。微博使用者主要是年轻、时尚的人群，要迎合他们的需求，微博内容的提供者要改变产品的内容和叙述方式。比如互动电视，给用户提供多条线索和多种可选择的结局，显然就比单线的叙述更能让用户满意。

4. 微博对服装品牌传播效果的影响

微博平台的出现，作为新媒体的一个重要类型，与其他各媒体间相互渗透与组合，品牌传播的效果将达到互相借势和增效的效果，从独立传播效果变为多元复合传播效果。曾经风光一时的凡客诚品注重网络作为品牌的传播平台，一方面使消费者通过品牌直销网站了解品牌和产品的折价信息，另一方面还邀请网络达人韩寒和王珞丹作为品牌形象代言人，利用微博进行宣传。二人微博访问量居高不下，在粉丝排行榜进入前十名。由此可见，微博与其他不同类型的媒体间相互支持、宣传与回馈，起到了借力和增效的复合效果，从而提升品牌的知名度和美誉度。

第二节　微博品牌传播工具

微博的媒体特性首先就是给品牌传播带来价值。随着微博平台的不断完善，各类微博传播工具应运而生。企业如果能够巧妙地运用这些工具，将能有效地辅佐企业微博的运营。下面以新浪微博为例，介绍新浪官方工具对微博品牌传播的工具分别进行介绍。

一、微活动

微活动，即通过新浪微博发起的活动。由于新浪活动的种类丰富，参与方便，奖品真实，受到广大微博用户的青睐，也逐渐成为众多商家开展营销活动的必备手段。任何用户都可以发起微活动，经过新浪认证的用户发起来更方便，其他用户发起需经过审核。新浪微活动的特色在于活动全面，便于参加，奖品可靠。在微博越来越受重视的今天，新浪微活动必将受到越来越多的认识和青睐，也必将成为众多商家进行推广和营销的必然手段。鉴于微博的受众群体在逐步地扩大，微博微活动也必将会受到更多人的关注。

图 5－1 新浪微博微活动首页面

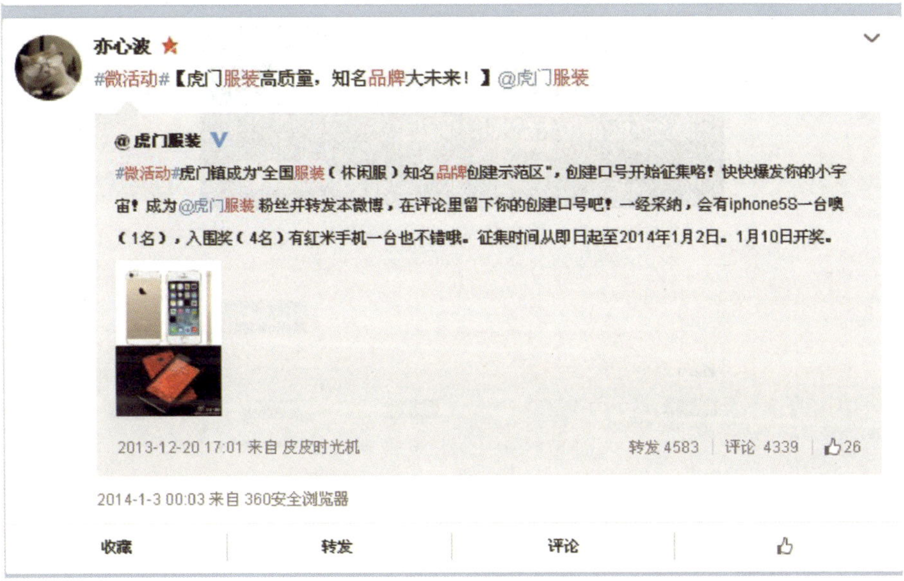

图 5－2 “虎门服装”微活动

微活动的种类分以下几种：

（1）同城活动：活动内容面向特定的地区，可以是省份，可以是城市，可以是小区，内容可包括聚会、促销打折、作品征集等。

（2）有奖活动：活动内容需要设置奖品，包括奖品数量、中奖几率等。活动形式有大转盘、砸金蛋、有奖转发等。活动的发起者必须是新浪认证用户，发起时间最长为 5 天。一旦发起，不能更改奖品名称和发起时间。

（3）线上活动：活动内容在线上进行，活动形式包括晒照片、送祝福等。

二、微群

微群 http://q. weibo. com，是微博群的简称，是新浪微博推出的社交类群组产品。微群能聚合有相同爱好或者相同标签的朋友们，将所有与之相应的话题全部聚拢在微群里，让志趣相投的朋友们以微博的形式更为方便地参与和交流。由于微群具有用户兴趣相近、活跃度高等特点，非常适合企业进行品牌推广、活动策划、个人形象包装、产品宣传等一系列的营销活动。

微群营销主要方式：一是创建企业自己的微群，而且借助热门微群开展营销活动。

图 5－3　新浪微博微群首页面

三、微公益

新浪微公益平台专门面向微博用户，无论是求助者、救助者还是公益机构，均可通过微公益平台进行简易、便捷的操作。通过邮寄整合公益资源和微博互动优势，新浪微公益平台提供“一站式”服务，大大降低了公益门槛。

微公益求助内容：支教助学、儿童成长、动物保护、环境保护、医疗救助等。通过资源整合，微公益平台将微博上碎片化的求助信息汇聚到一起，能使求助者得到更大范围更有影响力的关注。微公益平台与权威公益组织、支付机构深度合作，让公益变得更加简洁、透明和快捷。对于企业而言，可帮助企业迅速找到公益目标，体现企业的社会价值。许多企业基于微博平台发起的公益活动，均收到了良好的品牌口碑。

图 5－4　新浪微博微公益首页

第三节　微博服装品牌传播策划案例

截至 2013 年，在新浪微博上获得认证的服装企业已达 10 万家，包括波司登、卡宾、七匹狼、柒牌、安踏、361°、特步、唐狮等多家服装企业都开通了官方微博。虽然微博自身仍是一个并不成熟的平台，但是在不到 3 年的时间里，也涌现出了十几个粉丝数量达到几十万的品牌官方微博，更是打造出了“李娜与耐克”、“12 万人疯转凡客体”等经典微博营销事件。

一、休闲运动品牌

（一）凡客诚品

1. 相关数据

与“凡客”相关：有353405条微博；与“凡客诚品”相关：有78328条微博；与“VANCL”相关：有70418条微博。企业微博矩阵60+个，员工微博8000+个，官方粉丝总量500+万，主微博活跃粉丝占比64%。最高转发32+万，最高评论4+万，博文最高曝光量550+万，外链均点击800+次。

搜“凡客”，找到10391506条结果；搜“VANCL”，找到2337973条结果；搜“凡客诚品”，找到1670235条结果；粉丝分布前三名城市分别是：北京、上海、广州。

2. 相关案例

2010年7月6日晚上10时01分，Vancl的官方微博开始了一个小小的互动营销，而结果是谁也没料想到的，截至“七夕”这一天，仅新浪微博上就有近3万条直接话题，这个门的爆发并不是因为凡客诚品的品牌号召力，而是因为参与讨论的人很多。

凡客体的起源来自于一则公交广告，内容为“爱……，不爱……，是……，不是……，我是……”这则最早出现在公交站牌的广告语，是为Vancl代言人韩寒和王珞丹所定制（如图5－5所示），目的是主推当时夏天热销的T恤。广告语具有一定特色，便于记忆，更加方便了它的传播。

图5－5 “凡客体”广告图

图 5-6　系列自创凡客体图

3. 凡客诚品营销策略分析

门户微博曝光：“豆瓣”社区和各门户微博是“凡客体”最早出现的地方。上海互动广告公司 AKQA 的首席文案朱宇是最早的 PS 者，在 PS 后的广告中，郭德纲身着纪梵希名牌上衣却呈现出明显的郭式气质，再配上“15 元一件的老头汗衫”字样，被网友评价为尽显个性。

恶搞名人：很快玩票者就突破了广告人的圈子，PS 名人成为最初的风潮，小沈阳、地产界名人任志强、演员马景涛、西太平洋大学博士唐骏、禹晋永等纷纷亮相。

人人参与，网友大联欢：此后，PS 的范围又进一步扩展至普通人，有人用它表白自我，有人则用来调侃同事，迅速形成网友大联欢。

商业借势：最后，又来了不少想要“搭车”营销的企业，有某些广告设计工作室的自我推销，有某门户网站各频道的个性展示，有网络游戏代言人讲述真我风采，有杀毒软件借此推出拟人化形象。

（二）耐克

1. 相关数据

@JustDoIt 有 159845 个粉丝，1311 条微博；@NikBasketball 有 336469 个粉丝，9204 条微博；@NikeRunning 有 151223 个粉丝，3624 条微博；@Nikewomen 有 143130 个粉丝，3641 条微博。在有关刘翔摔倒的微博发出 30 分钟后，微博新增了 8101 位粉丝，尚未及时阅读的评论数 5619 条，转发数 78667 条（数据截至 2012 年 9 月）。

在@JustDoIt 的微博，我们没有看到耐克对其任何产品滔滔不绝的宣传，它只是反复向大家诠释“伟大”的真谛。耐克的潜在顾客是谁？更多的是“70后”到“90后”，特别是“85后”。现时代，社会越来越物欲化，竞争越来越白热化，风气越来越浮躁，耐克对“伟大”的阐释，很能激起年轻人的共识，在年轻人的心智中获得认同。耐克要传达的是一种体育精神：什么是赛场上的伟大。

2. 相关案例

这个活动开始于2012年7月26日耐克在网络和电视上播出的一部名为“活出你的伟大”的短片（如图5-7所示），它呈现了全世界各地很多普通人在运动中超越自己的感人瞬间，让大家感悟到：实际上，伟大没有固定的定义，它是心中的一个信念，每个普通人都能靠这个信念实现个人成就、创造自我精彩。同时，耐克在网络上也以#活出伟大#为话题标签，引发关于普通人如何活出自己的伟大的探讨。那些在网络上走红的“活出你的伟大”系列微博，就是融入这个理念，替广大热爱体育的人们讲出他们内心的真实感受。

图5-7　“活出你的伟大”短片图

2012年8月7日，刘翔在110米栏比赛中突然受伤摔倒退出比赛，耐克随即发表微博（如图5-8所示）：“谁敢拼上所有尊严，谁敢在巅峰从头来过，哪怕会一无所获；谁敢去闯，谁敢去跌，伟大敢。”这条微博当日就被转发13万多次，收到评论26000多条，收到巨大的效果。

图5-8　刘翔因伤退赛广告图

8 月 6 日吊环决赛中，中国选手表现最佳却错失冠军，耐克发表了“没有绝对的公平，但有绝对的伟大”的微博，25 分钟就被转发 25000 多次；孙扬在男子 1500 米自由泳决赛打破纪录夺冠后，耐克的微博是“伟大就是让世界纪录追赶你”；还有林丹和李宗伟的羽毛球男单决赛后，耐克发表了“伟大在球场两边”的微博（如图 5－9 所示）。这些“伟大”系列的微博引起了巨大的反响，大批粉丝迷恋于耐克的微博，坐等耐克发微博。耐克也借奥运会之机巧妙地将“伟大等同耐克”植入大批消费者的心智。

图 5－9　“活出你的伟大”系列图

图 5－10　“我就是伟大”宣传图

随后推出“我就是伟大”系列的微博，主要搜寻草根类运动型的“伟大”代表人物，在微博上发表一系列的短片以及图片，主要讲述一些年轻人为了梦想不放弃、拼搏向上的话题，从而引发粉丝思考伟大也是可以属于平凡人的，将励志进行到底。除了广告和系列微博，耐克还采用互动的方式，鼓励人们说出自己对伟大的理解。耐克为此组织了一个在线评选活动，选出网民对“伟大”最精妙的诠释，并量身定制T恤衫送给获胜者。“真正的伟大不存在捷径”、“伟大不只用来定义英雄”、“不等伟大来定义你，去定义它”都是来自网民的获胜作品。另一个在线活动名为“伟大快讯”，鼓励网友在耐克官网分享自己身边的运动故事，并支持图片和视频上传，最后以DIY新闻形式呈现。

Nike后来推出了Nike+，更是在微博中贴出了相关话题，邀请粉丝们一起分享自己使用Nike+的体验。Nike+实际是一种计算跑步公里数的软件，Nike的微博巧妙地将其与“活出伟大”这一标签结合，凸显普通人也可以享有伟大。同时也加强了与粉丝的互动，培养了一部分“核心粉丝”。

3. Nike微博营销策略分析

关注体育赛事，借刘翔因伤退赛，第一时间发布微博引起粉丝关注。利用关注奥运赛事的观众的同情心，建立好良好的粉丝基础。随后继续借助奥运会的东风，对奥运赛事积极关注，同粉丝一起为奥运健儿加油，将“伟大”的概念植入粉丝的脑海。将“伟大”平凡化，关注热爱运动的草根群体，引起粉丝的共鸣。增加互动，组织在线评选活动，鼓励粉丝分享身边的运动故事，对“伟大”进行诠释，进一步加快了“伟大”与Nike画上等号。推出相关的产品，分享粉丝的生活，给予粉丝一定的支持和展现的舞台。

（三）凡客与耐克策略的对比分析

从凡客诚品和Nike来看休闲运动服装品牌的特点，其面向对象与消费人群皆为“80后”、“90后”的年轻一代。由案例可以很明显地看出，其两者对话题都有很好的敏感度，制造的话题也都针对消费人群的特点。不难看出，凡客的话题活动更加针对互动性，是全民联欢的一种形式，更在意全民的参与性，以粉丝为话题的主题，自己仅仅起一个抛砖引玉的作用。而Nike的“伟大营销”更加强调一种共鸣，其作用好比一个光环，粉丝仅仅是作为一种跟随者。这个光环也正是Nike的价值的体现，Nike作为一个输出者，把这种价值传送给受众，牢牢地抓住了消费者的想法与心。但是在其后活动制造中，Nike也意识到不能仅仅做一个价值输送者，逐渐融入粉丝，增加互动，更加有利于输送自己的价值。倡导消费者一起运动，一起创造属于自己的“伟大”，将“伟大”变成一种属于平凡人的属性，把Nike与“伟大”变得更加密不可分了，甚至让人觉得Nike就是一种伟大。

表 5－1 凡客与耐克营销方式对比表

品牌	针对人群	话题内容	事件炒作	促销活动的节日性	爱心公益话题转发	粉丝互动方式	促销信息发布频率
凡客	“80 后” “90 后”	创新，话题新颖	“凡客体”	节日针对性强，店庆月	不怎么转发	晒单，回复粉丝评论，添加好友	发布较为频繁
Nike	“80 后” “90 后”	有价值，企业文化	2008 年奥运赛事	节日针对性不是很明显	转发	投稿，给粉丝展现平台	不是很频繁

二、童装品牌

（一）巴拉巴拉

1. 相关数据

开博时间 2011 年 1 月 5 日。截至 2013 年 6 月，巴拉巴拉的微博粉丝数为 172782，共发布了 5295 条微博。

#巴拉巴拉迈阿密行动#（发布日期：2012 年 5 月 9 日，转发数：246）

#iPhone5 抢鲜送#（发布日期：2011 年 9 月 5 日，转发数：29661）

2. 相关案例

（1）六一儿童节活动

@巴拉巴拉官方微博：#巴拉巴拉迈阿密行动#“六一”快来啦，爸爸妈妈是不是又开始绞尽脑汁为宝贝准备一个不一样的儿童节，巴拉巴拉迈阿密行动时尚宝贝造型改造计划开始了！帮您的孩子打造一个全新造型，快快上传您孩子的近期生活照参与活动吧！（活动详情见活动海报）（发布日期：2012 年 5 月 9 日，转发数：246）

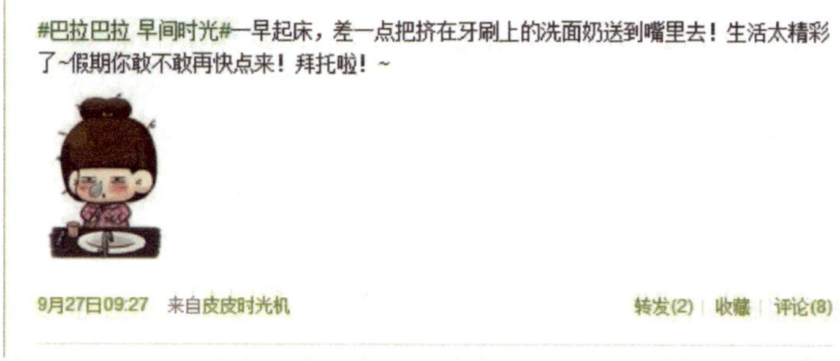

图 5－11 温馨提示图

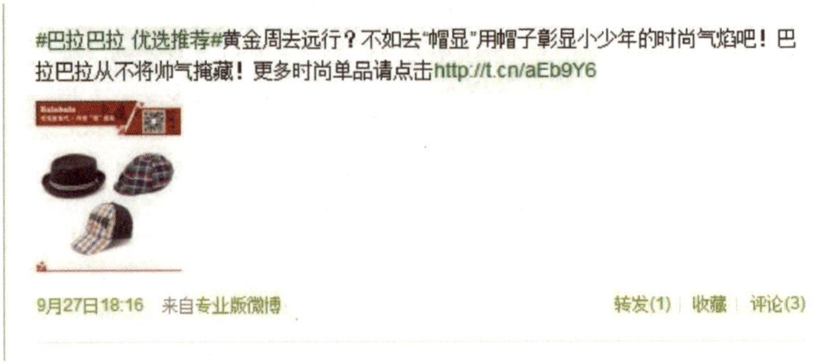

图 5－12 推荐服装搭配图

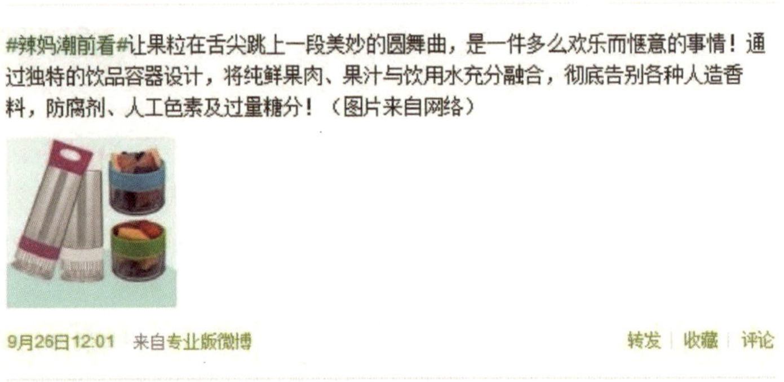

图 5－13 生活小常识图

新浪微博的主体是成人，以儿童为互动主体的活动可以在腾讯微博上发起；品牌商做儿童节活动，可以用儿童心理需求引导父母参与。比如，"今年六一我想买/获得……一年就一个儿童节"，家长一定会满足孩子们的要求。发起的时间至少要提前半个月，应该在 5 月 10 日左右就开始预热了。

（2）iPhone5 抢鲜送活动

@巴拉巴拉官方微博：#iPhone5 抢鲜送#疯了？爱疯了？iphone5 来啦！想成为全球第一时间体验 iPhone5 的时尚潮人吗？聚焦众人的羡慕目光？巴拉巴拉将抽取第三台 iphone5！关注巴拉巴拉转发此活动，就有机会成为 iPhone5 第一批全球同步拥有者！我们每周都会抽取一台 iPhone5！http://t.cn/a1UN9m（发布日期：2011 年 9 月 5 日，转发数：29661）

巴拉巴拉转发数近 3 万。当时，iphone5 刚推出，巴拉巴拉抓住了时机，及时推出相关微活动，并且在这个过程中还借助了平台的力量，因此效果很显著。现在如果我们再推 iphone5，相信就很少有人会感兴趣了。

（3）中秋节活动

中秋节，巴拉巴拉更推出了“月饼大赏”的活动，意在加深与粉丝的互动，得到更多的关注。适当地运用抽奖、投票等活动，以吸引人的眼球，诸如此类转发此微博并@3位好友的活动，在粉丝数量和转发量上也会起到一定作用。

图5-14　中秋节活动图

（4）线下活动结合线上宣传，也开展了很多丰富多彩的线下活动。

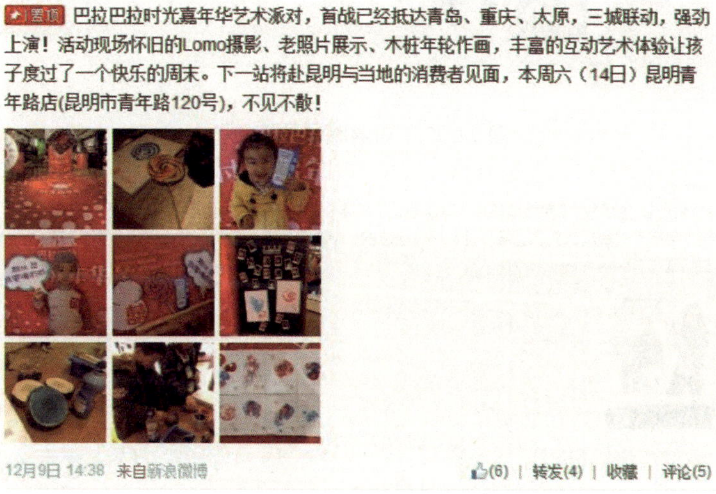

图5-15　线下活动宣传图

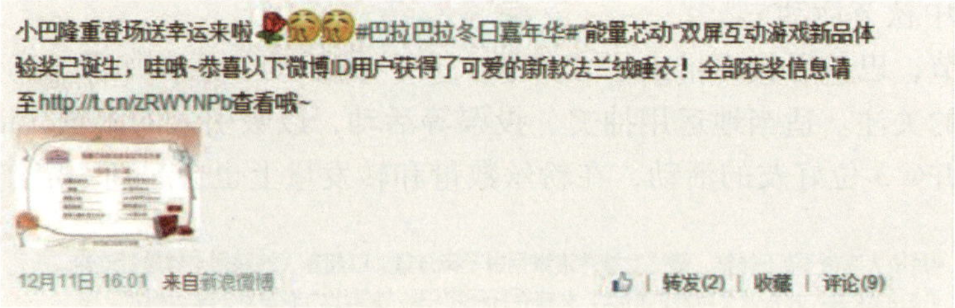

图 5－16　获奖名单图

图 5－17　粉丝晒单分享图

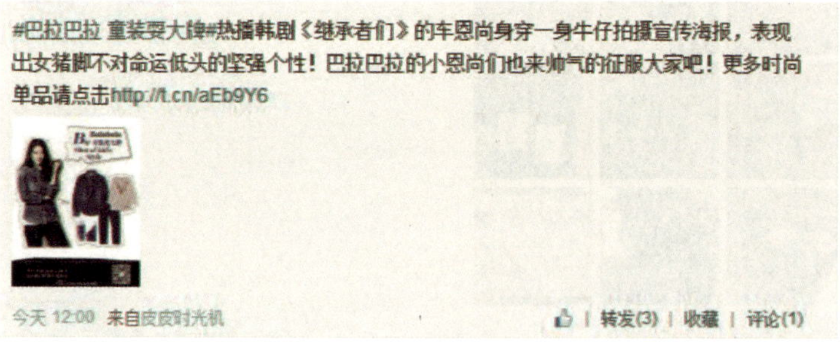

图 5－18　新品推出图

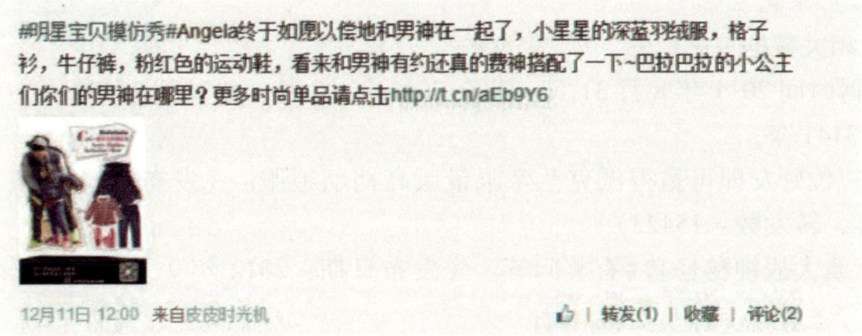

图 5－19 新品推出图

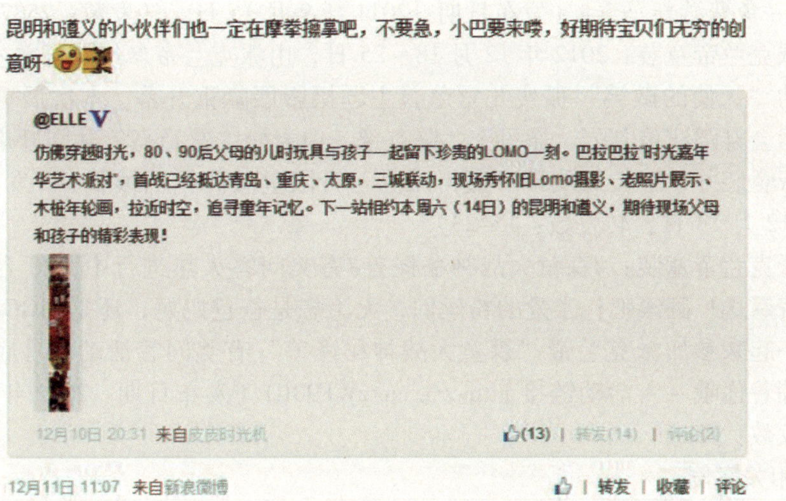

图 5－20 线下活动宣传图

3. 巴拉巴拉营销策略分析

微博以诙谐语言风格及符合粉丝人群喜好的内容作为吸引点，吸引粉丝关注最近娱乐风向，结合综艺节目，制造话题，营造与粉丝之间的共同点，同时推出相关系列的服装，迎合粉丝的需求。

提供给粉丝展示自己孩子的平台，通过对粉丝晒单的评价，进一步培养"核心粉丝"，并且赠送礼品，宣传自己公司阳光的一面。

线上线下活动同时进行，通过线上发布消息，达到良好的宣传效果，同时线下的活动丰富多彩，能够带动和吸引更多的粉丝，在通过线上又可以达到很好的互动。

（二）派克兰帝

1. 相关数据

开博时间2011年8月31日。截至2012年10月，粉丝数77533个，发布微博数量3141条。

@三位好友即可赢得派克兰帝限量版高档羽绒服。（发布时间：2012年12月18日，转发数：15423）

#森童大战神秘怪兽#有奖问答。（发布日期：2012年9月12日，转发数：739）

#中秋寄相思，单反送温情#（发布日期：2011年9月2日，转发数：28205）

#十一免费游新马泰#（发布日期：2011年9月15日，转发数：2587）

@派克兰帝童装：2012年12月18～25日，由派克兰帝参与刘岩文艺专项基金主办的“天使的微笑”孤残儿童慈善主题摄影展隆重开幕，本次展览启动仪式由奥运会舞蹈演员刘岩、撒贝宁、陈鲁豫、白岩松、贾乃亮等共同开启，关注派克兰帝童装并@三位好友即可赢得派克兰帝限量版高档羽绒服。（发布时间：2012年12月18日，转发数：15423）

@派克兰帝童装：#森童大战神秘怪兽#有奖问答火热进行中，20台精美护眼灯免费奉送！翻滚吧！亲爱的粉丝们，无论您是爸爸妈妈，还是JJGGMM，呼朋唤友一起来参加派克兰帝“森童大战神秘怪兽”有奖问答活动，月底还有神秘大奖等着你哦～～活动链接http://t.cn/zWF90tD（发布日期：2012年9月12日，转发数：739）

2. 相关案例

（1）中秋节活动

@派克兰帝童装：#中秋寄相思，单反送温情#你有多久没有给家人寄过你的照片啦？你又有多久没有和父母一起合照了？只要你关注@派克兰帝童装，转发@3位好友，写出对家人的祝福。我们就会帮你向家人送出好利来月饼礼盒，不收税哦～更有机会获得中秋温馨大礼——佳能单反相机！（发布日期：2011年9月2日，转发数：28205）

首先，从奖品来看，“送月饼”是大家的需求。快到中秋了，大家都会想到买月饼，把握了消费者的心理需求；另外，单反相机很多人在用，也有很多人想买，比普通相机要贵。不仅送月饼，还送单反相机，吸引力大。其次，内容与奖品是相关联的，前后呼应。这能看出派克兰帝在文案策划方面是比较厉害的。同样是中秋节的活动，采用这种手法，我们也可以将内容换成：你是不是很久没给家里打电话了？不要整天忙于工作，常回家看看，多打打电话。后面的奖品可以换成送手机，一样能打动很多粉丝。

（2）“十一”国庆节活动

@派克兰帝童装：#十一免费游新马泰#金秋十月，派克兰帝邀约你和爱人一起私奔畅游新马泰。9 月 15 日至 9 月 20 日，关注@派克兰帝童装，转发本次活动，并@三位好友，就有机会获得新马泰浪漫双人 10 日游。想体验不同的异国风情吗？想体验浪漫的海滩夜景吗？赶快参与活动吧！（发布日期：2011 年 9 月 15 日，转发数：2587）

与中秋节这个微活动一样，派克兰帝在国庆节的微活动也做得不错。内容上，它把握了消费者心理，国庆节大家都想旅游，“想体验不同的异国风情吗?”一个问句就容易得到粉丝热情的回应。时间上把握得也很好，9 月 15 日就发起了活动，提前半个月，刚好是粉丝计划外出旅游的时间点。

总体而言，派克兰帝对节日的理解，对消费者心理需求的理解都是比较深入的，因而，他们策划的微活动能引起粉丝的共鸣。另外，派克兰帝同巴拉巴拉一样拥有多个常驻话题，同样是针对粉丝人群。妈妈喜欢关于孩子的一些知识与笑话之类的东西，而童装品牌更是抓住这点，吸引部分固定人群成为忠实粉丝。并且话题并不只是仅仅针对孩子，考虑到受众，同时会增加关于女性的活动与讨论。

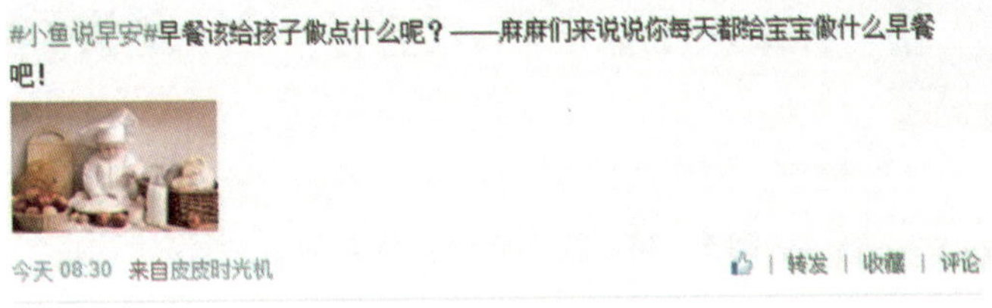

图 5－21　温馨话题图

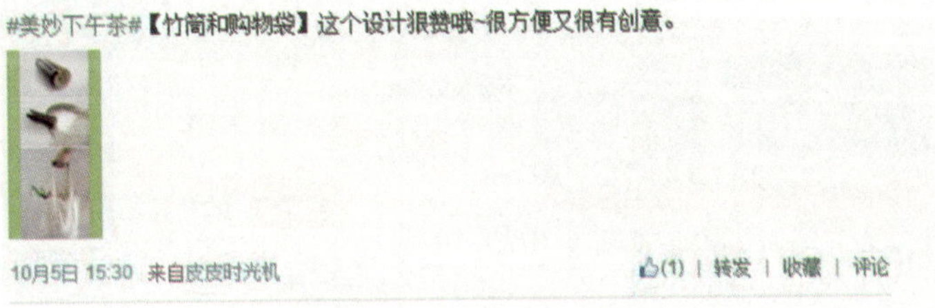

图 5－22　生活小常识图

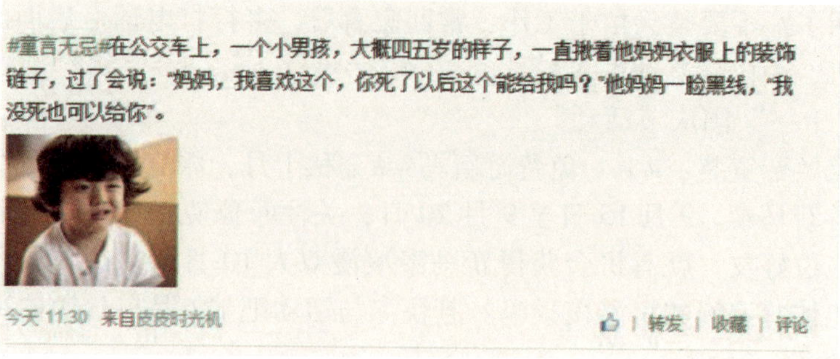

图 5－23　幽默笑话图

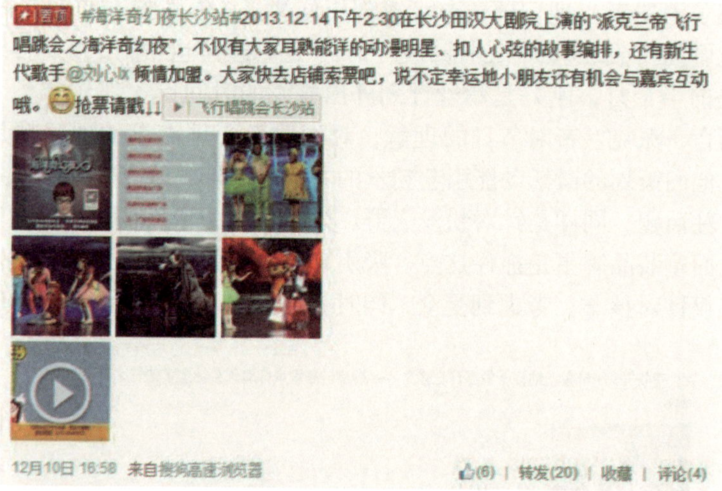

图 5－24　线下活动宣传系列图

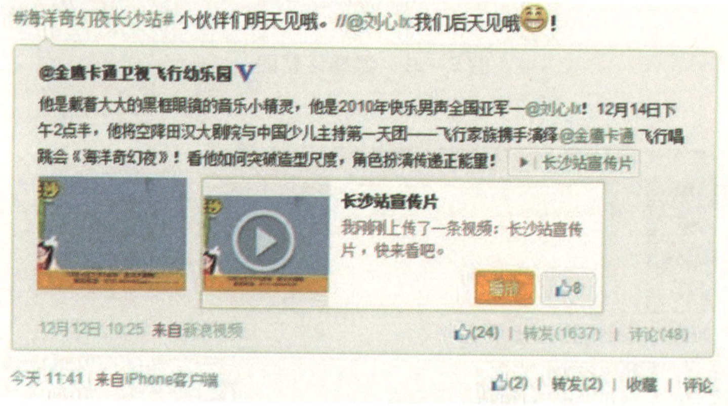

图 5－25　线下活动宣传系列图

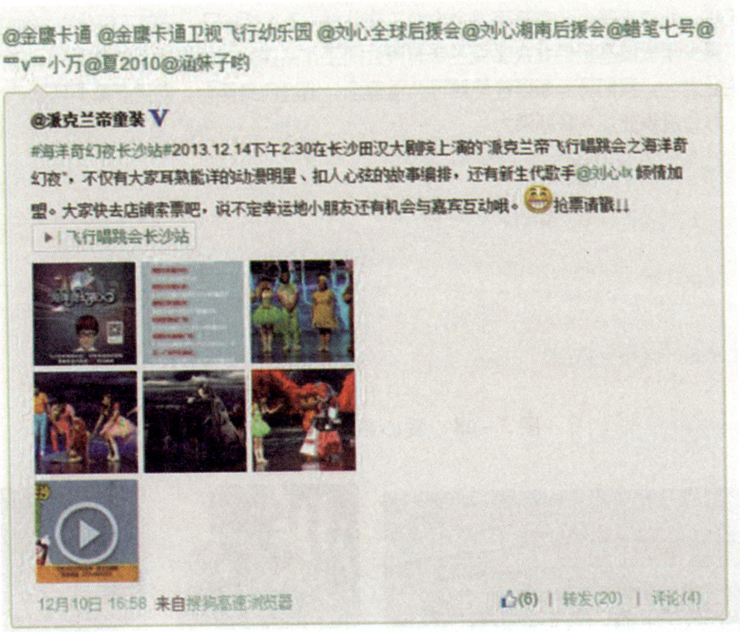

图 5－26　线下活动宣传系列图

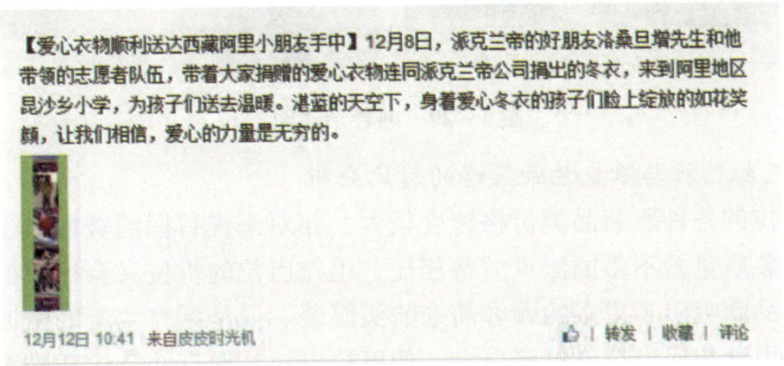

图 5－27　爱心慈善活动宣传图

3. 派克兰帝营销策略分析

微博选择一些较为童趣的话题作为常驻话题，能够给上网有些疲惫的爸爸妈妈们带来一点欣慰，同时为家长们提供服装搭配和生活家居方面的小常识，能够吸引更多这一年龄阶层的粉丝。与相关儿童节目建立合作伙伴关系，并在线上宣传，提供抽奖机会，吸引更多的粉丝参与。关注慈善活动，建立积极的公众形象，得到更多的粉丝支持。

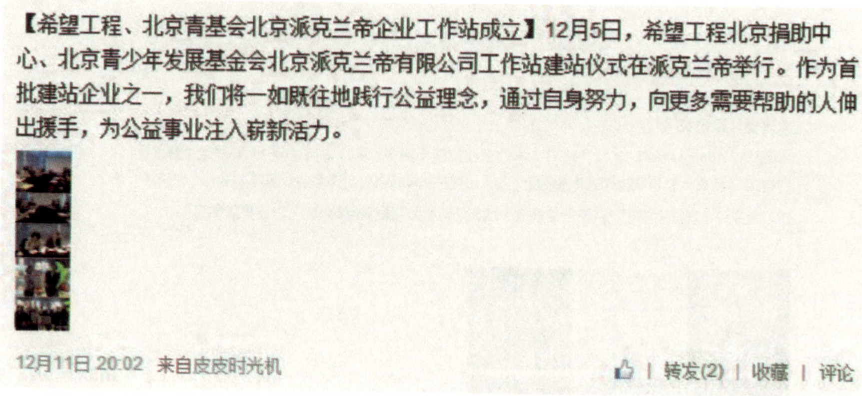
【希望工程、北京青基会北京派克兰帝企业工作站成立】12月5日，希望工程北京捐助中心、北京青少年发展基金会北京派克兰帝有限公司工作站建站仪式在派克兰帝举行。作为首批建站企业之一，我们将一如既往地践行公益理念，通过自身努力，向更多需要帮助的人伸出援手，为公益事业注入崭新活力。

12月11日 20:02 来自皮皮时光机 | 转发(2) | 收藏 | 评论

图 5－28　爱心慈善活动宣传图

图 5－29　慈善活动图

（三）巴拉巴拉与派克兰帝策略的对比分析

巴拉巴拉的各种服装品类价格跨度较大，相对来说目标消费群体也就会比较多，而与服装质量差不多的派克兰蒂相比，巴拉巴拉的价位又会比较低，价廉物美使得这个品牌吸引了更多的顾客前来购买服装。但是派克兰帝的微博导向公益方面，宣传力度相比巴拉巴拉要更大。像巴拉巴拉、派克兰帝这样的童装品牌针对的人群是儿童，但是粉丝和消费人群又是父母，所以其微博营销的话题就要起到一个连接性的作用，既要围绕孩子，同时也需要设置吸引粉丝人群的内容。在促销活动（节日活动）的选择上也要有针对性，从而更能够抓住粉丝的心。在活动礼品的选择上，不难看出派克兰帝也做出了一些需求分析，针对当下流行和粉丝的心理设置具有诱惑力的奖项，从而增加活动的热度。活动的起名，也就是所谓的话题名称，巴拉巴拉结合童装的特点，命名以“月饼大赏”这样具有童趣味的名字，更加切合它的适用人群。

表 5－2　巴拉巴拉与派克兰帝营销方式对比表

品牌	针对人群	舆论关注	爱心公益话题转发	新品发布	内容	促销活动的节日性	活动的连贯性
巴拉巴拉	“00 后”父母	比较关注娱乐圈	经常转发	会，并且提供搭配方案	较为有趣，童真	节日性较强，针对儿童节	较为零散，没有主线
派克兰帝	“00 后”父母	关注娱乐圈	很少转发	会，并且有赠送活动	活泼可爱	节日性较强，针对长假	主题不明显

三、商务男装品牌

（一）柒牌男装

1. 相关数据

截至 2013 年 9 月，柒牌男装拥有 798858 个粉丝，发布 2326 条微博。由于品牌针对的是“80 后”等较为成熟的男性，所引入的常驻话题基本上符合理性、稳重的内容，大多数为人生哲理类。作为服装品牌，每日还有推荐服装的话题，同时作为对自己品牌的宣传。

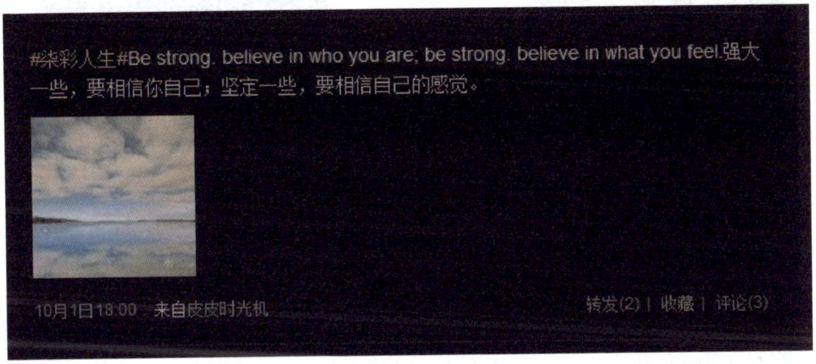

图 5－30　人生箴言图

2. 相关案例

（1）服装搭配系列活动

作为时尚商务男装的代表，柒牌服饰总是不间断的发布一些服装搭配的推荐图示给微博粉丝们作为参考，引发不少收藏和评论，达到不错的品牌传播效果。

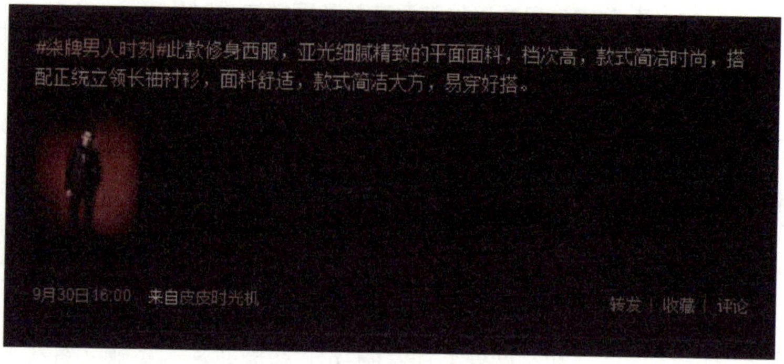

图 5－31　服装搭配推荐图

（2）抽奖活动

柒牌不定期举行一些抽奖活动来提升与粉丝们的互动，实用的奖品着实吸引了不少人气。

图 5－32　抽奖活动宣传图

（3）父亲节活动

在节日送礼上，男装品牌更加关注适合自己营销的节日，比如说父亲节。"80 后"人群与自己的父辈恰好都属于柒牌的用户，能够引起广大粉丝的共鸣。另外，企业个人微博的版面也针对人群进行了设计，以大气、沉稳为基调采取黑灰搭配，活动奖品选择较为实用的皮包，以及较为流行的 IPAD，活动参与度也很高。

3. 柒牌营销策略分析

主页面采用深沉稳重的颜色，话题也多为人生感悟、励志，符合消费人群的年龄层次，以此吸引了部分粉丝。线上活动的奖品并不采用企业较为常见的产品，而是一些特定的产品，限量同时也增加了奖品的诱人程度，会吸引更多的粉丝参与。活动针对节日设定，抓住男性的性格特征，有针对性的用语言诱导粉丝参与活动，通过粉丝参与，进一步扩大自己的影响力，吸引更多的粉丝。

图 5－33　节日活动宣传图

（二）七匹狼男装

1. 相关数据

截至 2013 年 10 月，七匹狼男装有 501451 个粉丝，发布过 6342 条微博。七匹狼的微博同其他服装品牌的微博一样，长期性发表的微博同样包括三大主题：服装搭配推荐，特定的话题活动（赠送礼品），符合并针对粉丝的一些趣事或者名言。

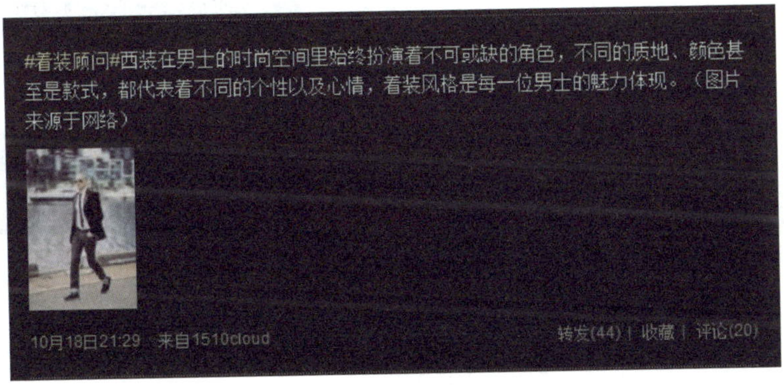

图 5－34　服装搭配推荐图

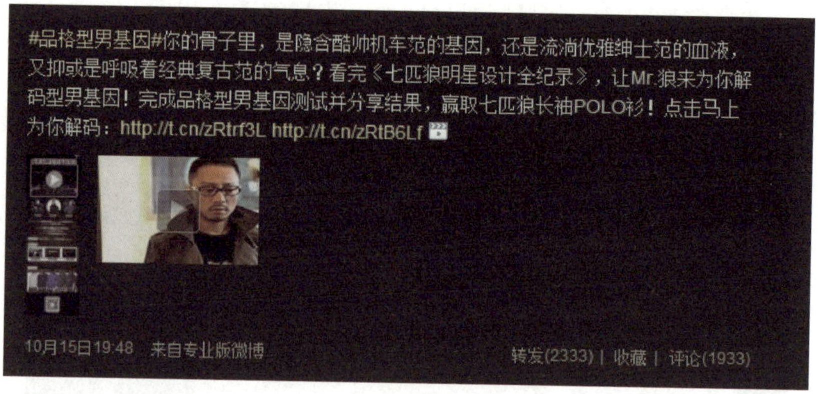

图 5－35 抽奖活动宣传图

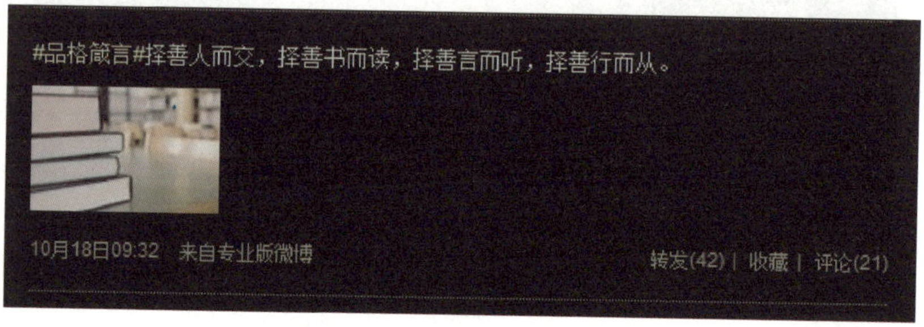

图 5－36 人生箴言图

与其他品牌微博相比，七匹狼较有特色的一点是“狼文化”，包括其转发并制造的一些话题里甚至包含有狼本身这种动物，其相关微博就叫“狼族微博”。

另外一点，七匹狼更会借用名人效应，甚至运用名人竞争的手法来激发粉丝的兴趣。比如2013年的秋季广告找到不同风格的明星代言，然后刺激自己的粉丝对他们做出评价，在某些层次上同时也吸引了这些名人的粉丝前来支持他们，从而增加了此活动的热度，在一定程度上也增加了自己的粉丝量。

图 5－37 系列微博 logo

在处理公关危机上，七匹狼也巧妙地运用了微博这个工具。微博第一时间的发布，不但能够尽快地维护公司形象，其传播性也能够有效地阻止负面形象的产生。另外，其互动性也能够及时解答消费者的疑问，消除他们的疑虑。

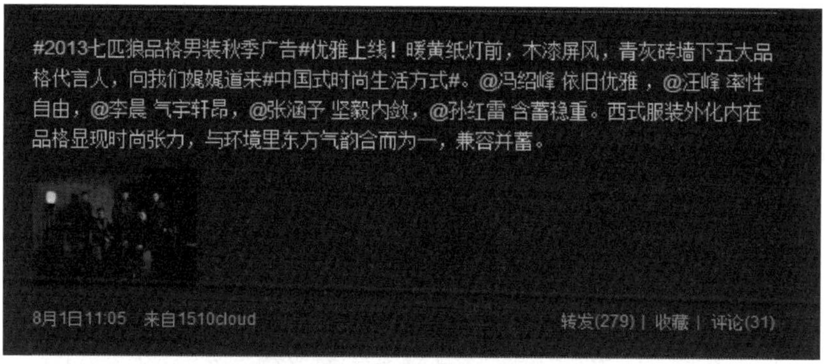

图 5－38　秋装广告宣传图

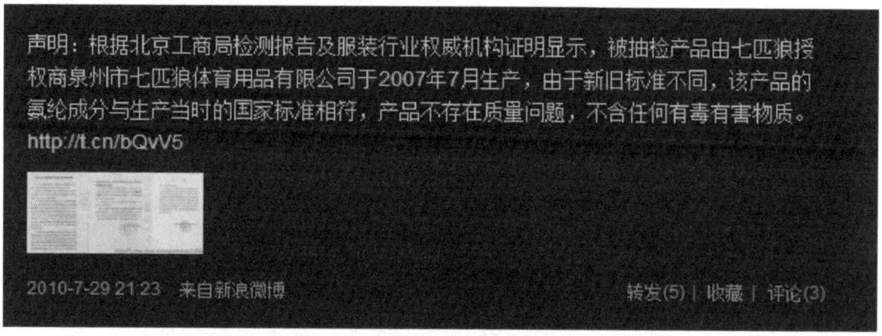

图 5－39　公关危机处理图

2. 相关案例

以下两组图片为七匹狼在“皇马中国行营销”失败之后，研究了“体育营销”，继而在 5 年后的“微博营销”中再次试水“体育营销”的案例。

当时由于缺乏系统的体育营销理念，缺乏对赛事风险的完整评估，七匹狼蒙受了巨额的经济损失，且没有到什么营销效果。

2005 年，因赞助 2003 年皇马中国行而毁誉参半的福建七匹狼又动起了赞助皇马的心思。虽然在赞助皇马第一次中国行时，因为隐性营销事件而被业内人士戏称“花巨资为 ADIDAS 打工”，但七匹狼还是借助皇马球星的巨大眼球效应，大大提升了品牌知名度。在中国媒体和亿万球迷的集体躁动中，七匹狼所倡导的“奋斗”、“进取”、“渴求胜利”图腾文化和品牌形象得到了认同和提升。

两年后的 2005 年 7 月，皇马开始了第二次中国行。作为此次活动的赞助商，七匹狼出资 300 万元与负责皇马中国行的高德公司签订了协议，邀请皇马全队 22 日上午在北京昆仑饭店 2 楼出席新闻发布会。早早在酒店租赁了会场并精心准备的七匹狼却迎来了让他们始料未及的场景：一墙之隔的吉列公司迎来了自己的形象代言人贝克·汉姆，而七匹狼在等待了两个小时后，只能无奈地宣布取消新闻发布会。原因是皇马与高德公司在合同细节上产生了分歧，因此拒绝参加七匹狼的活动。

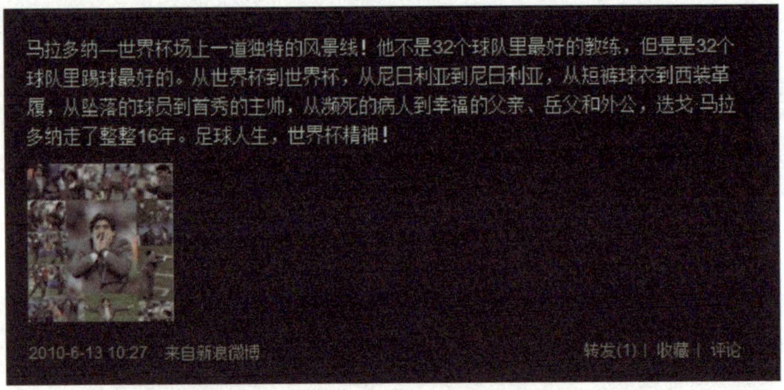

图 5-40　世界杯系列宣传广告图

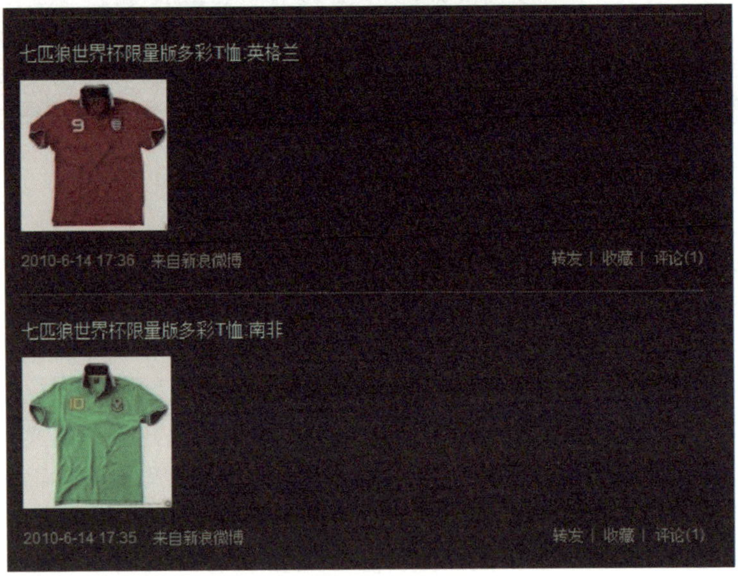

图 5-41　世界杯系列宣传广告图

5 年后的七匹狼借了世界杯的东风，进行了微博营销，更关注了赛事的变化、赛事的过程，有针对性地写微博，并且推出了世界杯限量版的 T 恤。此举无疑是基于 5 年前的反思基础上的又一次尝试，而这次的借势总算没有像过去一样带来损失，但也未能带来多少宣传效应。

3. 七匹狼男装营销策略分析

通过推荐服装搭配以及成熟稳重的话题，先是吸引了一部分粉丝，奠定了粉丝的基础。线上的抽奖活动能够加强粉丝的参与度，培养粉丝的忠诚度。采用名人效应，通过对名人的着装评比，吸引更多的粉丝，同时也让这些明星的粉丝参与了进来，扩大了自己的影响力。第一时间在微博澄清，能够尽快地挽回自己的声誉，同时为粉丝解疑答惑，也能够阻止事态进一步的恶化，不但解决了危机，也增加了互动性。

（三）柒牌男装与七匹狼男装策略的对比分析

商务男装的适用人群多为“70后”和“80后”的男性群体，其特点就是简约、成熟，因此在微博话题的选择上也多为人生哲理、名言警句。看他们微博主页也不难看出其在这一层次服装所渗透的文化，色彩搭配均为黑灰，同样寓意成熟稳重。在节日活动的选择上，商务男装也是具有针对性，父亲节就囊括了粉丝人群与消费人群两大主体，例如七匹狼的“爸”气十足。

表5－3　柒牌男装与七匹狼男装策略方式对比表

品牌	针对人群	内容	促销活动节日性	名人效应	危机公关处理	促销信息发布频率	活动礼品
柒牌男装	“70后”、“80后”男性	沉稳大气	较强，尤其针对与男性有关的节日	没有	较少使用	较快	有针对性，多为自身产品
七匹狼	“70后”、“80后”男性	成熟稳重	较强	存在，吸引明星粉丝	使用，澄清事实	较快	流行产品及自己的产品

第四节　微博品牌传播策略

一、精选话题吸引更多受众

（一）传递价值

企业博客经营者首先要改变观念——企业微博不是一个“索取”的工具，而是一个“给予”的平台。现在微博数以亿计，只有那些能对浏览者创造价值的微博自身才有价值，此时企业微博才可能达到期望的商业目的。企业只有认清了这个因果关系，才可能从企业微博中受益。

首先，欲塑造一个大家喜欢浏览并持续反复光顾的微博，需要博客经营者持续提供目标浏览者感兴趣、有价值的信息。现在企业微博常给浏览者提供一些限时抢购、优惠券、赠品等作为宣传与吸引浏览者的手段，但是，我们不可能每天都有奖品赠送，即使每天都有礼品奉送，最终留下的也都是只为了来领取奖品，甚至是专业领奖户们。对企业品牌与销售都没什么实际促进作用，枉费了人力与财力。

企业要改变对价值的认识，并非只有物质奖励才是有价值的，比如，提供给目标顾客感兴趣的相关资讯、常识、窍门；也可以以自己的微博为媒介平台，链接众多目标客户，如俱乐部、同城会等；同时，将线上与线下打通，让微博有更多的功能与实际作用，这样才能构建出一个拥有高忠诚度与活跃度的企业博客。

微博内容对目标群体越有价值，对其的掌控力也就越强，同时，价值更不仅仅是优惠和赠品。其实，微博的经营真谛就是一种价值的相互交换，这个过程中各取所需，互利双赢，只有这样的模式才能长久。

（二）展现企业内部的积极一面

把企业内部的一些情况介绍给粉丝，比如办公室环境，团队活动，一些好玩有趣的事、有趣的员工，某款产品背后的故事，统统要挖掘出来，让粉丝通过微博完整地了解企业，让信息更加透明化，这样才能让粉丝感觉到这个微博不是一个冷冰冰的ID，它的背后有这么一帮可爱的人。

针对不同的粉丝人群设置不同风格的话题，一般具有几个比较经常出现的话题，用来引起粉丝的共鸣，或者用来吸引新的粉丝。从服装的风格来看，童装的话题内容较为轻松活泼，年轻一代的休闲运动装则较为励志，男装品牌就较为成熟稳重。企业的微博同时也携带了企业的文化，如案例中Nike的“伟大”，七匹狼的“狼文化”，其传播的是一种积极向上的文化，能够激起粉丝的共鸣，得到更多的回应。

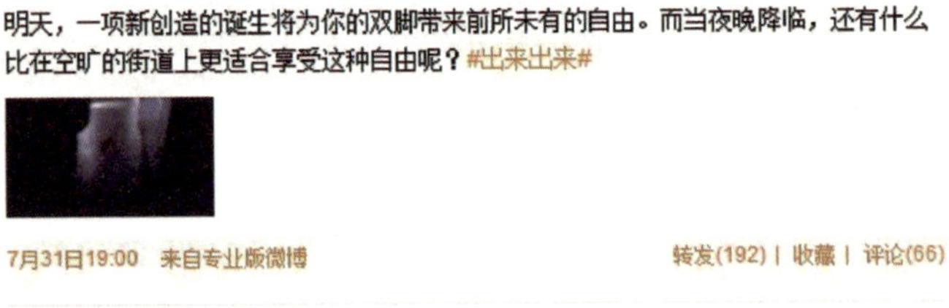

图5－42 Nike励志宣传图

二、粉丝培养提升传播效果

（一）准确定位

微博粉丝众多当然是好事，但是对于企业微博来说，“粉丝”质量更重要。因为企业最终是要从微博粉丝身上转化出商业价值的，这就需要拥有有价值的粉丝。这涉及微博定位的问题，很多企业抱怨：微博人数都过万了，可转载、留言的人很少，宣传效果不明显。这其中一个很重要的原因就是定位不准确。作为服装行业，就需要围绕一些你的产品目标顾客关注的相关信息来发布，吸引目标顾客的关注，而非是只考虑吸引眼球，导致吸引来的都不是潜在消费群体。现在很多企业博客陷入这个误区当中，完全以吸引大量粉丝为目的，却忽视了粉丝是否是目标消费群体这个重要问题。

（二）给粉丝一些专属特权

很多用户是冲着企业折扣信息才去关注一些品牌微博。折扣优惠是很重要的内容，但目前很多企业微博喜欢把促销信息统统发布上来，这样的企业微博就像街头路边发小广告的。应该设计一些精品的专属于微博粉丝的特别折扣，让他们感觉到一种作为粉丝有 VIP 一样的待遇，如果是这样，粉丝才乐意成为你的粉丝，发布小广告只能让用户离你更远。比如某一款衣服，通过微博先预定，只为粉丝准备，线下还没得买，这样粉丝也会感觉“很尊贵”。

（三）强化与粉丝间的互动

微博的魅力在于互动，拥有一群不说话的粉丝是很危险的，因为他们慢慢会变成不看你内容的粉丝，最后更可能是离开。因此，互动性是使微博持续发展的关键。第一个应该注意的问题就是，企业宣传信息不能超过微博信息的 10%，最佳比例是 3% ~5%。更多的信息应该融入粉丝感兴趣的内容之中。

“活动 + 奖品 + 关注 + 评论 + 转发”是目前微博互动的主要方式，但实质上，更多的人是在关注奖品，对企业的实际宣传内容并不关心。相较赠送奖品，微博经营者认真回复留言，用心感受粉丝的思想，更能唤起粉丝的情感认同。这就像是朋友之间的交流一样，时间久了会产生一种微妙的情感连接，而非利益连接，这种联系持久而坚固。当然，适时结合一些利益作为回馈，粉丝会更加忠诚。

纵观调查的几个品牌的微博，粉丝量均过了万，但宣传效果却不尽相同。这里可以突出观察一下 Nike，Nike 在“挑战自我”这个话题中，会挑选一些“忠实粉丝”给予他们表现自己的舞台，而这些粉丝也会在其他话题中起到引起话题或者提供评论的作用。忠实粉丝也在一定程度上为企业带来更多的粉丝，为一些话题的热度也做出了一定的贡献。

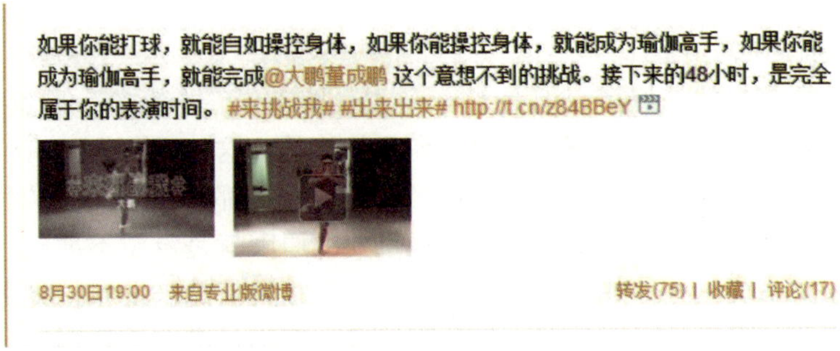

图 5－43　Nike“挑战自我”话题

三、关注评论增加品牌黏度

1. 收集用户牢骚，分门别类后一一作答，为用户解决实际问题

用户喜欢看产品介绍还是喜欢看解决方案？一般来说用户在问题发生之前很少看产品介绍。所以先听听用户在说什么，通过微博搜索产品、企业甚至是竞争对手的产品，听听用户关注什么，有什么疑问，通过一段时间的监控总结，把这些用户关心的问题分门别类，然后针对这些问题疑问设计微博内容。另外，把企业客服部门遇到的问题都拿来分析分析，把用户问的最多反馈最多的问题一条条解决掉，这些解决方案就是用户最喜欢的。

2. 充分利用用户评价

很多用户通过微博抱怨你的产品，也有很多用户通过微博赞美产品，如果产品真的很好，总有很多粉丝说你好的，把他们说你的“好”要炫耀给大家，你这么一转发，不仅充实内容，还让这些用户“受宠若惊”，如果还能送上一点小小礼物，用户会帮你创造内容的。服装企业的微博，很多都开设了“晒单”、“上传搭配”的一些活动或者功能，比如每月都有一个晒单的活动，目的是让用户把得到的奖品或者购买的商品发照片上来，从效果上看，每个月都会产生两三千条粉丝自创的内容，还加强了和用户的互动，这样粉丝购买了商品就不单单是交易完成，更是通过微博把他们在线下的情况反映到线下，对于粉丝的粉丝也有很大的引导作用，何乐不为呢？

评论是企业与消费者对话的平台，在此平台上调查企业都及时解决了一些客户问题，同时留下了一些关于企业正面形象的评论，给宣传企业带来了积极的影响。

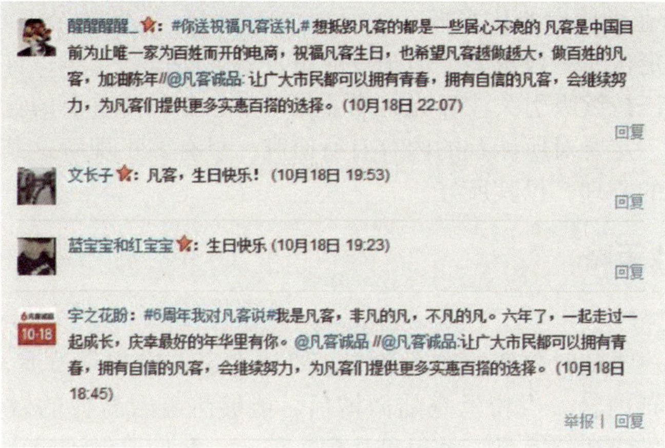

图 5－44　凡客回复粉丝评论图

四、品质活动提升互动效果

1. 系统性布局

任何一个营销活动，想要取得持续而巨大的成功，都不能脱离了系统性，单纯当作一个点子来运作，很难持续取得成功。微博营销虽然看起来很简单，对大多企业来说效果也很有限，微博营销被很多企业当作可有可无的网络营销小玩意儿。其实，微博作为一种全新形态的互动形式，潜力十分巨大。发挥出的作用很小的原因，是本身投入的精力与重视程度根本就不高。企业想要微博发挥更大的效果，就要将其纳入整体营销规划中来，这样微博才有机会发挥更多作用。

微博上的抽奖活动、节日活动更是数不胜数，一方面能够引起粉丝的兴趣，另一方面能够更好的宣传自己。在活动的奖项上，企业一般选用自己旗下的产品，或者当下最流行的各种产品。但是就其宣传效果来看，往往最符合粉丝心理的而不是最贵的，能够引起较大的轰动。一般“话题”是配合活动一起使用的，活动的主题也是具有针对性的。

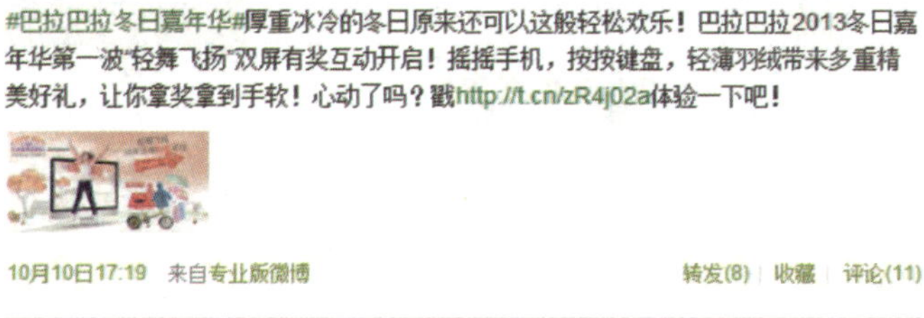

图 5－45　巴拉巴拉抽奖活动图

2. 提高企业微博专业化水平

企业微博定位专一很重要，但是专业更重要。同市场竞争一样，只有专业才可能超越对手，持续吸引关注目光，专业是一个企业微博重要的竞争力指标。在活动方案上，一定要对所涉及的内容有所研究，只有真正理解这其中的内容，才能够抓住粉丝的心理，投其所好。

五、其他策略

1. 连续发布

微博就像一本随时更新的电子杂志，要让大家养成观看习惯，也就是定时、定量、定向发布内容。当粉丝登陆微博后，能够想着看看你的微博有什么新动态，这无疑是最成功的境界，虽很难达到，但至少我们要做到经常出现在他们面前，久而久之便可成为他们思想中的一个习惯。定时、大量地发布企业微博自然是最有利的，大量发布可以在一段时间内占据关注者的微博首页，至少不会被快速淹没。但是一定要保证微博质量，在质量和数量的选择上一定要质量为先。因为，大量低质量的博文会让浏览者失望。一个缺乏有价值信息、多是垃圾内容的企业微博，不仅达不到传播目的，还很可能被不胜其烦的粉丝删除掉，或压根就不会有人关注你。

2. 微博个性化

微博的特点是“关系”、“互动”，因此，虽然是企业微博，但是也切忌办成一个官方发布消息的窗口那种冷冰冰的模式。要给人感觉像一个人，有感情，有思考，有回应，有自己的特点与个性。一个浏览者觉得你的微博和其他微博差不多，或是别的微博可以替代你，都是不成功的。这和品牌与商品的定位一样，从功能层面就要做到差异化，在感性层面也塑造个性。这样的微博具有很高的黏性，可以持续积累粉丝与专注，因为此时的你有了不可替代性与独特的魅力。

3. 借助近期主流活动的“东风”

搭最近舆论导向这趟顺风车，不但会引起自己粉丝的关注，甚至能够吸引更多的粉丝。如同 2013 年较火的节目《爸爸去哪儿》，童装品牌很容易借它的火热为自己提高一下知名度。与此同类还有奥运会之类的，但是企业一定要对节目有所关注，对赛事有所了解，否则认不清形势，闹了笑话就会造成负面效果。

第六章　微信品牌传播

第一节 微信品牌传播概述

一、微信简介

微信是腾讯公司2011年1月21日推出的，提供免费即时通讯服务的移动终端通信软件，粉丝可以通过手机、平板电脑、网页快速发送语音、视频、图片和文字，可以多人群聊、实时对讲。微信还具有公众平台、朋友圈、消息推送、添加好友等功能，可以将内容分享给好友以及将粉丝看到的精彩内容分享到微信朋友圈。

微信自面世起，粉丝的数量迅速增加，至2012年3月底仅14个月内就获得超过1亿注册粉丝，不过半年至2013年9月17日，微信粉丝突破2亿；相比之下，Facebook用了3年多的时间才达到1亿粉丝。2012年微信更是以50亿小时10月时长的优势超过微博成为社会化网络的No. 1。

微信是亚洲地区最大粉丝群体的移动即时通讯软件。而且微信附身于手机之上，打通了传统电信通信和移动互联网的界限，并且满足了人们沟通互动的需求。

在境外，2011年4月，微信以英文名WeChat正式进入国际市场；同年10月，开始支持繁体中文语言界面，增加中国香港、中国澳门、中国台湾、美国、日本5个国家和地区的粉丝绑定手机号，加入英文语言界面；同年12月，实现支持全球100个国家（地区）的短信注册，语言版本不断增加。据微信项目总监刘乐君介绍，微信将在美国、东南亚等地建设数据中心，以加快响应速度，进一步提升粉丝体验。

当人们还沉湎于如日中天的微博时，微信已悄然打造移动社交平台、开通会员卡、开发第三方手机应用程序（APP）对接端口，开发公众平台，构建企业客户关系管理（CRM），力推O2O商业模式等，不通过任何推广，仅仅口碑宣传就迅速积累起上亿的粉丝，其营销价值不容小觑。甚至众官方微博都纷纷将头像换成可与微信无缝对接的二维码，微信传播范围迅速扩大，影响力激增，成为企业继微博之后的又一品牌传播利器。

二、微信属性

（一）通信工具属性

微信推荐使用手机号注册，支持联系人名单的跨平台传输，可以通过QQ号直接登录注册或者通过邮箱账号注册。由于微信的好友是基于手机上存有电话号码的联系人和QQ上的好友，因此有庞大的粉丝来源。

利用微信进行聊天是完全免费的，只是消耗很低的流量费，这部分流量费由通信运营商收取，还可以通过wifi接入登录微信，相对于打电话和发短信来说，几乎是零成本。在微信聊天过程中，粉丝不仅可以发送文字，还可以发送语音及视频消息。因此，微信将成为未来人与人之间交流的主要的通信工具。

（二）社交媒体属性

微信是一种强关系的社交媒体，与传统的短信沟通方式相比，更灵活、更智能，真正实现了沟通无障碍。伴随着移动互联网的方兴未艾和智能手机的普及化，微信实现了粉丝QQ好友和手机通讯录关系链的整合，是利用“摇一摇”、“漂流瓶”等功能认识陌生人的社交工具。也可通过直接搜索微信号或者手机扫描二维码名片的方式添加好友，多种添加好友的渠道和方式，帮助微信粉丝以最便捷、最有趣的方式添加好友，提升粉丝黏度。

在纯文本时代，人们只能发文字短信。微信则全面支持多媒体功能：语音、图片、视频甚至是地址、名片信息，借助微信平台均可传送，通过智能手机对高清照片、视频拍摄的一键转发，颠覆了沟通的模式与习惯。这就好比20世纪80年代出现的MTV，凭借视听结合的魅力风行全球，颠覆了当时流行音乐的传播模式以及人们对流行音乐的欣赏模式一样。

另一方面，微信的群聊功能延续了QQ群聊天的属性，让文字变成“语音+文字”，群聊也更有趣、更“无时无地”。微信的富媒体沟通模式更能激起人们的形象思维神经——感觉、知觉、视听的冲击力让信息变得更加有吸引力，趣味性的应用带来更高的粉丝黏性，沟通变得更加人性化。

（三）地理位置属性

地理位置属性也是微信迅速崛起的法宝之一。用户登录微信，即确定了其地理位置，其他用户通过查找“附近的人”的功能，可以很容易地找到周围同时正在使用微信的用户。同时，这一功能也可以用于用户寻找周围的商家进行消费，用户可以通过查找“附近的人”找到附近注册微信公众平台的商家。当用户来到一个商家进行消费时，也可以扫描商家的二维码，将商家加为关注，方便以后接收到商家发布的关于产品或服务的信息，而这部分商家一定是用户可以方便地到达并且感兴趣的商家，可以避免用户大量地接收到一些无用信息。

（四）自媒体传播属性

在微信的传播模式中，粉丝已经自成媒体，不但能够自主发布和接受信息，还会因对信息技术的运用，在信息的发布和接收方面出现随身化、碎片化和个性化的特点。尤其是微信与智能手机的结合，使微信的功能得到了最大限度的释放，微信的内容也通过新的网络渠道得到了最大限度的扩散。

三、微信与品牌传播

相对于传统的品牌传播来说，微信是一个新的媒体营销方式，为品牌传播提供了新的发展平台。新的功能和服务不断在它的传播渠道、运营模式、强大的客户群基数等各种潜在价值上展示给大众，陆续出现更多更适合的微信商业模式。它结合了二维码、富媒体、位置、APP、移动支付、CRM 等各种形式的应用程序。品牌传播可以运用这些微信的资源进行品牌形象宣传。

微信交流是建立在手机和 QQ 关系网的基础上一对一的即时社交通讯，与微博不同的是，微信用户看不到企业与其他用户的交流内容，只能看到自己与企业的交流内容，因此微信交流具有一定的私密性，更强调粉丝与粉丝、粉丝与企业品牌的交互动作。在为品牌传播的这个过程中，微信的群组关系、交流的数量、质量、产生的效率和价值、交流者情绪观点等方面都是区别于其他交流工具的。

企业以其品牌的核心价值为主要原则，运用广告、销售、公关、人际交往等各种传播方式来推广其品牌形象。优秀的品牌形象是促进企业产品的销售、提高其市场价值的重要途径。媒介即讯息，媒介即决定着所需要传播的信息本身。微信传播的内容结合品牌的 CI 战略，可以更好地宣传企业。企业的微信公共账号也是其信息源和文化传播窗口。在信息海量的今天，人们常常对信息有遗忘机制，企业微信账号可以定期推送品牌的相关信息，及时发布关于品牌最新消息，回应公众的疑问和关心。

（一）微信在品牌传播中的应用

腾讯 2012 年 8 月推出微信公众账号，为企业品牌传播提供了宣传平台，品牌的公众账号不断增加，已达百万级别。微信公共账号导航也同时推出，方便了微信手机用户快捷地找到想要关注的公众账号。微信为品牌的传播提供精准的营销方式，对客户群体进行细分，按照年龄、地域、性别、特点、喜好、在线时间等来管理。

品牌的整合营销推广，需要拥有全面整合营销服务的具体解决方案、信息效果监测体系、网络信息的发布系统、合作的媒体信息平台等技术。微信对于品牌传播的积极作用将更加明显。如果将一次品牌推广简单地分为3个阶段，即推广前期、中期和后期。在品牌推广前期，微信作为传播信息的平台，通过注册微信公共账号，然后推送一条简单的品牌讯息给目标客户群体，能在一秒钟内精准地将讯息传达到手机客户上，接收率100%。成本低，性价比高。

在品牌推广中期，当客户通过视频、语言、图片等收到最新的品牌信息后，潜在的客户会及时做出回应，回复内容，表示对这个品牌感兴趣，客户会提出相应的品牌疑问，这时微信的优势就展现出来了，它能够迅速地有针对性地做出回应，按照客户的要求提供服务，加强客户体验，既宣传产品又提高了品牌形象。

在品牌推广的后期，当有针对性地与客户交流之后，可以在线及时对过程进行综合评价和粉丝登记，纳入企业的潜在客户群，服务于企业自己的客户关系管理系统（CRM）。而客户在交流之后，在使用企业产品的过程中存在问题时，只需直接给企业微信公共账号发一条微信，工作人员就能及时对问题进行疑难解答，加快整个沟通流程，让客户看见企业对其重视程度和服务效率，这是企业品牌传播最有力的方式之一。优质的服务会为企业树立优秀的品牌效应，增加大量的优质客户，更多客户会变成品牌的忠实粉丝，长期为企业的品牌形象进行免费的宣传。

在品牌传播的每个阶段，微信都是一个很好的社会化新媒介，能够充分地帮助品牌找到未被发掘的客户群体。它最大的优点是能够和已经拥有的客户群体通过个性化服务保持一定的黏性联系。微信也会进一步开发更多的功能，如在线第三方支付、应用游戏等都在内测中，整个微信媒体平台在进一步的完善，这为企业品牌传播方式提供了更多的好机会。

（二）微信在品牌传播中的新方向

想要在市场竞争中迅速地建立和维护好品牌形象，企业品牌必须重视CRM，让沟通更畅通便捷。微信有很好的客户管理平台和细分条件，是沟通性很强的产品。品牌能直接与客户对话，做好客户管理。

品牌的公共账号能够通过建立自己的客户管理系统或者与别的企业交换客户管理系统，然后细分粉丝资料，精准地推送品牌信息。在未来CRM的进一步开放，会有强大的丰厚的客户信息资源，每个行业都可以建立自己的个性化微信客服系统。企业内部也可以通过微信 CRM 来进行管理，在未来这将是一个新的趋势。

传统的 CRM 客户管理工具主要以电话、短信、邮件等方式，现在则可以增加微信。对不同的客户群体可以利用微信编辑一段文字给粉丝，也可以设计带有图片、链接的文章给粉丝，或者发送语音和视频，选择方式多样。也可以进行品牌形象推广问卷调查，直接在微信平台上让粉丝在一定时间内完成简单的回答，如 ABCD 的问卷，品牌就能方便直接地了解客户的需要，进一步改善或者提供客户需要的服务，再给予一定的礼品回赠或现金回报等。为了建立优秀品牌形象，还可以改变传统的 callcenter（电话呼叫中心服务），利用微信来完成客户沟通服务无疑是一种好方法。客户可以直接发送语音、视频或者文字信息给品牌公共账号，然后品牌迅速地回应和解决客户的问题，完好的售前售后服务能在客户心中树立优秀的品牌形象。

微信的价值还表现在它的多元性。不同的企业和行业在微信平台上品牌传播可以采取不同的方式。微信强大的粉丝群 ID 正是它最大的价值所在。

可以运用微信里粉丝的位置服务和查找附近的功能，当客户到达某一地点时，按照粉丝的需要可以对周围的商家进行品牌推荐。例如餐厅、书店、咖啡馆、电影院等，随时随地的进行品牌传播和宣传。如高端的餐饮行业可以通过微信对其忠实精准的客户群推送最新开发的菜单，简单的推送能够让客户感受到品牌对其重视度，提升品牌形象。快递行业如顺丰采用微信来进行自助下单，进行订单交易和物流跟踪服务，代替传统的顺丰呼叫中心，降低了双方的通讯成本，更加有利于企业业务的发展。在互动的过程中，企业也可以进行品牌形象的零成本推广，这会是消费者和企业双赢的结果。

在微信深入人心的新媒体营销大背景下，还会出现更多全新的事业模式，如微信呼叫中心（callcenter）、微信 110、微信宅急送等快速服务类型，会为企业带来更多的品牌传播渠道。

第二节　微信品牌传播模式

一、O2O 模式——二维码

（一）产品描述

二维码“参考”国外社交工具“LINE”的“扫描 QRCode”功能，用来扫描识别另一位粉丝的二维码身份从而添加好友。二维码含有特定内容格式，只能被微信软件解读。2011 底，微信 3.5 版本加入了二维码的功能。图 6－1 为中国原创设计平台薄荷糯米葱（BNC）的二维码示例。薄荷糯米葱是投资人洪晃投资的中国原创设计概念店，目标是让更多的人知道了中国设计师的名字和品牌。薄荷糯米葱（BNC）店成功地建立了设计师与消费者的沟通渠道，让中国设计师的作品与商业接轨，也为设计师提供了一个检验作品的试金石。店内已经陈列销售的有 70 多位设计师的作品，涵盖了服装、家居、配饰、首饰，等等，每个设计师的作品都有自己鲜明的风格。

图 6－1　中国原创设计平台薄荷糯米葱二维码示例

（二）使用方式

企业注册微信公众平台后，将拥有一个属于自己账号的官方二维码。企业可以将二维码放在线上、线下等便于客户看到的位置，粉丝将二维码图案置于手机微信取景框内，然后通过扫描识别另一位粉丝的二维码身份使其成为好友，之后能够获得成员折扣或者商家优惠亦或是一些产品服务资讯。

腾讯首席执行官马化腾曾表示，二维码是线上线下融合的关键，微信将通过二维码识别用户，让粉丝成为商家的微信粉丝，产生入口并可以推送信息，进而开展 O2O 业务。

扫描二维码、封面和街景功能，可以使企业很好地对消费者浏览过的商品进行数据分析，建立差异化的客户数据管理平台。

（三）应用实例

1. 上鱼舫“微信会员卡”

顾客用手机扫描二维码以后即自动成为会员，不仅可以获得礼品赠送和会员优惠，还可以取代传统的会员卡，今后顾客购物时只需携带手机即可，不必携带众多会员卡。这种活动可以对自己的产品和活动进行有针对性的推广，成本不高，得到的消费者都是目标人群，定位更加精准。

如图 6－2 所示，上鱼舫通过优惠活动推广微信会员卡。

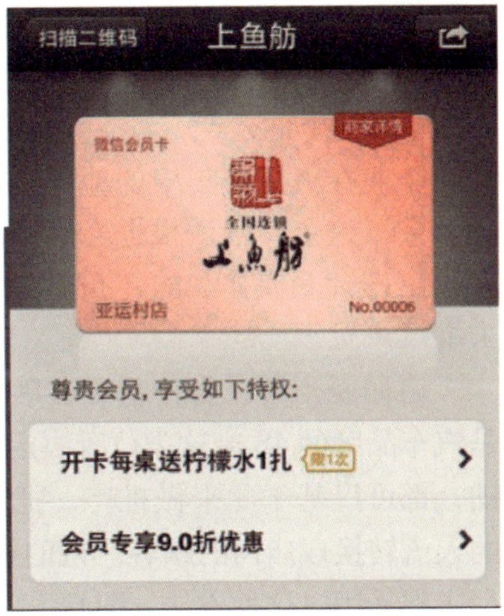

图 6－2　上鱼舫“微信会员卡”

2. 产品二维码

在2013年5月28日开幕的第十八届上海厨卫展上，微信推广展示了强劲势头。很多参展橱柜、卫浴企业在展出的产品上都打上了二维码，只要拿手机扫一扫，就可以详细地了解该款产品。

国家博物馆的微信公众平台结合二维码，只要粉丝对感兴趣的展品扫描二维码，就可以将展品的信息实时发送到移动设备上，供粉丝阅读和保存。

二、LBS模式——地理位置推送

手机的地理定位如今已经成为微信营销越来越常见的一个组成部分了。2006年上市的手机，当时采取“机、块分离”，粉丝须另行购买GPS模块进行地理定位。如今，全部iPhone均设有内置定位模块，所以基于粉丝所在地的个性化信息服务（LBS，Location Based Services）也越来越多。前几年，美国“红”了一阵子foursquare“签到”服务，让所有“地主”获得特权；如今，基于LBS的微信营销也诞生了。

（一）产品描述

用户可以点击微信软件界面上的“查看附近的人”，与周围的微信用户进行相互的位置确认。而在这一微型的周边微信用户群体中，用户的姓名和签名档等信息都会显示出来，这为营销信息的植入提供了良好的条件，企业可以随时改变自己的签名档，微信昵称可以设置成企业的名称，签名可以是企业的宣传标语、促销信息等，头像和照片墙可以设置成广告图片。例如，“本店×月×日有大型促销活动，机会不容错过，欢迎关注！”“本店×月×日店庆，会员进店消费有‘礼’！”类似这样的宣传标语均可以以微信签名的形式发布，而这对企业来说无疑是一个免费方便快捷的强制性移动广告位。

（二）使用方式

企业在人流最集中的地方24小时运行微信，如果查看“附近的人”使用者足够多，这个广告效果也会不错。随着微信粉丝数量的上升，可能这个简单的签名栏也许会变成移动的“黄金广告位”。当然，营销人员要做的是如何吸引粉丝去继续浏览。

诸如麦当劳、肯德基、必胜客，甚至是汽车品牌的4S店这类位置决定生意的店铺，都可以基于此来做推广，把更多附近的人流转换成店内的顾客。饿的神、K5便利店都采用过这种方法。图6-3所示为全聚德烤鸭店利用签名发布的位置信息。

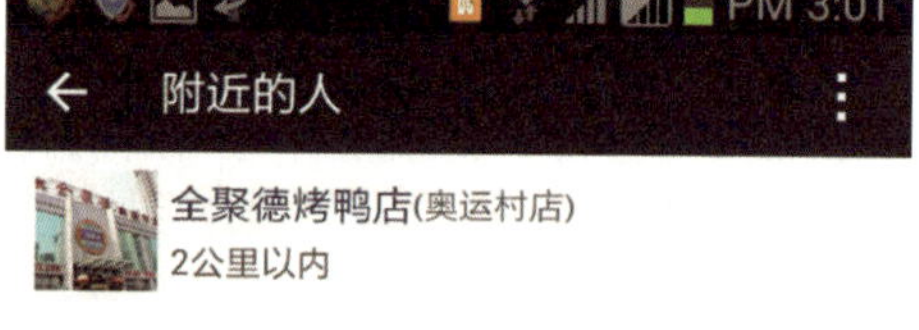

图6-3 查看“附近的人”获得的全聚德烤鸭位置信息

三、微信公众账号

公众平台作为微信平台基础功能的拓展，为品牌提供了一个与粉丝进行一对一或一对多实时精准信息推送和互动沟通的平台，是体现微信媒体属性的重要功能，也是微信营销潜力的核心。

自2012年8月上线微信公众账号，截至2013年10月，腾讯微信粉丝超过6亿，其中国内粉丝超过4亿，海外粉丝超过1亿，而其公共账号粉丝则已达百万级。

2013年12月24日，微信公众平台升级其认证系统，规定服务运营方需缴纳300元/年的微信认证费用，认证成功后将自动免费获得微信公众平台新开放的所有技术接口。政府及部分其他组织类型的公众账号，免收认证费用。

微信公众账号的特点是“点对点、全封闭、无干扰、强关系、重互动”，因此企业可以通过微信公众平台实现品牌营销和维护、客户维护、员工关系维护的目标。通过微信渠道可以将品牌推广给粉丝，减少宣传成本，提高品牌知名度，打造更具影响力的品牌形象。

在微信公众平台上，每一个人都可以申请自己的一个微信公众账号，公众账号的特点和微博账号十分类似，就是可以被关注。被关注的企业可以给其粉丝推送信息，信息内容可以是文本、视频、图片、语音等，企业的粉丝可进行回复，企业也可以根据情况设置自动回复。从发布的信息来看，主要是品牌信息、行业资讯、企业活动、官方网站、促销活动等，其实都是为企业宣传、品牌塑造、资讯推送搭建了良好平台。

（一）微信公众账号申请方法

第一步，微信公众账号的申请地址及平台地址在mp. weixin. qq. com，企业可以先申请一个微信公众账号。

第二步，如果公众账号的订阅用户达到500人，或该公众账号是新浪微博、腾讯微博的认证用户，则可以进一步申请为认证公众账号。

（二）微信公众账号推广方法

企业可以通过微博、网站等途径，推广自己的微信公众号的二维码，获取更多订阅用户，扩大影响力，可以通过后台的用户分组和地域控制，实现精准的消息推送等。

（三）微信订阅号与服务号

2013年8月，微信将公众账号分为订阅号和服务号，企业注册微信公众平台必须选择是服务号或者订阅号。二两者的区别是，服务号每月只能推送一条信息，但是该信息可直接显示在聊天列表中；而订阅号依然每天可推送一条信息，但是该信息被折叠在“订阅号”这个大文件夹中，意味着粉丝需要点开订阅号才能在众多订阅号中看到你的信息。

订阅号主要用于为媒体和个人提供一种新的信息传播方式，构建与用户之间的沟通与管理模式。订阅号是低成本的自媒体，每个人都可以成为“小编”，除了一些精品、特色的产品介绍，还可以定期举办活动，如互动抽奖，通过微信上流行的表达方式拉近与客户的距离。

服务号主要为企业和组织提供更强大的业务服务与客户管理能力，帮助企业快速实现全新的公众账号服务平台。做微信需要有长远心态，把它当作维系客户的必备工具，这一点必须通过服务号平台来实现。服务号对微信运营的要求更高，因为它是售前和售后服务的集中体现。服务号需要企业开放后台端口，对于企业后台系统提出了较高要求。通过服务号平台，客户可以实现在线预订、在线支付；企业能聚合更多的会员，维系已有的客户资源，并对客户消费习惯进行分析，进而打造更有针对性的产品。

短时间内各大公众账号迅速完成了从订阅号向服务号的升级，推送信息的数量缩减为一月一次，将更多的时间留给受众通过自定义菜单获取服务，至此，微信公众账号真正开始了从信息台向服务台的功能转变。

1. 服务号自定义菜单

服务号可以依据服务设定功能菜单，通过在微信底部的对话栏中提供菜单按钮实现与好友的交流互动，提供独立 APP 的服务。自定义菜单接口可实现两种类型按钮：（1）Click（点击事件）按钮：粉丝点击 Click 类型按钮后，可直接回复对应按钮的自定义消息。（2）View（浏览网页）按钮：粉丝点击 View 类型按钮后，即可浏览企业主站网页。比如 QQ 充值、景点打折门票、招商银行等微信账号都具备这项菜单功能。在鞋品销售中，也有企业的微信营销开始使用这种功能。例如奥康鞋业旗舰店的微信：进入界面，下方设计购物专区、品牌活动、个人中心 3 个按钮。个人中心下级菜单有订单物流查询和搜索，品牌活动下级为最新活动和品牌故事，购物专区可以通过手机查看商品，下订单，如图 6－4。

2. 应用实例——福建金苑服饰有限公司

福建金苑服饰有限公司成立于 1990 年，坐落于中国休闲服装名城、著名侨乡福建石狮市，是一家集研发、生产、销售、服务为一体的大型品牌女装企业。强大的设计优势，核心的品牌理念，依循着对女装市场的前沿判断，金苑引领时尚潮流，创立了国内女性时尚服饰知名品牌，精准地实现科学配货、快速补货双翼齐飞的商业模式，成为国内职业淑女装领域里的领头羊。金苑目前拥有强大的自主研发、生产、营销管理队伍及3个大型生产基地，近4000余名员工，70家合作生产厂，在中国黄河以南的大中城市有千余家的终端网点。

（a）　　　　（b）

图6－4　奥康鞋业旗舰店公众账号

金苑服饰是较早开展微信品牌推广的服装企业之一，其微信公众号有三大自定义菜单——“购物专区”、“品牌专区”和“个人中心”，见图6－5。

（1）金苑服饰“购物专区”

“购物专区”是为顾客通过移动互联购物而设置的功能，其下设4个二级菜单——官方商城、订单查询、最新活动和每日签到，见图6－6。

“官方商城”是手机版的金苑服饰网店，顾客可以在手机上浏览服饰，将心仪的服饰加入购物车，通过移动网络进行购物，见图6－7。

“最新活动”是金苑服饰推出的顾客互动活动。如2015年3月20日至27日的活动是“春季搭配真人秀”，邀请顾客在金苑服饰的新浪微博上晒出自己搭配的服饰，每位参与者均可获得金苑官方商城100元搭配基金（以优惠券派发），并在其中再选取30个赠送好评如潮的羊年公仔羊一只，见图6－8。

图6－5　金苑服饰微信公众号的三大自定义菜单

图6－6　“购物专区”的二级菜单

图6－7　“官方商城”

图6－8　“最新活动”

"每日签到"为鼓励顾客每天访问金苑服饰的公众号，签到的顾客可以获得8个积分，但每天只允许签到一次，即每天只能获得一次签到积分，见图6－9和图6－10。

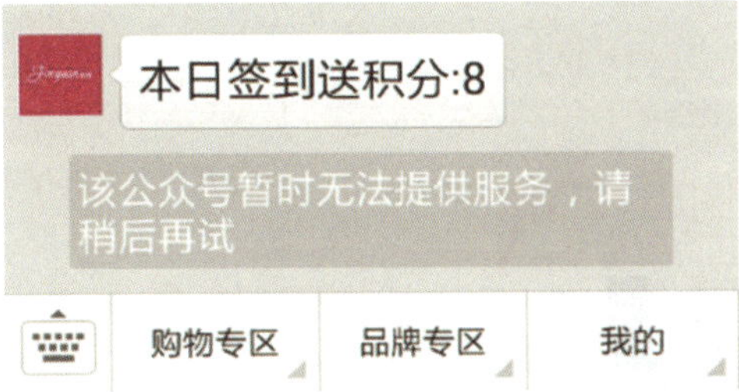

图6－9　"每日签到"

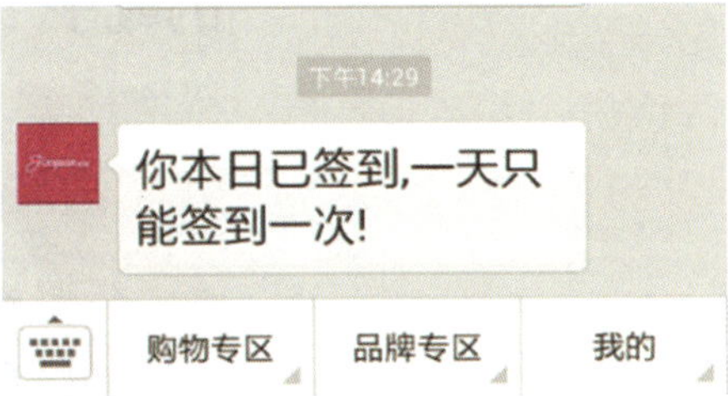

图6－10　"每日只能签到一次"

（2）　金苑服饰"品牌专区"

"品牌专区"是为金苑品牌推广而专门设置的功能，其下设5个二级菜单——美丽衣橱、美鞋攻略、70期感悟、设计师介绍和加盟与合作，见图6－11、图6－12和图6－13。

图6－11　"品牌专区"的二级菜单

图6－12　"美丽衣橱"

在"70期感悟"中，金苑服饰以美图、美文、动画和悦耳的音乐展示了金苑美丽的服饰，令人赏心悦目，见图6－14。

图 6－13　“美鞋攻略”

图 6－14　“70 期感悟”

“设计师介绍”推出了金苑的设计总监，展示了金苑的设计实力，对顾客产生吸引力，见图 6－15。

“加盟与合作”方便潜在的合作者联系到金苑，有利于拓宽销售渠道，见图 6－16。

图 6－15　“设计师介绍”

图 6－16“加盟与合作”

（3）金苑服饰“个人中心”

“个人中心”是为顾客提供服务的功能，其下设 5 个二级菜单——积分查询、我的优惠券、二维码分享、附近店铺和微信操作帮助，见图 6－17。

“积分查询”帮助顾客了解自己的积分数量，告诉顾客如何将积分兑换成现金券，将积分转化可以消费的现金，见图 6－18。

“我的优惠券”帮助顾客了解所拥有的优惠券，以便在合适的时候使用，见图 6－19。

“二维码分享”是一种有奖品牌推广活动，通过顾客与朋友之间的分享，提高顾客中奖的几率，见图 6－20。

“附近店铺”通过顾客的地理位置，给顾客提供其附近的实体店信息，帮助顾客到实体店体验消费。

“微信操作帮助”向顾客介绍金苑服饰公众号的操作方法，见图 6－21。

图 6－17　“个人中心”的二级菜单

图 6－18　“积分查询”

图 6－19　“我的优惠券”

图 6-20　“二维码分享”

图 6-21　“微信操作帮助”

除上述公众号功能外，“金苑服饰”官方微信每天都编辑群发一条微信内容，顾客还可通过在线咨询来实现更便捷、更深入的互动，比如服饰新品、实体店加盟的咨询，等等。

金苑服饰微信运营部门认为，微信公众账号是服装品牌数字化生存非常不错的平台，“金苑服饰”官方微信打造的是轻 APP 的形式，粉丝在阅读资讯的同时也可以在线购物，这样和传统销售方式比起来，更有利于促进消费者深度的品牌认知，深入了解每一款衣服，了解设计师的设计灵感和初衷，而不像实体店销售员向消费者口语化介绍款式一样，难以传递更多品牌自身想要表达的东西。

通过金苑服饰公众号，我们看到，如果真希望通过微信来实现营销的目的，那么需要好好规划运营思路，整合资源，明确目标。如果为做而做，为发而发，那么将会降低品牌在粉丝眼中的地位。所以，品牌微信公众账号一定要好好经营自己和粉丝的关系，用交朋友的心态去做微信营销，去拉近双方的距离。

四、漂流瓶

（一）产品描述

漂流瓶是移植至 QQ 邮箱的一款应用，该应用在电脑上广受好评，许多用户喜欢这种和陌生人的互动方式。移植到微信上后，漂流瓶基本保留了原始简单易上手的风格和功能。

（二）功能模式

漂流瓶有两个简单功能：（1）“扔一个”，粉丝可以选择发布语音或者文字信息然后投入“大海”中，如果有其他粉丝“捞”到则可以展开对话；（2）“捡一个”，“捞”大海中无数个粉丝投放的漂流瓶，“捞”到后也可以向对方发送信息以此与对方展开对话，粉丝主动捞起来得到信息也可以再传播出去。

用户捡到漂流瓶，首先可以获取瓶内的文字或声音信息，其次漂流瓶打开的同时，显示了扔此漂流瓶的账号信息，与“附近的人”功能一样，可以通过头像，签名宣传品牌 logo、口号、活动等信息。

微信官方可以对漂流瓶的参数进行更改，使得合作商家推广的活动在某一时间段内抛出的“漂流瓶”数量大增，普通粉丝“捞”到的频率也会增加。加上“漂流瓶”模式本身可以发送不同的文字内容甚至语音小游戏等，如果营销得当，也能产生不错的营销效果。

（三）优缺点分析

漂流瓶的实质是采用随机方式来推送消息。其优点是简单、易用，不足是针对性不强。又因为粉丝使用漂流瓶的目的是为了排遣无聊之情，所以在这里做营销的话如果方式不正确极容易产生反作用，比如如果只是纯粹的广告语，可能会引起粉丝反感的，此外，每个粉丝每天只有 20 次捡漂流瓶的机会，捡到瓶子的机会是比较小的。

（四）应用实例：招商银行“爱心漂流瓶”慈善活动

这是技术性和创意性更强的微信互动案例，是招商银行为自闭症儿童提供帮助的慈善性质的营销活动。在活动期间，微信粉丝可通过“漂流瓶”功能捡到来自招行微信账户的漂流瓶，然后根据上面的提示完成一些配合，比如通过微信给自闭症儿童说一些祝福的话，随后招商银行会根据粉丝的参与情况，通过壹基金的“海洋天堂”计划来为自闭孩子提供专业辅导训练。只要参与或关注，招商银行便会通过“小积分，微慈善”平台为自闭症儿童提供帮助。这种简单却又可以做善事的活动，颇为吸引人。

在招商银行开展活动期间，每捡 10 次漂流瓶基本上就有一次机会捡到招商银行的“爱心漂流瓶”。这项慈善活动在吸引大量参与者的同时，也提升了招商银行的形象。

为了这次活动，招行专门通过微信官方调整了漂流瓶的参数，使得合作商家推广的活动在某一时间段内抛出的“漂流瓶”数量大增，让粉丝“捞到”来自招行的漂流瓶的几率大大增加。

五、朋友圈，实现精准营销

朋友圈功能的上线使微信不再仅仅是一个即时通讯工具，某种程度上赋予了微信一层社交应用的气息，并且可以归类于私密社交，粉丝可以将手机应用、网站中的精彩内容等快速分享到朋友圈中，口碑营销更具效果。

2015 年 3 月，北京服装学院服装设计专业本科毕业作品发布会期间，教师、学生在朋友圈中对发布会进行了大量的现场直播和转发，取得较好的宣传效果。例如，北服教师在朋友圈中连续发相关消息，并多次在朋友圈中发送秀场视频，发布会后北服师生又在朋友圈分享相关的报道，见图 6－22。

(a)

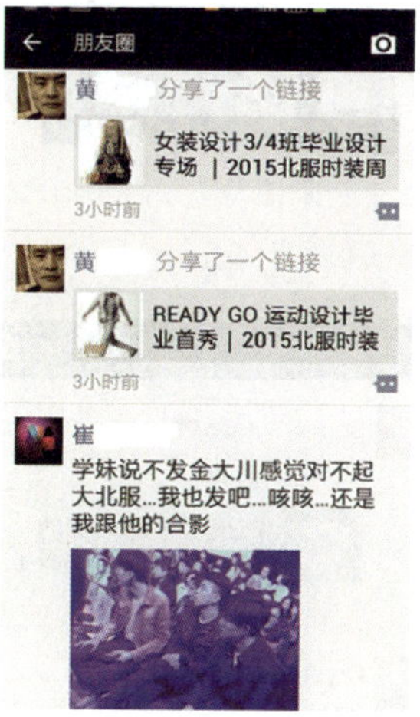

(b)

(c)

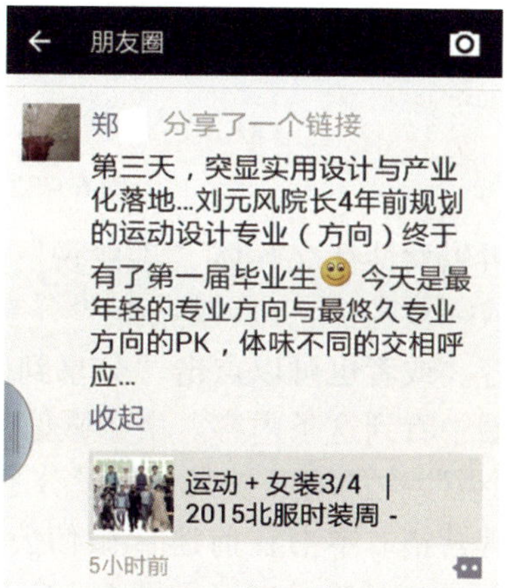

(d)

（e）

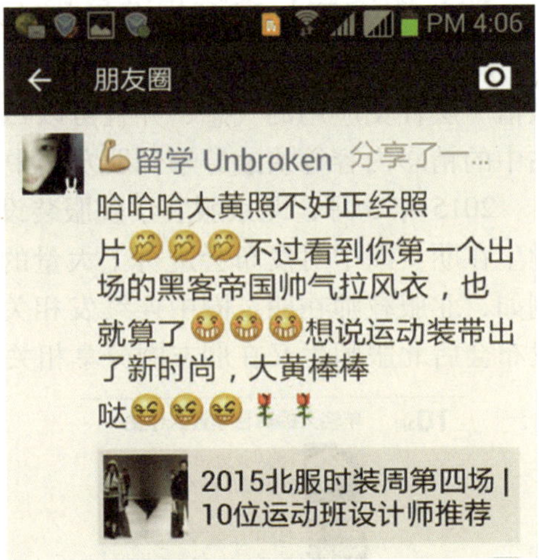

（f）

（g）

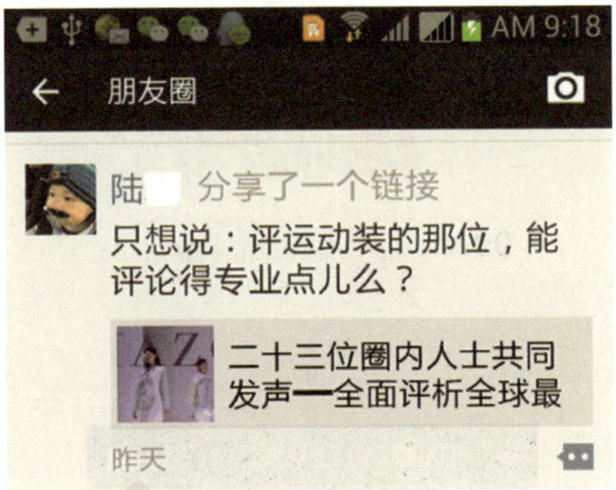

（h）

图 6－22　北服师生的朋友圈

再以女性社交媒体“美丽说”为例，当粉丝看到某个精彩内容（比如一件外套或一双鞋子），可以点击“分享给微信好友”，指定的好友便可以看到发布的内容。或者也可以点击“分享到微信朋友圈”，这样所有的微信好友便可以在朋友圈中看到这条内容。由于微信粉丝彼此间具有某种更加亲密的关系，所以当“美丽说”中的商品被某个粉丝分享给其他好友后，相当于完成了一个有效到达的口碑营销。本书在前述“微信公众账号”部分介绍的金苑服饰，就通过“美丽说”进行品牌推广，见图 6－23。

图 6－23　金苑服饰“美丽说”

金象网微信公众账号 2013 年 6 月 14 日推出“夏季常备防暑药”活动，盘点出金象网推荐的防暑降温药品，如清凉油、藿香正气、金银花等，详细介绍各产品的特点及用法，并在文末注有“点击右上角，分享到朋友圈”的字样，以及链接有金象大药房网上商城网址。对于广大消费者来说，正当夏季，生活必需，因此吸引了消费者的眼球。

借助微信平台，企业还可以使此前积累的老客户重新黏合在一起。上海某家旅行社门店的店长，在微信中加了很多客户为好友。这位店长在“越南岘港四日游”踩线活动中，一路拍照并发至朋友圈，结果共有 20 名客户就是因为看到了这些照片，才决定购买该旅行社的产品的。

六、“扫一扫”

微信 5.0 版最突出的是“扫一扫”功能的一键集结，将原来的“登录网页版”、“扫二维码”等设置收拢，增加了扫条码、扫封面、扫街景、扫翻译等功能，对着窗外扫一下，附近的餐厅、商店、影院都能呈现出来。用手机扫描电影海报，电影的上映时间、票价等信息跃然而出，并且可以直接买票。利用手机扫描图书可以获得图书简介、图片及音频视频信息，实现图书的宣传；读者还可以扫描二维码获取电子商务网站上该图书的售价，在进行价格和书评对比后进入图书购买阶段，实现图书微信营销。

七、微信支付

（一）产品描述

微信支付与淘宝、苏宁易购的线上支付类似：比如购买一张麦当劳“茶点卡”，点击选择“立即支付”，在“添加银行卡选项”中输入银行卡号，输入持卡人姓名、身份证号码，以及在银行预留的手机号，确认后，手机将收到短信认证，输入认证短信，支付就完成了。

微信支付功能的上线，让人们看到了微信在移动电商包括 O2O、社会化电商以及传统的网购等领域的无限可能，微信将成为藏在手机里的打折卡、刷卡器。微信支付功能不仅方便用户消费，还能使企业掌握消费者的购买数据，为消费者购买行为分析提供依据。

据悉，微信支付上线短短 3 个月，粉丝增速迅猛，已实现了多重支付场景下的交易闭环，从易迅、当当、优酷、蘑菇街、大众点评等线上电商，到海底捞、七天酒店等线下实体电子商务，此外，易迅、当当、优酷、蘑菇街等众多企业也纷纷接入到微信支付中。“移动支付最根本的使命是替代银行卡和现金”，微信支付方面表示，“我们正在加大力度与更多的线下实体商家合作，争取在不远的将来，把微信支付打造成现代都市经济适用男女的随身付款利器”。

（二）应用实例：7-Eleven

2014 年 1 月，微信支付与全球最大连锁便利商店 7-Eleven 于广州合作推出“1 分钱购可乐畅饮羊城”活动。在 7-Eleven 门店收银台前的圆形广告牌上扫描二维码，便可进入“微信支付 1 分钱购可乐”活动页面，点击“立即支付”，然后输入支付密码，即可完成购买，全程只需 5 秒。7-Eleven 或将成为继七天酒店、海底捞、上品折扣等连锁企业后，首家联合微信支付试水 O2O 的连锁便利商店。

7-Eleven 方面表示，随着后续合作的逐步深入，以后粉丝到 7-Eleven 买东西，或许就不用带现金和钱包了，习惯了自由夜生活的人们钱包或许会不带，但手机绝对不离身。7-Eleven 全面支持微信支付后，即便是凌晨没带钱包，只要拿出随身的手机仍可买到需要的物品。

八、小结

微信品牌传播模式各有千秋，其比较见表 6－1。

表 6－1　微信营销模式的优缺点及适用范围

营销模式	优点	缺点	适应范围
漂流瓶	操作简单，趣味性强	针对性弱，用户每天捡漂流瓶的次数有限	有较大的知名度的产品或品牌借此扩大品牌影响力

续表

营销模式	优点	缺点	适应范围
位置签名	有效吸引附近客户	覆盖范围小	便利店、餐馆等位置决定生意的商店
二维码	吸引对产品感兴趣的用户，诱导其产生消费行为	须由用户主动扫描	与用户关联较紧密的产品
开放平台、朋友圈、微信公众平台	有利于形成口碑营销并实现产品信息的病毒式传播	只有客户对产品感兴趣才会对产品信息进行分享，对企业所发布的营销信息有较强要求	口碑类产品

第三节　微信品牌传播策划

一个微信账号要不然就做到有趣，要不然就做到有用。如何将微信做得有趣、有用，需要良好的活动策划。微信品牌传播先行者们的创意策划值得其他品牌借鉴。

一、Veromoda

（一）案例亮点

通过潜在客户拍摄二维码，分享至微博后进行在线抽奖，参与即人人有奖。拍码互动、微博互动、销售互动结合一体。消费者充分参与享受立体、积极的互动营销当中。

（二）案例背景

针对消费者营销一直是时尚品牌的难点。单一的打折、返券营销对于消费者的神经已经趋于麻木，并且已不能再短时间内迅速提高销量。并且 Veromoda 预期的营销效果为销量、品牌推广、后期营销方案评估指导 3 个方向，因此迅鸥互动公司为其设计了本次营销方案。

（三）传播分析

1. 目标受众

Veromoda 的受众群体定位是 15 岁至 35 岁之间的都市女性，这个群体对时尚度及性价比较为敏感，并且对新鲜事物具有很强的兴趣。对于购物功能性并不十分在意，关注点在于新颖的设计及品牌本身的意义。

2. 传播需求

通过拍码抽奖互动营销，弥补品牌宣传形式单一的不足，配合微博分享，突显个人的购物能动性，提高消费者关注度，从而推动消费者参与互动。

3. 传播挑战

在竞争激烈的中低端品牌服装市场上，由于 Esprit、Etam、Azona、Mango 等跨国知名时尚服装品牌与 Bestseller 旗下品牌的定位非常相似。另外，Bestseller 旗下服装品牌 Veromoda 也与 Only 位列最受欢迎女装品牌的前三甲，占有了一部分市场，打折只会降低品牌定位，并损失一部分追求品牌品位的客户。因此，为抓住消费者，举办的活动既要让利于消费者，又要保持品牌的定位，使消费者在参与体验活动的同时，对品牌有更高的认知度和认可度。

（四）营销策略

迅鸥互动公司通过对 Veromoda 品牌消费群的偏好分析，配合 Veromoda 的短期及持续性预期打造互动营销。借助拍码抽奖的方式，吸引消费者参与活动，既顺应了爱美女性逛街的习惯，满足购物的欲望，又提高消费者对此次创新活动的认知度

（五）执行亮点

1. 活动创意表现

主题活动以会员、非会员两种模式相结合，迎合消费者对新鲜事物的追求，吸引了众多消费者驻足关注。并突出会员特权，吸引潜在会员加入，提高品牌会员基数，增加会员忠实度。

2. 后台监测

后台数据监测，实时记录拍码人次，有效统计参与活动的人数，保证了信息真实性和有效性。

（六）营销效果

根据数据统计显示，本次活动不但在短期内提高了单店的销量，提高了品牌的露出度，而且收集了大量客户的宝贵信息（姓名、电话号码），为品牌精准定位、数据评估得到了依据。

二、淳度服装

（一）案例亮点

不起眼的包装，厂家认为是只有付出不会有收获的成本也成为了再次成交的

桥梁

（二）案例背景

深圳淳度服装有限公司是一家投资千万元人民币的大型电子商务公司，专注于年轻时尚女性家居服和内衣设计、生产和销售，以自主品牌“淳度.QUEEN´D”面向都市白领女性提供健康、时尚、高品质和高性价比的家居服装，致力于打破中国家居服市场的低端媚俗的局面，倡导“新家居生活”的品牌理念，为都市知性女性带来健康、时尚、轻松家居生活的新体验。

（三）品牌风格

时尚FASHION，简约SIMPLE，品质QUALITY，跨界CROSS BORDER。

享受时尚，善读流行文化，更精通挖掘个性，以艺术表现设计，于细节处见品位，专业致力于时尚外穿型家居服。

崇尚简约，拒绝张扬，但更绝缘平庸，简洁的裁剪，给予身体充分自由，纯粹的色彩，打造随性自然的气质。

坚持品质，注重面料的品质感和价值感，始终坚持考究用料，强调环保性、健康性与舒适性的结合，提供最佳穿着享受。

大胆跨界，秉承当前风靡欧美而在中国却刚起步的慢生活方式，结合网络时代宅文化的全新解析，不仅仅是家居服，更是一种新家居生活的风尚指引。

（四）传播分析

目标受众：目标人群为淳度的网购顾客。

传播目标：让顾客在收到淳度服装的货品时感受到淳度的时尚、简约的特点，并能够快速地通过微博、网络等方式增进与淳度服装的网络站点进行互动。

（五）营销策略

送货和收货环节，卖家与买家联系的一个重要纽带是收货单或者外包装，包装营销成为一个重要一环。所以，如何让顾客快速通过包装来与淳度的网络站点互动成为一个重要一环。

设立带有淳度品牌特色的二维码，吸引客户的注意并刺激客户进行线上互动，成为一个好的解决办法

（六）执行亮点

淳度服饰采取讯鸥互动提供的方案，成功地解决了顾客在送货单中的互动营销难题。

（七）营销效果

每一次送货，顾客都会收到带有互动二维码Tag的淳度送货单据，长期的收货与送货必将给顾客一个习惯，那就是登陆淳度的网络保持与淳度的互动。

图 6－24　淳度服装二维码品牌传播

三、老人头

（一）案例亮点

根据对“LEONARDO 老人头”品牌（以下简称“LEONARDO”）的需求分析，迅鸥互动公司将自主研发的防伪加密技术与二维码相结合，制作出智能标签。LEONARDO 使用智能标签后，市场上假冒伪劣行为得到了非常有效的遏制，大大保障了消费者的利益。在此基础上，LEONARDO 利用彩色个性化二维码方案的深入营销，使 LEONARDO 品牌影响力与日俱增。

（二）案例背景

1. 市场背景

目前，市场上各大品牌都面临自己的产品轻易被仿造、打击假冒伪劣产品成本高、治标不治本的问题，随着仿造技术不断提高，传统的防伪方式起不到任何实质的作用，消费者难辨真假，利益得不到保护，严重损害了企业形象。

同行业里，各品牌间的竞争与日俱增，如何给消费者更新、更好的体验，已成为商家思考的问题。

2. 产品介绍

LEONARDO 在产品外包装上增加了一种智能标签。消费者购买后通过手机软件进行解码，即可验证产品真伪，获得详尽的信息。同时，信息中还包含了企业形象展示、产品动态、活动介绍等内容，消费者可直接参与其中。

（三）传播分析

1. 目标受众

LEONARDO 老人头的目标受众定位在大中城市消费人群。这些消费人群对品牌的品质与价值有独到的见解与较高的要求，特别是对产品的真伪有极强的敏感性。

2. 传播需求

通过在产品上使用个性化二维码智能标签，以及独创的验证方法，使仿冒者无处下手，让消费者重拾购买信心，提高消费者对企业品牌的关注度与认知度。

（四）营销策略

提供了多快好省的标签印制方案，10 万级产品全线仅用了 10 天时间就完成了，保证了产品的生产效率，加大了造假者的造假成本，促使造假无利可图。

图 6－25　老人头二维码智能标签

（五）执行亮点

1. 定向以人为本，提高投放全面度：利用对每一个消费者的验证行为的跟踪和分析，得出消费者对产品防伪的需要，提高投放的多样性。

2. 优化覆盖率：店铺遍布全国各地，产品种类丰富多彩，产品数量非常庞大。精确锁定忠实客户，提升品牌的深入营销。

（六）营销效果

1. 使得消费人群即可通过手机移动网络随时随地对产品信息进行准确查询和验证。

2. 消费者可及时核对产品信息并与企业互动，提升对品牌的信赖。

3. 对顾客数量、行为进行准确统计，并实时获取消费者反馈的信息。

4. 智能标签的应用，大大杜绝了市场上假冒伪劣现象的发生。保障了企业的利益，维护了消费者的权益，得到了认可和好评。假冒伪劣现象的消失、消费者重拾购买信心、企业品牌的深入营销，使该产品的销量在短期内猛烈增加，在行业内作为一个标杆性的事迹被传颂着，品牌影响力与日俱增。

四、巧用语音信息

（一）英特尔：语音播报

粉丝偶尔会厌倦了打字发短信，发视频又过于耗费流量，既如此，用微信发送音频信息，就是省时省力又省钱的信息传递方式。

2012 年伦敦奥运会的营销竞赛中，英特尔充分利用了微信平台的语音特性。伦敦奥运会竞赛多半发生在中国时间的午夜，为此英特尔雇佣了两名明星体育主持人，早中晚用语音播报的形式分别宣布最新赛况，这档 2012 年 7 月 27 日首播的“超级星播客”，开创了国内第一档基于移动互联端的手机语音播报节目，让中国体育迷在指尖上过了一把奥运瘾。

图 6－26　英特尔中国“超级星播客”

（二）飘柔：语音聊天

现在微信开放平台已经提供了基本的会话功能，让品牌与粉丝之间做交互沟通，但由于陪聊式的对话更有针对性，所以品牌无疑需要大量的人力成本投入。

传说中的“小飘”能唱歌能聊天，添加“飘柔 Rejoice”为好友后，就可根据选择进入聊天模式。通过真人版对话式微信，与能聊天又能唱歌的小飘进行对话。

五、游戏与抽奖

据调查，经常手机上网的人，如果商家的主题和奖品具有足够的吸引力，80%的人愿意动动手参与抽奖互动，甚至愿意支付少量的费用参与抽奖。例如，加“IT茶馆”为好友后，根据提示即可开始答题。回答对题目进入下一题，如果是第一位全部通关者，还有手机移动电源赠送。图6－27所示为天舟电商的大转盘抽奖活动。

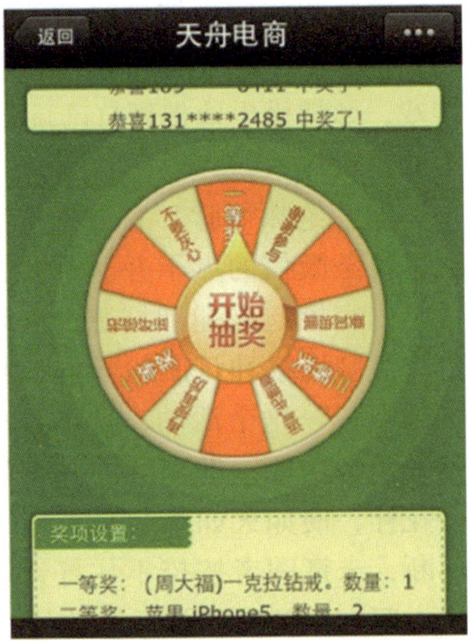

图6－27　微信大转盘抽奖活动

有一组数据显示极为生动：如果一个品牌商将“大转盘”“刮刮乐”之类的活动移到微信上，粉丝可在手机端进行抽奖，抽中后便到店铺领取，该品牌已经累积10000个粉丝，以60%的图文转化率计算，便有6000人获取信息，再以70%中奖概率、30%的到店领取率来计算，活动期间就可带来1000人到店铺。假如1000人中有60%产生消费，平均以150元计算，店铺就可获得90000元的业绩。

再试想，商家策划1元抽奖机制，有10000个粉丝参与，那么奖池里就有10000元基金，商家再把这些资金转换成奖品给获奖的消费者，商家既不损兵折将，又从中获得了更多的粉丝量和潜在的顾客。

（一）康师傅“香辣乐动”小游戏

瑞意恒动是第一个在微信中尝试有声网页游戏的“英雄”。他们使用Html5技术为康师傅香辣牛肉面的公众账号开发了一款APP小游戏，名曰“香辣乐动”，玩法类似简单的跳舞机：葱花、香菜、辣椒、胡椒粉等纷纷扬扬从天而降，网友按照个人口味，通过移动屏幕下方的4碗面条接住掉落的作料，调制成属于自己的那碗或香或辣的牛肉面。游戏上线两周，就吸引了3000多人参与。

（二）1号店“你画我猜”

用户在关注1号店的微信账号之后，1号店每天微信会推送一张图片给用户，然后用户就可以通过回复答案的方式来参与到游戏当中，猜中并且在名额范围以内就有奖品。该活动将猜图的有趣和抢答的紧张结合在了一起，用户以非常低的成本就能去博得实实在在的奖励。让手机端的粉丝与WEB端互动起来，1号店以非常小的成本就实现了为电商平台导入了大量有针对性流量。

（三）OPPO手机官网刮刮乐互动游戏

其游戏规则是：回复“七天乐”获得一张虚拟奖券，在刮奖区刮一下就能知道自己是否中奖，每人每天有一次抽奖机会。活动历时7天，发行奖券50余万张，增加粉丝12.8万人，送出手机7部。活动全程共吸引了21.5万人参加。

（四）“绝味鸭脖”的“绝小鸭”

绝味鸭脖的微信订阅者能感受到，一只名叫绝小鸭的小鸭子，是如何通过“找你鸭”、“绝味高考题”、“数鸭子”、“绝味最嘎音”等一系列微信活动和小游戏，妙趣横生地带领自己玩转微信的。活灵活现的绝小鸭俨然成了订阅者生活中的小玩伴。

图6-28 “绝味鸭脖”的“绝小鸭”

据“绝味鸭脖”官方推广策划负责人介绍，每条微信的点子并非都要是新鲜的，关键是内容挑起兴趣和好感，展现形式和语气符合品牌性格和订阅粉丝群口味。就像“绝味最嘎音”这个活动，只不过充分利用了微信的语音功能，把当红的一个娱乐节目变了个花样，便如火如荼起来，订阅者“嘎”音不断，未订阅者按捺不住好奇心，到处打听后大叹与“绝味鸭脖”微信号“相见恨晚”。

（五）北京朝阳大悦城“一猜到底”

北京朝阳大悦城2013年元宵节时推出的“一猜到底”是结合节日习俗推出的活动，单日最高回复量超过5000人次，累积回复量超过1万次。

在“找你妹”游戏APP席卷公交地铁的上班族之时，朝阳大悦城设计了一次“找你妹Logo版”活动，让粉丝以游戏的方式寻找大悦城的logo，这种紧追潮流的速度确实令人赞叹。

六、自动应答式互动

微信的核心是互动，而不是粉丝数。微信营销的最高境界是粉丝需要你的时候立刻出现，粉丝不需要你的时候保持静默，尽量不要频繁推送信息，否则粉丝会不堪其扰而取消关注。

用户互动的问题（如产品咨询）有许多是重复的，为降低微信运营人工成本，快速与用户互动，可以针对常规性重复性问题制定自动回复用语。微信公众后台只能开出200个自动回复规则，利用微信消息接口深度开发规则可以无限添加，粉丝输入想问的问题，数据库便自动返回结果。例如江苏文艺出版社的自动应答，读者回复“文艺”可收获一段美丽文字，回复“音乐”可获取新歌推荐信息，回复“投稿”将收到投稿邮箱信息。

在初期需要筛选和回复大量粉丝信息，工作量很大，但随着自动回复规则的增加与完善，工作量会大大减轻。而且只要开发出足够多的自动回复，就可以达到前所未有的丰富程度，完全令账号拟人化，让客户感到与众不同。

（一）北京朝阳大悦城

朝阳大悦城在平台互动模块中基本以固定自动回复为主，由于善于对粉丝回复内容进行分类归纳，因此对于14万粉丝也只配备2名微信客服。

类似“你好/hi/hello/早上好/表情”等内容被列为一级搜索目录关键词，自动回复则是引导粉丝进入二级搜索目录的关键词，这有3个选项“看看”、“找找”和“乐乐”，以引导粉丝继续输入，并转入三级目录，例如“看看”目录下会有停车、电话、地址等关键词，而“找找”则归纳了1F、西餐、火锅等三级关键词，“乐乐”则跟折扣“会员”等词汇相关。

（二）长虹微信聊天机器人

粉丝问：“相亲过么?”长虹微信：“来参加浙江卫视非诚勿扰吧。”这就是长虹微信。长虹将自己旗下的主流产品包装成性格各异的微信机器人，这些机器人通过自由设置的关键词回复功能，最大程度地与微信粉丝进行点对点互动，既让官方与粉丝之间建立了亲密的关系，又让回复变得非常智能和贴切，还实现了对长虹产品的有效传播。这项应用在雅安地震时更以互动直播的方式做到了极致，让粉丝得到更加直接的信息获取体验——只要向长虹微信查询地震相关关键词，它就会推送相关的实时信息。相比传统媒体上的单向内容，通过长虹微信聊天机器人来得到的信息更具有互动性、可参与性和实时性。事实证明，自动回复的微信模式同样能获得消费者的信任与尊重。

七、人工回复式互动

林志玲是受人欢迎的大明星，无法与众多粉丝一一沟通，因此其公众微信号采用自动回复。例如，将“爱你”设定为检测的关键词，只要粉丝键入“爱你”，系统就会回复。而粉丝追问“真的”时，对于这个系统却是无解的，即未预告设定自动回复 

，对话自然也就不能再进行下去，因此企业在做微信品牌传播时不可不用人工回复。

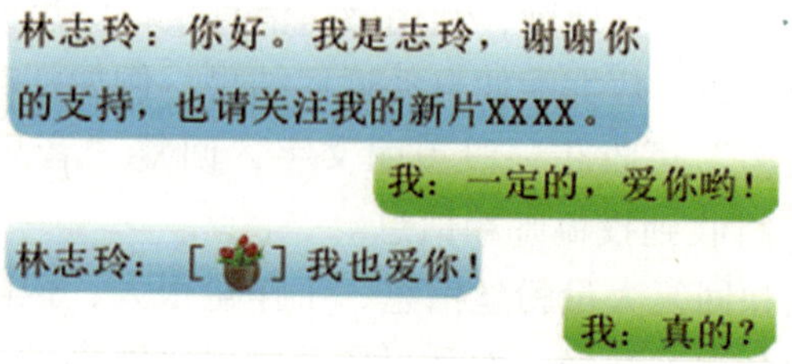

图 6－29　林志玲微信的自动回复

尽管微信公众账号可以根据粉丝发来的关键字，“智能”地回答粉丝提出的问题，但是千万不要觉得回复粉丝留言很麻烦就不去做这件事，或者只依靠聊天机器人应付了事，那其实非常得不偿失。愿意花时间回复公众账号粉丝占比非常小，但一旦回复了，就说明他是该账号的重度关注者。其实粉丝要的不多，哪怕一个“谢谢”或“你说的很有道理”，粉丝都会感觉受到你的重视，会在未来一直支持你。

（一）星巴克

星巴克总是用一些有趣的自动回复设置来吸引粉丝与之互动，并且成功推销自己的新产品。但粉丝的问题五花八门，不能完全依赖自动回复，企业在品牌推广过程中可以结合自动回复与真人对话，对于常规性问题可以设定自动回复，对于非常规问题进行人工回复，并将非常规问题逐步转化为常规性问题，降低人工回复量。当微信后台积累了足够多的自动回复后，就可以令账号拟人化，让粉丝们感到与众不同。

（二）某外资眼镜零售企业

该企业除了少数关键词布局，居然完全是人工回复的，用户不用担心答非所问的情况，也不用担心所提问题没有被系统收录。更重要的是，客服人员都很有礼貌，并且解答详尽，跟身处门店没两样，令人叫绝。该国际品牌的诉求有所不同，其目标受众相对少，产品更新周期更长，并且无法在任何一个繁华的街道拐角买到，在没有摸索出更为有效的互动模式之前，无疑是明智的。它快速而实际地为询问者解决了问题，并且彬彬有礼地突显了对每一位潜在客人的尊重，以维持品牌尊贵的形象。

不过这样的决策最考验品牌的实力。完全以人工方式应对庞大的粉丝群，该品牌微信公众账号背后的团队绝不会小。而且随着账号认知度的提高，工作人员处理的信息也会随之激增。迄今为止，每一个粉丝提出问题的响应时间还能稳定控制在 15 分钟以内，这样的效率对于规模稍小的品牌而言几乎不可想象。

但是，以人工方式运营微信公众账号的益处也是不言而喻的，它可以最彻底地消除某些潜在顾客对品牌的误读和疑虑。与那些语焉不详的大型广告牌相比，有什么比一个针对性的官方回答更具说服力呢。

八、体验派对活动：耐克

自耐克中国宣布在微信上展开第一个“Nike FOS”营销活动后，便得到了微信的支持，Nike FOS是耐克举行的第二届盛大运动派对，这个派对利用微信实现与粉丝的体验互动活动，还包括收集徽章等游戏，这让耐克的微信营销取得了初步的成功。

据耐克公司介绍，其在微信上的营销概念是“移动耐克体育”，粉丝每天都可以通过微信获得耐克的日常信息更新。

根据耐克大中华地区媒体负责人Vicky Huang所称，耐克微信营销活动的目标就是为了改进耐克的一对众客户关系。“微信是进一步建设我们客户关系系统的终极平台。我们想与消费者深化交流，希望从广播转变为对话，希望从一对众交流转变为一对一交流。”

为了进一步加大粉丝的兴趣，耐克在配套的网上和传统广告中大面积地使用了二维码，让粉丝在带有耐克二维码的出租车上、路边的海报上、销售传单上随意扫码立即关注耐克的微信账户。

图6-30　耐克体验派对活动

第四节　微信品牌传播策略

一、公众号推广

（一）多种方式传播二维码

平面广告、常规宣传、客户服务、新媒体等都是很好的推广平台，在店铺门头与橱窗、店内招贴、宣传单、海报、产品包装、企业宣传软文、社交空间主页、官方网站、微博、博客、QQ、微信等上面不断公布自己的二维码图片，让客户处处都能轻松扫描到二维码。例如英国驻中国大使馆在大门显著位置上放置巨型二维码，卜蜂莲花在滚梯上方显要位置悬挂其二维码，鼓励顾客扫描成为粉丝。

若是和地理位置密切相关的企业，可以借助个人微信账号，集中对活动目的地周围的人进行打招呼推广，这种方式效果也很好。

（二）优惠活动吸引扫描二维码

尽量给予目标消费者更多的优惠，他们就更加愿意去扫描二维码，更多地了解到企业的相关信息。比如扫二维码免费领取礼品或试用装、获得折扣、转发有奖或奖励积分等。通过这种方式，可以增加体验顾客，挖掘潜在顾客，同时还可以搜集顾客细分的资料，包括顾客的爱好、年龄、性别、手机号等，根据这些资料进行分组，就可以开展有针对性的服务和营销。

2012 年夏天，星巴克在中国市场推出“冰摇沁爽”系列饮品。夏季通常是星巴克的淡季，为了配合新品上市，星巴克推出微信官方平台。受众以扫描二维码的方式，成为星巴克的微信朋友，并能够领取优惠券，而成为 VIP 会员。推广活动主要通过传统媒介与作为新媒体之一的微博进行宣传造势。在活动结束的时候，星巴克的微信账号获得了 19.3 万名好友。一共有超过 32.3 万个心情被分享。同时，微博的粉丝数也增加了 15%。三周内，“冰摇沁爽”的销售额就达到 750 万元。

（三）名人效应引发扫描二维码

可以通过明星或草根大号推荐二维码、推送图文信息、发送自己活动页面，以微信大号的名人效应来引发更多网友的关注。

2013 年“双 12”时，一个淘宝卖家通过草根大号进行微信营销推广，之前该卖家无微信粉丝。11 日总共选取了 10 个与该卖家所售商品比较符合的微信公众平台草根大号，活动主题为“双 12”微信粉丝商品免费送，送完为止。卖家进行了图文专题发送，粉丝点击图文专题后，跳转至淘宝卖家 wap 购买页面，当日总共覆盖了 100 万微信粉丝，点击量 4 万，实现购买 500 单。

（四）通过专业性第三方运作

目前国内新浪、搜狐、腾讯等微博均与腾讯微信合作开设平台，可以通过其专业运作获得粉丝。北京朝阳大悦城即采用了这种方法。

1. 朝阳大悦城为何重视新媒体品牌推广

每一次做大型促销活动时，北京朝阳大悦城推广部都会在现场进行一次顾客调研，每次取样 400 人。在 2012 年 12 月，顾客接收朝阳大悦城的信息渠道中，微博占 50%，微信为 40%，但 2013 年 3 月份后，微信的渠道影响力已经超过微博。

这是一场正在进行中的新营销重心迁移。大悦城是在 2009 年前就可以运营微博，2012 年 7 月份才搭载上微信营销的快车，这个时间点也是微博营销最鼎盛的时候。而目前大悦城主要是以微博来鼓励粉丝关注大悦城的微信号，粉丝互动也以微信为主。

朝阳大悦城的新媒体营销已完成了“三级跳”：一级跳是入驻微博平台，实现由传统媒体营销向新媒体营销的转型；二级跳是增加了微信作为新的营销渠道，从而实现量的积累；目前正在进行中的三级跳则是立足实现“新媒体联动营销”，平台互补、各取所长，实现 1 + 1 > 2 的飞跃。

2. 朝阳大悦城如何赢得 14 万微信会员

北京朝阳大悦城拥有微信粉丝 14 万（超出微博粉丝约 1 万），互动率超过 40%，微信活动单日回复量超过 5000 条，而朝阳大悦城只安排了 2 个人来运营微博与微信，在投入方面基本为零，却产生了上千万的媒体价值。

2012 年 6 ~ 7 月间，朝阳大悦城率先抢滩微信营销领域，成为北京百货购物中心中第一个吃螃蟹的商场，同时，在经过一番衡量之后，它并没有选择注册较为简单、推送自主权较大的微信公众号，而是从微信会员卡来进行切入。微信会员卡目前只提供的是打折优惠服务，但大悦城希望未来通过软硬件方面进行投入，做到微信会员卡与实体卡的打通。

这种选择的弊端在于信息推送的频率与内容要由腾讯微生活团队把控，每月只能推送 1 ~ 4 次，以避免过度扰民。但它有两大优点则是大悦城更为看重的：一是腾讯会给予更多的展示资源支持，帮助大悦城发展微信粉丝，例如微生活团队可以利用 QQ 弹出广告、微生活平台的主页推荐以及重点区域的 QQ 信息强制推送等，这带来了朝阳大悦城最初一批的微信粉丝；二是微信会员卡的优惠特权可以提高粉丝黏性，而未来更大的一个预期在于，微信会员卡将和大悦城的实体卡完成打通与共享。

当然，朝阳大悦城自己也摸索了一些拉新客的方式，比如场内现场推广、微博导流以及写字楼与校园巡演等，最终拢聚了 14 万微信会员。

3. 朝阳大悦城微信品牌推广模块

朝阳大悦城将微信品牌推广细分为 3 个功能模块，一是媒体传播模块，主要是推送一些主题活动、品牌推荐、限时优惠以及商户促销等信息；二是平台互动模块，做好活动策划，着力发展自动客户，对粉丝需求进行及时响应；三是虚拟会员模块，主要是发展电子会员卡，并逐步推动电子卡与实体卡的绑定与升级。

朝阳大悦城每个月推 1 ~ 2 次的互动活动，一方面是测试微信粉丝的活跃有效度，另一方面也是想尝试让大悦城的微信账号变得有趣。

二、内容为王

由于微信需要粉丝加关注，企业才能给粉丝发信息，假设企业推送的信息缺乏价值，仅仅是为了博眼球而广告，那么久而久之则会使关注者反感，甚至取消关注。

微信内容的发布怎样能够既达到目的，又不会招致反感，一直都是业界研究的重点。微信内容不但要丰富，而且要合情、合理、有度，要努力把握好这个度。

微信品牌传播最大价值就是内容策划，要善于利用热点事件、话题或节日进行活动策划。在微信日常推送的内容上，必须坚持丰富与营养。企业应该站在用户的角度上想问题，分析自己的粉丝受众的年龄层、朋友圈、他们的关注与分享，以及需求的是什么，投其所好，在互动中产生营销的价值。例如，美文导读、指导性穿衣专题、流行趋势分享等，等时机成熟后再定时地发送节日回馈礼券、微信折扣专场活动、微信专享的会员打折卡计时抢订等。

（一）实用性

纯陈述性的信息很容易让客户感到枯燥，进而失去阅读的兴趣。长此以往，客户即使收到企业推送信息也不会有阅读的念头，他甚至会因为这种垃圾短信式的“骚扰”而取消对企业微信的关注。

以红酒企业为例，可以将微信作为红酒知识的文化传播教育窗口。红酒是具有极强文化特性的饮用品，每一瓶酒从创始人事迹、品牌诞生历程、产地气候经纬度、葡萄种植，到橡木桶选取、发酵等，乃至如何品尝、如何鉴定、品酒礼仪、储存技巧等，都具有强烈的文化色彩。红酒企业可以用微信向受众传播上述内容，包括以红酒为核心延伸的饮用功效、禁忌等实用内容，让订阅它的粉丝方便地学习到红酒知识，提高对红酒的认知理解，激发对自己经营红酒的兴趣，成为专业的发烧友。

再以出版社为例，可以推送新书推介、活动信息、书摘、短评等内容，可配以图片说明、书讯链接、相关报道，加深读者或潜在读者印象；利用社会热点或公众焦点推荐图书，如儿童节前期或中期进行儿童教育方面的知识经验分享与相关图书宣介，换季时在提醒粉丝注意身体健康的同时发布关于养生方面的出版书籍，既显贴心又达目的。

（二）趣味性

内容编辑上要注意结合时事热点和适当的内容跨界。使用风趣的言语、丰富的表情符号等，要让客户有兴趣读取信息，让他们将读取推送信息作为一种享受而不是视觉的摧残。

仍以红酒企业为例，刘谦在春晚中用红酒做道具，红酒企业可以及时把它梳理成文推送，增强时效性。把红酒与历史名人、明星的故事荟萃成文，偶尔把星座、心理、生肖、血型等于红酒结合起来。再如，苍井空最爱的红酒、性感女神林志玲的红酒养颜秘诀、狮子座的精选佳酿、AB 血型女生不能喝哪种类型的红酒、有心理强迫症的白领女性如何选购红酒……这些趣味神秘略带八卦的内容，会引起粉丝兴趣。

（三）方便性

做好内容导航，有条件的可以开发自定义菜单，让粉丝自主获取微信上喜欢的内容。

虽然目前公众号已经有查看历史信息的功能，但并非所有粉丝都对微信使用那么熟悉，还有相当多的粉丝是不清楚的。另外，查看历史消息跳转很不便利，往往查看一条信息后退出，又得从头开始翻查，粉丝体验较差，内容导航可以更加便利粉丝迅速获取想要的内容。

（四）简洁性

粉丝大多利用睡前、醒来、等电梯、中午吃饭、开会开小差、坐公交地铁的碎片化时间来获取微信上的内容，长篇大论肯定不行。

（五）标题吸引人

烦躁的秋季，聚美优品的微信公众平台就适宜地推出了诸如“唇情范儿，迷倒众生”之类的专题，让那些有着秋季干燥皮肤困扰的聚美粉丝们忍不住点击阅读，当然，爱美的女士们经过编辑们的提醒想当然的要去购买秋季护的“秘密武器”了。聚美优品甚至让许多用户每天打开微信阅读这些文章成为习惯性行为，粉丝的依赖度和黏性日益提高。

感性的话题往往能激发用户的好奇心，一些服装品牌也会推出一些醒目的文章，如“再不疯狂，我们就老了”、“如果有一天你像他们一样”等看似与品牌无关的标题，却能引起消费者共鸣，当然最终用户就像是在读一本心灵鸡汤一样在读广告。

此外，内容最好具有原创性，重点突出，编排美观。一个公众号的内容库足够丰富时，完全不用担心粉丝会离你而去。内容营销做好了，微信营销至少成功了 80%。但没耐心的企业，肯定迟早会把自己的微信号弄成一个可有可无的鸡肋号。

（六）促销与内容分开

将促销与内容分开的好处是，当粉丝想使用优惠券的时候，不至于在诸多的推送信息里找，只此一张，方便快捷；而另一个账号可看做是为品牌的忠实粉丝提供，满足他们希望了解更多企业信息的需要。

海底捞是微信营销的试水者之一。“‘Hi 捞送’和腾讯微信进行为期一年的合作，初衷是为了让顾客有更多的用餐选择。自 2012 年 12 月份推出此活动以来，Hi 捞送的用餐顾客反响还不错。”而海底捞火锅这一账号，除了向粉丝推送所有店的促销信息外，更多的是发布新的菜品，为粉丝带来节日的祝福。

俏江南的做法也与之类似，“俏江南”作为“会员卡”让粉丝享受折扣，而“俏江南 Southbeauty”则每天根据节气、时令的不同，推送养生知识，顺便推荐一道店里的菜品。

三、互动为主

微信和微博一样，也需要适时、适当的互动，如果没有互动而仅仅是推送一些促销广告，不会取得好的效果。互动的节奏要把握好，互动太少则失去营销意义，互动太多则很容易导致粉丝反感而取消关注。另外，互动必须上升到对产品和品牌文化的交流层面才有意义。

茵曼（INMAN），广州市汇美服装有限公司旗下棉麻生活品牌，由董事长方建华于 2008 年创立，凭借以“棉麻艺术家”为定位的原创设计享誉互联网，是中国成长最快、最具代表性的网络服饰零售品牌。

茵曼公关总监徐显灵说，“我很怕顾客一直问客服有没有货、这个尺寸他能不能穿、货发了没有之类的问题，因为这些问题跟产品本身并没有太大关联，对品牌方了解客户的审美喜好也没有太大的帮助。但即便一句‘亲，在吗?’这种没意义的问题，所要消耗的人员成本支出却非常大，因此，我更希望顾客同客服之间的交流能更加有内涵，能对彼此有所启发。”徐显灵说道。

对此，茵曼便在官方微信的下方加入功能性按钮之后，让顾客可以实时查询货品库存、订单进度、物流状况等信息，在提升客户购物体验的同时，也极大地节省了品牌方的人员开支。

方便品牌加强客户管理也是微信平台对企业意义重大的一项功能。“这也是很多品牌有意将消费流量引入微信客户端的一个重要原因。”青岛芳林信息技术有限公司 CEO 常胜告诉记者，微信能让品牌方通过对订阅粉丝的分析了解自己目标受众的喜好，从而及时对自己的产品进行修正。

而这一切的实现，显然也离不开品牌方同粉丝之间的互动。对此，徐显灵告诉记者，茵曼就在微信上做过一系列活动。“我们有时会将茵曼下一季的设计草图直接上传到微信上，让粉丝针对每款设计进行投票，或者上传自己的设计方案，我们会根据投票的结果来生产新品，一些粉丝在看到自己设计的产品被推出之后，对品牌的感情和黏性也会进一步增强，这就形成了品牌与消费者之间的有效互动。”

再如宝洁的玉兰油，曾在微信做了一个“晒截图，赢取三重美白修护防晒霜”的活动，活动让粉丝观看王珞丹的微视频，如截下出现玉兰油的画面，并发图给微信公众号，就有机会获得此款防晒霜。类似这种互动是简单且粉丝喜欢的：一是有内容，明星的微视频做诱饵；二是有奖品，既宣传品牌，又增加粉丝的参与度和黏性。

互动活动可以从以下几个方面着手。（1）趣味性的互动游戏，在粉丝喜欢的话题中植入产品或促销，润物细无声地推广；（2）有奖问答，让粉丝回答公司官网或微博上的近期动态，或有关品牌的信息，再赠送产品或试用装，问题不可过于复杂，主要目的还是为了让粉丝关注企业的其他媒体如官网、微博等，形成关注的习惯，提高粉丝黏性；（3）让粉丝晒图文，分享生活中的趣事，以及与品牌或产品有关的内容，可提升品牌口碑，吸引更多粉丝加入。

四、注意事项

很多企业是带着想“多曝光、多传播、多骚扰”的目的来做微信的，这样做有可能适得其反。

（一）推送信息频率要适度

为了让客户及时了解相关信息，企业会向其粉丝推送产品和活动信息，但“轰炸式”的频繁信息推送会造成顾客的极大反感。试想，如果客户一天接收到数条来自同一官方微信的推送信息，信息内容可能甚至都差不多，他会作何感想？过快地推送节奏极有可能迫使客户取消对企业官方微信的关注。那么什么样的节奏才算适度呢？据调查，企业推送信息频率为两三天一次为宜。南京河西中央商场每周只向订阅者推送一次促销提示，点击进去，就可以看到图文并茂的促销海报，不需要人工投递，想看随时看。

推送信息在淡季时频度应放慢，产品推送可以选择在需求的高峰期，比如说节假日。内容推送不易太频繁，那样可能会招致反感，影响效果。

（二）推送信息时间要适当

微信粉丝在线的时间是碎片化的，每天午休时间和晚上6：00～8：00间是品牌微信加粉及与粉丝互动的重点时段，这段时间粉丝活跃度是最高的，原因在于这段时间正是“粉丝”们的空闲时间，他们需要放松、需要娱乐，心情通常也会比较好。从星期这个维度来看，通常周一、周五以及周末会是阅读的高峰，还有一些公众节假日、个人的生日、纪念日等等这些信息，都是可以掌握并有效利用的。

不过微信公众账号的信息推送并不是实时的，一般会有半小时至一小时左右的延迟，所以要略比这个时间提前一些。

（三）让客户决定推送时间

粉丝接收微信公众账号的信息并不像收到好友发来的信息那样，只要有屏幕就会闪，而是在粉丝真正打开微信使用的时候，才会置顶显示有一则新消息。粉丝可以选择忽略或打开。这样微信可以让促销信息变得“不烦人”，其订阅模式让促销更有针对性。

南京市民赵女士说，她订阅了南京新街口金鹰购物中心的官方微信，官方微信给了顾客选择权，你想知道最新促销信息，回复“时时活动”，商场才把最新促销信息发送过来；回复“购物生活”，才会把当月的电子购物杂志推送过来。

（四）尽量减少图片的K数

这样做可以减轻粉丝的流量负担。微信营销一定要从粉丝的角度考虑，在保证不影响图文效果的前提下，安排美工帮忙降低图片的K数，顺带告知粉丝我们已经这么做了，粉丝对企业的好感就又增加一分。

（五）微信传播要增加透明度

适时告诉粉丝，为了提供更好的服务体验，为了搞好活动，企业做了哪些工作，顺便把工作人员热火朝天的工作场面呈现给粉丝。这样的好处是拉近距离，增强亲切感的同时，粉丝也会对你心存感激，感觉非常贴心，美誉度就提升了。

目前，借助微信的营销还处在早期阶段，青涩之中必有缺憾。例如互动内容缺乏创新，无法做到真正的定制化，对于广告效果的评估也较困难，没有“转发”、“评论”这样的量化指标。但微信带来了无限的可能性，这一点在许多微信的明星运营团队和管理人员不断对软件进行改良和升级中就可以得到印证。微信未来最大的机会并不是取代微博那样的自媒体，而在于它天然的移动性和极大的拓展性。

微信的影响力还没有完全显现出来，其使用空间还处于探索阶段，我们尚不能预料我们还能通过微信做什么，也不能确定微信还对我们的生活产生哪些影响，但是有一个是肯定的，微信已经在以超级速度改变着我们的生活，对此，企业可以观望，但切不可视而不见，要积极而理性地对待微信，要像李嘉诚先生关注“脸谱”那样关注微信，当时机来临时抓住机会，避免落伍，避免错失良机。

参考文献

[1] 杨佼．浅析中国服装设计师品牌的发展现状及前景——以北京三里屯商业区做实地分析[J]．2011，(10)：5 ~7

[2] 卞志刚．例外服饰品牌定位分析[J]．中国外资，2013，(6)：128 ~ 129

[3] 李翊．“例外”的例外[J]．三联生活周刊，2013，(14)：24 ~25

[4] 鼓甜甜．服装设计师马可重新定义时尚[N]．第一财经日报，2013 – 3 – 29 (C04)

[5] 邱月烨．例外，但不意外[J]．21 世纪商业评论，2014，(1)：60 ~ 61

[6] 毛继鸿：文化创意新在“例外”．中国纺织[J]，2008，(1)：24 ~ 26

[7] “例外”如何制胜在大众市场做小众需求[OL]．http://fashion. ppsj. com. cn/2014 – 6 – 27/4642214311. html

[8] 吴丰芳，许平山．“例外”服装品牌的走红并非意外——浅析“例外”现象背后的原因[J]．赤峰学院学报（自然科学版），2014，30 (12)：55 ~ 56

[9] 例外上海新天地南里店陈列赏析[OL]．http://www. linkshop. com. cn/web/archives/2013/253379. shtml

[10] 李维，andi. 例外陈列赏析[J]．中国服饰，2011，(7)：100 ~ 103

[11] “例外”(EXCEPTION de MIXMIND) 服装中自我的美[OL]．http://brand. haibao. com/article/45648. htm.

[12] “例外”店走红国内品牌崛起买家不少参观客更多[OL]．http://www. winshang. com

[13] 例外[OL]．http://blog. 163. com/hamburger_han/blog/static/1262010922013022813 43 hamber

[14] 例外的例外——一个自主设计师品牌的拾忆[OL]．http://news. ef360. com/Articles/2013 – 4 – 12/301272. html

[15] 刘蛟．毛继鸿：“成为一块铸铁”[J]．中国纺织报，2008 – 7 – 4 (4)

[16] 倡导独一无二的生活美学!”例外”(Exception de Mixmind) 上海 iapm 新店开幕，海报时尚网亲临探访沪上名店![OL]．http://brand. haibao. com/article/1705051. htm

[17] 四月．马可：给第一夫人设计服装的人[J]．意林，2013，(15)：34 ~ 35

[18] 阿杜．毛继鸿：中国服装界的例外[J]．时尚北京，2012，(1)：34 ~ 38

[19] 李邑兰，周鑫，付必全．设计师马可的“无用”功[J]．东西南北，2013，(10)：28 ~ 30

[20] 例外：就是例外[J]．纺织服装周刊，2011，(48)：49

[21] 何鸣．李光斗对谈毛继鸿：中国服装品牌的“例外”[J]．福建质量管理，2014，(Z3)：48 ~ 51

[22] 10 年，天使如初——例外天使活动 10 周年[OL]．http://www. ladymax. cn/city/201405/13 – 23315. html

［23］拾忆11.25－例外十周年庆［OL］. http://lady.163.com/07/1016/23/3QVA5T15002623OK.html
［24］例外十五周年庆典广州隆重举行［N］. 华西都市报，2011－12－09（64）
［例外（EXCEPTION）十五周年庆典暨方所隆重开幕［OL］. http://lady.163.com/11/1130/10/7K3OFH6B00261IDE.html
［26］10年，天使如初—例外天使活动10周年［OL］. http://www.fashiontrenddigest.com/d/17495.shtml
［27］“例外"：从“中国制造”到“中国设计”［OL］. http://exception.nzw.cn/yp/show-945-news-13424.html
［28］齐洁. “例外”爆红背后中国设计师学会“做自己”［OL］. http://news.cb.com.cn/html/company_11_11616_1.html
［29］例外：“第一夫人”完美秀背后的夫妻店［OL］. http://money.163.com/13/0331/10/8R9N8JDJ00253DC8.html
［30］张琦. 在无用中寻找价值［J］. 悦读，2013，（7）：27
［31］马可：我对“服装设计师”身份的认识［OL］. http://news.eelly.com/content-46-9350-1.html
［32］刘雪. “中国范儿”马可：一夜成名不“例外”［J］. 恋爱婚姻家庭（纪实），2013，（7）：14～16
［33］马可服装的哲学思辨［OL］. http://lady.163.com/07/1016/16/3QUIFVKC002623OK.html
［34］马可：例外不难无用才难［OL］. http://www.woman.org.cn/news_detail.asp? id＝1526
［35］奢侈的清贫 马可的衣衫哲学［OL］. http://luxury.QQ.com
［36］纪录设计师马可的电影获大奖［OL］. http://lady.163.com/07/0913/16/3O9LJKAC00262416.html
［37］专访無用马可：时尚设计离不开传统工艺［OL］. http://gb.cri.cn/42071/2014/09/28/5931s4710143.htm
［38］奢侈的清贫 闯入巴黎马可的衣衫哲学［J］. http://style.sina.com.cn/fashion/costume/2008－08－04/181918178.shtml
［39］奢侈的清贫 马可的衣衫哲学［OL］. http://luxury.qq.com/a/20080801/000027.htm
［40］王乐然. “隐士”马可：大自然才是设计师［J］. 环球人物，2013，（12）：69～71
［41］王丽. 低调马可：打造“中国范儿”的天才设计师［J］. 就业与保障，2013，（5）：22～24
［42］原点 二〇一四 例外 夏装发布［OL］. http://www.fashiontrenddigest.com/d/16007.shtml
［43］例外上海秋冬发布会暨iapm新店开幕［OL］. http://fashion.sina.com.cn/s/sh/2014－09－01/0520/doc－icfkptvx3352929.shtml
［44］马可 例外不难无用才难［OL］. http://www.woman.org.cn/news_detail.asp? id＝1526
［45］凤凰网连线例外品牌 揭开李娜夺冠装的“东方韵”［OL］. http://fuzhuang.wubaiyi.com/html/zonghe/renwu/2011/1015/17224.html
［46］赵涛. 恭喜“例外”12周年!!［OL］. http://blog.sina.com.cn/s/blog_4d3a4a3b0100bl2p.html

[47] 众里寻她千百度——从七色麻天意言到例外 [OL]. http://blog. sina. com. cn/s/blog_4c0170030100g6p9. html

[48] 新奢侈主义，中产化的精致生活——天峡鱼子酱前期策划及整合推广纲要 [OL]. http://wenku. baidu. com/link? url = LbRjM0qU6DoW4s6v0Gt _ 9iy- tyl4NcZYWz7KBgTPRwl6K9uEC3kDKP8FhhJFLXDGJIz4HDLOpUJG6KKX82Nuq8AcrzyD41Lfp - 92cz7tehu

[49] 百度百科 [OL]. http://baike. baidu. com/link? url = l8FAT3zGXP5- Sp _ Xg6vgMUz8Gd8cNr70yTQjALhZvot- cLsrZHZ5U65CLFcqO4VqBnKyySO8Ttlypv9SmI1pYK,

[50] 东北虎官网 [OL]. http://www. netiger. com/News- detail. php? id = 117

[51] 首都博物馆珍藏 NE · TIGER 华服 [OL]. http://info. leather. hc360. com/2010/04/19171186098 - 4. shtml

[52] 模特展示《鸾凤双栖牡丹》缂丝华服作品 [OL]. http://www. chinanews. com/tp/news/2010/04 - 18/2232940. shtml

[53] 张志峰和 NE · TIGER 东北虎的复兴之路 [OL]. http://www. digitimes. com. cn/newsite/businessperson/hld/564144. shtml

[54] NE · TIGER（东北虎）：全程参与 APEC 会议给领导人服装设计与制作 [OL]. http://news. hsw365. com/apec20141112. htm

[55] 独家解密 APEC 新中装 睡衣也是定制款 [OL]. http://fashion. qq. com/a/20141110/054504_all. htm

[56] 各美其美，美美与共！东北虎（Ne · Tiger）2014 APEC 会议领导人服装首展在京华美启幕 [OL]. http://www. haibao. com/article/1749026. htm

[57] 赵坤. 中国著名服饰品牌 NE · TIGER 的形象塑造 [J]. 服饰研究，2012，(S1)：41 ~ 44

[58] NE · TIGER 演绎 缂丝传奇 牡丹诗话 [OL]. http://women. sohu. com/20081106/n260471862. shtml

[59] 2010 CCTV 中国服装流行趋势 [OL]. http://www. china. com. cn/info/dress/2010 - 01/14/content_19236846. htm

[60] NE · TIGER 结缘 2014 丹麦女王中国行 [OL]. http://fashion. onlylady. com/2014/0504/3460068. shtml

[61] 中国品牌网 [OL]. http://www. chinapp. com/scpinpai/3060/

[62] 陈平. 我国服装品牌国际化战略研究 [D]. 上海：东华大学，2005

[63] 袁文娟. 奢侈品牌“上海滩”研究 [D]. 上海：上海师范大学，2010

[64] 上海滩推出限量 Polo 恤 展开拯救华南虎大行动！ [OL]. http://gd. sohu. com/20081006/n259870930. shtml

[65] 上海滩春节新品：老虎珐琅袖扣 [OL]. http://www. chinapp. com/scnews/27556/

[66] 上海滩官网. https: //www. shanghaitang. com/

[67] 014 年中国运动服装品牌现状分析及最具影响力品牌 C- BPI 排名 [OL]. http://jingzheng. chinabaogao. com/fuzhuang/04111O5342014. html

[68] 李宁官网［OL］. http://www. li-ning. com. cn/brand/history. html
[69] 受中秋，刘萍. 李宁和安踏品牌传播模式比较分析［J］. 科学大众，2010，(6)：144
[70] 李宁公司积极捐助行善举　携妇基会助云南灾区人民渡难关［OL］. http://www. nbd. com. cn/articles/2014－08－07/854688. html
[71] 李宁，跨越世纪的梦想［OL］. http://2008. people. com. cn/GB/130625/131485/index. html
[72] 金龙，李宁与耐克体育品牌设计比较［OL］. http://www. doc88. com/p－1713923225817. html
[73] "赤壁之战"［OL］. http://blog. sina. com. cn/s/blog_414a779c010005ec. html
[74] 李宁力邀彭帅等明星代言"星动一冬"系列服饰［OL］. http://news. china- ef. com/20141031/488219. html
[75] 361°：传奇背后的故事，营销方式另辟蹊径［OL］. http://news. wooshoes. com/xieyi/shoes-032911411_2. html
[76] 第12届全运会体育品牌赞助商营销大战打响［OL］. http://www. sports. cn/industry/news/qc/2013－09－05/2271794. html
[77] 361助第17届（仁川）亚洲运动会圆满闭幕［OL］. http://sports. 163. com/14/1008/09/A81BPM4D00051CAQ. html
[78] 美特斯邦威（Metersbonwe）推出《奇葩说》潮葩系列潮流服装，人气选手亮相门店［OL］. http://www. haibao. com/article/1758011_2. htm
[79] 解构传统：美邦总裁周成建的"镜像式"先锋营销解读［OL］. http://finance. people. com. cn/n/2014/1229/c1004－26293473. html
[80] 商务部将调研老字号企业，专家料政策重点强调引导创新［OL］. http://business. sohu. com/20140217/n395148158. shtml
[81] 中国商务部公示首批"中华老字号"认定名单［OL］. http://www. chinanews. com/cj/gncj/news/2006/09－29/798306. shtml
[82] 龚坚华. 写在2004中国首届中华老字号精品博览会闭幕之际［N］，杭州日报，2004－11－1
[83] 王唯一. 振兴中华老字号的实施策略［J］，中国外资，2014，(2)：99～100
[84] 2013中华老字号品牌价值百强排行榜［OL］. http://news. 51zjxm. com/bangdan/20130827/32241. html
[85] 瑞蚨祥官网. http://www. ruifuxiang. cn
[86] 内联升官网. http://www. nls1853. com
[87] 恒源祥集团董事长刘瑞琪谈品牌维护［OL］. http://www. chinasspp. com/News/detail/2006－7－11/33314. htm
[88] 冯银虎，薛阳，孙贝尔. 我国民族企业跨文化营销模式选择研究［J］. 西安财经学院学报，2013，(1)：45～52
[89] 李明合. 品牌传播创新与经典案例评析［M］. 北京：北京大学出版社，2011：8
[90] 恒源祥官网. http://www. hyx1927. com

[91] 黄炎鲲．内联升——讲诉160年的时尚故事［J］．文化月刊，2013（11）：22～24
[92] 伯德·施密特．体验式营销［M］．北京大学出版社，2007：56
[93] 曹献丽，李峥嵘．浅谈购物环境对消费者心理的影响［J］．黄冈师范学院学报，1999，（12）：82～85
[94] 胡婉．服装陈列与消费行为之间的关系［J］．科教导刊，2010，（9）：84～86
[95] 沈鹏熠．商店环境刺激对消费者信任及购买意愿的影响研究－情绪反应的视角［J］．统计与信息论坛，2011，（7）～91～97
[96] 王双．快时尚服装品牌陈列研究［D］．北京：北京服装学院，2012
[97] 廖成林，刘吟．线下环境因素对消费者体验意愿的影响［J］．商业研究，2013，（6）：66～76
[98] 熊谱涛．购物中心实体购物环境与消费情感关系研究［D］．上海：东华大学，2013
[99] 北京街头惊现百人快闪　内联升“布鞋狂潮”席卷各大商圈［OL］．http://www.ceh.com.cn/jjzx/2013/09/241968.shtml
[100] 郭薇薇．基于微博营销的品牌传播路径［J］．华中师范大学学报，2013，（02）：120～123
[101] 郑夙夙．新媒体背景下我国服装品牌传播策略［J］．上海商业，2011，（07）：26～27
[102] 刘方．凡客诚品的微博营销战略浅析［J］．新闻世界，2011，（07）：138～139
[103] 窦均林．企业利用微博进行品牌传播的策略分析［J］．桂林航天工业学院学报，2012，（04）：360～363
[104] 薛建平．电子商务企业微博品牌传播效果研究［J］．软科学，2013，（12）：67～71
[105] 肖飞．基于新媒体的服装品牌传播策略研究［J］．企业导报，2011，（20）：105～107
[106] 杨速炎．微博营销：140字的淘金魅力［J］．企业研究，2011，（03）：62～64
[107] 郭倩．赢在微博［M］．北京：电子工业出版社，2013：97－111
[108] 李开复．微博：改变一切［M］．上海：上海财经大学出版社，2011：25－36
[109] 陈永东．企业微博营销：策略、方法与实践［M］．北京：机械工业出版社，2012：73－90
[110] 廖宇．B2C网站官方微博品牌传播策略研究［D］．上海：华南理工大学，2013
[111] 微博简介［OL］．http://weibo.baike.com/article－498960.html
[112] Twitter上市准备［OL］．http://www.36kr.com/p/206218.html
[113] 微博发展历史［OL］．http://weibo.baike.com/article－62560.html
[114] 新浪科技．新浪第三季营收同比增17%微博注册账户超4亿［OL］．http://tech.sina.com.cn/i/2012－11－16/o5307803196.shtml，2012－11－16/2013－01－17
[115] CIC．2011CIC网络口碑趋势观察微博特刊［OL］．http://www.seeisee.com/index.php，2011＝0415/2013－01－17
[116] 微活动百度百科［OL］．http://baike.baidu.com/view/6522891.htm
[117] 微群百度百科［OL］．http://baike.baidu.com/view/3859047.htm
[118] 微公益百度百科［OL］．http://baike.baidu.com/view/3541324.htm
[119] 中国互联网信息研究中心．第31次中国互联网发展状况统计报告［R］．2013

[120] 张希同，邹伟，赵子慧，张希，刘蒙丹．“你用微信吗，加你啊！”——看微信悄然改变你我生活［N］．南京日报，2013－8－28（A03）
[121] 程小永．2012 微信营销十大案例［J］．现代企业教育，2013，(3)：59～60
[122] 刘琪．朝阳大悦城的微信营销：0 投入与 14 万粉丝［J］．商场现代化，2013，(14)：32～33［9］
[123] 李辉，王青．出版企业的微信营销策略分析［J］．科技与出版，2013，(12)：69～71
[124] 吕清远．大数据时代下的微信营销价值［J］．现代经济信息，2013，(20)：279
[125] 刘敬元．担忧微信支付安全性　险企不敢冒进［J］．证券日报，2014－1－2（B02）
[126] 解析微信营销的五种模式［J］．互联网周刊，2012，(17)：50～51
[127] 逄增志，王献波．开启双向、互动、深度的微信营销［N］．21 世纪药店，2013－4－29（B02）
[128] 孙晓玮，王立新．论微利时代鞋企微信营销的优势和必然性［J］．中国皮革，2013，(22)：27～30
[129] 林岳．美容院微信营销路径［J］．医学美学美容（财智），2013，(6)：44～45
[130] 戚蕾，张莉．企业微信营销［J］．企业研究，2013，(11)：50～52［30］
[131] 黄灿．浅谈房地产企业微信营销［J］．2013，(29)：182
[132] 王立影．浅谈微信营销的优势及发展前景［J］．中国证券期货，2013，(9)：262～263
[133] 张伟．乳企营销可尝试的新领域：微信营销［J］．乳品与人类，2012，(6)：29～31
[134] 卢晓云．微博与微信营销价值比较研究［J］．现代视听，2013，(6)：13～17
[135] 徐菁．微信营销：SoLoMo 营销的新类别［J］．青年记者，2013，(30)：78～79
[136] 龙亚平．微信营销——基于 SoLoMo 的应用［J］．2013，(22)：88～89
[137] 张斌．微信营销：卖产品还是做服务？［N］．中国旅游报，2013－12－30（9）
[138] 朱耘．微信营销，请与你的粉丝一起“运动”［N］．中国经营报，2013－3－25（C07）
[139] 吴延兵．微信营销，药企营销的未来趋势［N］．中国医药报，2013－12－18（7）
[140] 张远．微信营销“野蛮生长”［J］．企业观察家，2013，(8)：84～87
[141] 微信营销　爱恋纠结恨念的博弈［N］．企业家日报，2013－5－31（2）
[142] 陈建豪．微信营销的无限可能［N］．企业家日报，2013－1－28（18）
[143] 朱洪春，徐夷冶．微信营销的应用探究［J］．中国－东盟博览，2013，(11)：173
[144] 冯立．微信营销　先行先试的纠结考验［J］．中国眼镜科技杂志，2013，(11)：10～12
[145] 程小永．微信营销效果如何衡量［J］．中小企业管理与科技，2013，(2)：72～73
[146] 周志翔，冯杨．微信营销　银川鲜有企业用［N］．银川晚报，2013－11－13（12）
[147] 言明．微信营销怎么玩［J］．东北之窗，2013，(3)：38～39
[148] 曹娟．微信营销之道．汽车观察，2013，(9)：92～95
[149] 陈琪楠．浅析新媒体的竞争优势和劣势［J］．大市场．广告导报，2003（7）：21－23
[150] 方雨．为什么微信营销这么难［J］．销售与市场（渠道版），2013，(6)：30～32
[151] 方雨．一个红酒企业的微信营销［J］．销售与市场（渠道版），2013，(6)：32～33